NAPOLEÃO

uma biografia literária

Alexandre Dumas

NAPOLEÃO

uma biografia literária

Tradução, apresentação e notas:
André Telles

ZAHAR

Jorge Zahar Editor
rua Marquês de S. Vicente 99 – 1º | 22451-041 Rio de Janeiro, RJ
tel (21) 2529-4750 | fax (21) 2529-4787
editora@zahar.com.br | www.zahar.com.br

Grafia atualizada respeitando o novo Acordo
Ortográfico da Língua Portuguesa

Composição: Maria Taboada
Capa: Miriam Lerner
Ilustração da capa: Charles Thevenin (1764-1838),
Reddition d'Ulm le 20 octobre 1805 (detalhe), óleo s/ tela, 1815

Cip-Brasil Catalogação na fonte
Sindicato Nacional dos Editores de Livros, RJ

Dumas, Alexandre (1802-1870)

D92n Napoleão: uma biografia literária / Alexandre Dumas; tradução, apresentação e notas André Telles. – Rio de Janeiro: Zahar, 2004.

Tradução: Napoleon
Anexos
ISBN 978-85-7110-824-0

1. Napoleão I, Imperador dos franceses, 1769-1821 - Biografia. I. Título.

CDD: 923.144
04-3020 CDU: 929NAPOLEÃO

Sumário

Apresentação ⁓ 7

I. *Napoleão de Buonaparte* ⁓ 11

Situação na Córsega – Escola Militar de Brienne – Batalhas de neve – Paris – Temporada em Valence – Rompimento com Paoli – *Ça ira!* – A tomada de Toulon – 1793

II. *O General Bonaparte* ⁓ 28

Doze vidas por um capricho – Conduta suspeitíssima – Cincinato – "Um parricídio! Vamos embora, José" – O general Dumas – Josefina – A campanha da Itália – O "pequeno caporal" – "Um mau general vale mais que dois – "A República francesa é como o Sol no horizonte" – "É preciso rumar para o Oriente" – A campanha do Egito – "A Itália está perdida: tenho que partir"

III. *Bonaparte Primeiro-Cônsul* ⁓ 54

Aliança com a Rússia – Remodelando Paris – A Europa se arma – A batalha de Marengo – "Espero que o povo francês esteja satisfeito com o seu exército" – O trono da França em perspectiva – O atentado e o assédio de Luís XVIII – A paz de Amiens – O fuzilamento do duque d'Enghien – Plebiscito para imperador

IV. *Napoleão Imperador* ⁓ 73

Uma nova nobreza – A coroação – A Revolução se fizera homem – A Terceira Coalizão – Austerlitz: o relato de Napoleão – Não era um cetro que ele tinha nas mãos: era um globo – Promulgação do Código Civil – Novas batalhas – O bloqueio continental – Diante dos russos em Friedland – A paz de Tilsit: dois imperadores numa jangada – "Viva Napoleão" em oito línguas diferentes – O casamento com Maria Luísa e o herdeiro – A campanha da Rússia – A batalha do Moscova – Moscou: um imenso túmulo em chamas – O retorno: relato de um sobrevivente – A batalha de Lutzen – O império é invadido – A renúncia

V. *Napoleão na Ilha de Elba* ⩤ 131

"Reservei-me a soberania e a propriedade da ilha de Elba" – Organização da corte e rotina – A conspiração – Enganando Campbell – Alarme a bordo – "Às mil maravilhas!" – França à vista

VI. *Os Cem Dias* ⩤ 145

"Não estão me reconhecendo? Sou seu imperador" – Não era mais entusiasmo, era furor, paixão – O reencontro com Ney – "É ao povo e ao exército que devo tudo" – Toda a nação acreditava ter vivido um sonho – É possível parar ao subir, nunca ao descer – Como prever uma derrota? – Waterloo: atrasos fatais e generais indolentes – Não era Grouchy, era Blücher! – "Salve-se quem puder!" – "Aqui deve cair tudo o que leva o nome de Bonaparte" – Aborrecido por não dormir ou sofrendo por ter perdido o mundo? – A abdicação – "Não sou prisioneiro, sou hóspede da Inglaterra" – Rumo a Santa Helena

VII. *Napoleão em Santa Helena* ⩤ 186

O rochedo maldito – As insônias de Napoleão – Sob vigilância estrita – Longwood – Cerimonial e cotidiano – Hudson Lowe: o carrasco inglês – Nem sombra, nem água – A lenta e penosa agonia – "Sei do que se trata, e estou resignado" – Recomendações ao padre e ao médico – "Lego a todas as famílias reinantes o horror e o opróbrio dos meus derradeiros momentos" – Um cadáver pregado ao patíbulo – O cortejo fúnebre – Do tempo para a eternidade

Anexo: O testamento de Napoleão ⩤ 199

Notas históricas ⩤ 214

Cronologia da vida e da obra de Alexandre Dumas ⩤ 234

Apresentação

A História para mim é um prego
onde penduro meus romances.
ALEXANDRE DUMAS

Mestre do romance histórico, Alexandre Dumas, filho de um general de Napoleão, não poderia deixar este personagem de fora do grande painel romanesco que construiu sobre a história francesa. Assim, além de a era napoleônica figurar como contexto de vários de seus romances (a fuga da ilha de Elba é o estopim da ação de *O conde de Monte-Cristo*...), o imperador teve suas recordações do *Memorial de Santa Helena* retrabalhadas por Dumas. Além disso, foi também tema de uma peça teatral e da presente biografia, até então inédita no Brasil.

A peça

Depois de seu exílio em Santa Helena, em consequência da aliança entre orleanistas e bonapartistas, o nome de Napoleão Bonaparte voltou a circular livremente, sendo objeto de várias biografias, romances e peças teatrais. Mademoiselle George, diva teatral da época e ex-amante do imperador, insistia para que o então dramaturgo Alexandre Dumas, a princípio nada entusiasta com o projeto, desse sua versão cênica dos fatos. Dias depois, ele viu-se "aprisionado" por amigos num quarto na casa da atriz, recebendo como condição para sua "liberdade" a tarefa de escrever uma peça sobre o imperador. Em oito dias *Napoleão Bonaparte* estava pronta: drama histórico em seis atos, vinte e três quadros e setenta e dois personagens. Embora tenha tido uma estreia concorrida e uma produção caprichada, com vários espectadores na plateia em uniforme da guarda marcial, foi um dos poucos fracassos teatrais do escritor.

O folhetim

Em 1839, com a voga do folhetim começando a ditar a tiragem das revistas e periódicos franceses, essas publicações passaram a competir ferozmente entre si para atrair novos leitores e assinantes. Dumas, um dos autores mais disputados, foi contratado a peso de ouro pelo jornal *La Presse* para adaptar o *Memorial de Santa Helena* ao gênero folhetinesco. O crítico Sainte-Beuve, comparando o rei do folhetim ao imperador, não perdoou: "... a pluma de Alexandre Dumas teria sido contratada para conferir mais autenticidade às recordações ... Que comédia! Podemos dizer que Napoleão é agora um dos redatores-chefes de *La Presse*!"

A biografia

O livro é resultado da colagem de diversos artigos biográficos sobre Napoleão, quatro deles publicados pela primeira vez em 1836 na coletânea *Le Plutarque français*, organizada por M. Mennechet. Os artigos, diversas vezes recompostos e ampliados quando publicados isoladamente, foram reunidos pela primeira vez em volume único, em 1839, pelo editor Delloye. Integram atualmente, sob o título *Napoleão*, a obra completa standard de Alexandre Dumas, publicada pela editora Calmann-Lévy, e a coleção Bibliothèque Lattès, em cujo texto se baseou a presente tradução.

Esta edição brasileira

A tradução não se esquivou de adaptar passagens, corrigir erros ortográficos, interpretar a pontuação (apenas esboçada no original), nem tampouco de transpor o tempo verbal (narrativa no presente, segundo a tradição francesa) para o passado (tradição brasileira). Os poucos deslizes históricos percebidos foram apontados nas notas deste volume — que, por sinal, ganhou um subtítulo. Deve-se levar em conta que o autor, habituado ao ritmo frenético da produção para folhetim, "em geral desprezava a leitura das provas ... repletas de cochilos ... deixando os ajustes final nas mãos dos editores", como afirma Claude Schopp – que estabeleceu, entre outros, o texto de *Os moicanos de Paris* para a coleção Quarto da editora Gallimard.

Não obstante, vale lembrar que Alexandre Dumas foi um dos biógrafos pioneiros de Napoleão, e que inúmeros dados e relatos por ele coletados (grande parte, naturalmente, pinçada das *Memórias* do próprio imperador, o que explica as minuciosas e movimentadas cenas de guerra) foram reproduzidos e sancionados por biógrafos especialistas, entre os quais Max Gallo, André Castellot e Jean Tulard.

Além de trazer em anexo "O testamento de Napoleão", foram acrescentados a esta edição brasileira um sumário pormenorizado, notas históricas com fatos, personagens e instituições mencionados pelo autor (incluindo verbetes biográficos sobre os marechais de Napoleão), mapas e uma cronologia da vida e da obra de Alexandre Dumas. As fontes utilizadas para a elaboração desses anexos estão citadas ao final das notas.

A.T.

I

Napoleão de Buonaparte

No dia 15 de agosto de 1769 nasceu em Ajaccio, na Córsega, uma criança que recebeu dos pais o nome Buonaparte, e dos céus o de Napoleão.

Os primeiros dias de sua mocidade correram em meio àquela agitação febril que se segue às revoluções: a Córsega, que há meio século sonhava com a independência, acabava de ser conquistada pela metade, vendida pela metade, e só escapara ao jugo de Gênova para cair sob o poder da França. Paoli, vencido em Ponte Nuovo, buscava asilo na Inglaterra, onde o poeta e dramaturgo Alfieri lhe dedicara seu *Timoleonte*. O ar respirado pelo recém-nascido ainda estava quente dos ódios civis, e o sino que saudou seu batismo, ainda trêmulo dos repiques de alarme.

Carlos de Buonaparte, seu pai, e Letícia Ramolino, sua mãe – ambos de linhagem patrícia e oriundos da encantadora aldeia de San Miniato – da qual se descortina Florença –, antes aliados de Paoli, abandonaram seu partido e assumiram a influência francesa. Foi-lhes fácil, portanto, obter do sr. de Marbeuf – que voltava como governador da ilha aonde, dez anos antes, aportara como general – uma recomendação para matricular o jovem Napoleão na Escola Militar de Brienne, na França. O pedido foi deferido, e, pouco tempo depois, o padre Berton, vice-diretor do colégio, inscrevia em seus registros a seguinte nota:

> Hoje, 23 de abril de 1779, Napoleão de Buonaparte ingressou na Escola Real Militar de Brienne-le-Château, à idade de nove anos, oito meses e cinco dias.

O recém-chegado era corso, isto é, de um país que ainda em nossos dias luta contra a civilização com uma força de inércia tal que, privado de independência, conseguiu preservar seu caráter. Falava apenas o idioma de sua ilha materna e tinha a pele queimada pelo sol meridional, os olhos escuros e penetrantes do montanhês. Era mais que o necessário para despertar a curiosidade dos colegas e aumentar sua selvageria natural, pois a curiosidade da infância é zombeteira e impiedosa. Um professor, chamado Dupuis, com pena do infeliz marginalizado, encarregou-se de lhe dar aulas particulares de língua francesa, e três meses depois o menino já estava bem adiantado nesse estudo para receber os primeiros elementos de latinidade. Desde o início, porém, manifestou-se nele a repugnância que continuaria a sentir pelas línguas mortas, ao passo que, ao contrário, sua aptidão pela matemática desenvolvera-se desde as primeiras aulas. Resultou daí que, por uma dessas convenções escolares tão frequentes, ele encontrava a solução dos problemas para seus colegas, e estes, em troca, compunham as redações e versões dele, das quais sequer queria ouvir falar.

A espécie de isolamento em que se viu durante algum tempo o jovem Buonaparte, e que se devia à impossibilidade de comunicar suas ideias, ergueu entre ele e os colegas uma espécie de barreira que nunca foi totalmente superada. Essa primeira impressão, ao deixar em seu espírito uma lembrança dolorosa similar à mágoa, deu origem a uma misantropia precoce que lhe fazia buscar entretenimentos solitários e na qual alguns quiseram ver os sonhos proféticos do gênio nascente. De resto, diversas circunstâncias, que na vida de qualquer outro teriam passado desapercebidas, dão algum fundamento aos relatos dos que tentaram conferir uma infância excepcional a essa impressionante virilidade. Citaremos dois deles.

Um dos passatempos prediletos do jovem Buonaparte era cultivar um pequeno canteiro cercado de paliçadas, para onde invariavelmente se retirava nas horas de recreio. Certo dia, um de seus colegas, curioso para saber o que fazia ele sozinho em seu jardim, escalou a barricada e o viu ocupado em organizar militarmente um monte de pedras, cujo tamanho indicava as respectivas patentes. Ao ruído provocado pelo indiscreto, Buonaparte virou-se e, pego de surpresa, ordenou ao menino que descesse. Este, porém, em lugar de obedecer, zombou do jovem estrategista, que, pouco disposto a brincadeiras, atirou um punhado das pedras bem no meio da testa do atrevido, que imediatamente desabou, ferido com bastante gravidade.

Vinte e cinco anos depois, ou seja, no ápice de seu destino, anunciaram a Napoleão que alguém se dizendo seu colega de escola solicitava uma audiência. Como, mais de uma vez, alguns intrigantes tinham usado desse pretexto para chegar até ele, o ex-aluno de Brienne ordenou ao ajudante de campo de serviço que perguntasse o nome daquele antigo condiscípulo, o que tampouco despertou lembranças no espírito de Napoleão:

— Volte e pergunte a esse homem se poderia citar alguma circunstância que me tenha colocado em seu caminho.

O ajudante de campo levou a mensagem e voltou dizendo que o solicitante simplesmente mostrara-lhe uma cicatriz que tinha na testa.

— Ah, agora me lembro – disse o imperador –, é um general em quem atirei uma pedra!...

Durante o inverno de 1783 para 1784, caiu uma quantidade tão grande de neve que todas as recreações ao ar livre foram interrompidas. Buonaparte, obrigado, à sua revelia, a frequentar a atmosfera das brincadeiras ruidosas e bizarras de seus colegas nas horas em que geralmente se dedicava ao cultivo de seu jardim, propôs fazerem uma incursão no lado de fora, e, com a ajuda de pás e picaretas, esculpirem na neve as fortificações de uma cidade, que em seguida seria atacada por uns e defendida por outros. A proposta era sedutora demais para ser recusada. Para comandar um dos lados, o escolhido naturalmente foi o autor do plano. A cidade, sitiada por ele, foi tomada após heroica resistência por parte dos adversários. No dia seguinte a neve derretera, mas aquela brincadeira inédita deixou uma profunda marca na memória dos estudantes. Homens feitos, lembrando-se do episódio, comparavam as muralhas de neve bombardeadas por Buonaparte com as muralhas de tantas cidades caídas diante de Napoleão.

À medida que Buonaparte crescia, desenvolviam-se as ideias primitivas que tinha de certo modo semeado, indicando os frutos que um dia iriam carregar. A submissão da Córsega à França – que lhe dava a aparência, a ele, seu único representante, de um vencido em meio a vencedores – era-lhe odiosa. Um dia em que jantava à mesa do padre Berton, os professores, que por diversas vezes já haviam notado a suscetibilidade nacionalista daquele aluno, fingiram falar mal de Paoli. O rubor crispou a fisionomia do rapaz, que não conseguiu se conter:

— Paoli – disse – era um grande homem que amava seu país como um antigo romano, e nunca perdoarei meu pai, que foi seu ajudante de campo, por ter contribuído para a anexação da Córsega à França. Sua obrigação era ter acompanhado o destino de seu general e com ele cair.

Transcorridos cinco anos, o jovem Buonaparte estava na quarta série e aprendera de matemática tudo o que o padre Patrault pudera lhe mostrar. Estava na idade de se transferir da escola de Brienne para a de Paris. Suas notas eram boas, e o seguinte relatório foi enviado ao rei Luís XVI pelo sr. de Karalia, inspetor das escolas militares:

> O sr. de Buonaparte (Napoleão), nascido em 15 de agosto de 1769, altura quatro pés dez polegadas dez linhas, completou o quarto ano; de boa constituição, saúde excelente; caráter submisso, honesto, grato; comportamento bastante regular; sempre se distinguiu por sua aplicação em matemática. Conhece razoavelmente história e geografia; é bem fraco nos exercícios de composição e no latim, em que foi só até o quarto nível. Será um excelente marinheiro. Tem méritos para ingressar na Escola Militar de Paris.

Em consequência desse pequeno relatório, o jovem Buonaparte conseguiu ser admitido na Escola Militar de Paris, e, no dia de sua partida, a seguinte menção foi inscrita nos registros:

Em 17 de outubro de 1784, saiu da Escola Real de Brienne o sr. Napoleão de Buonaparte, cavaleiro, nascido na cidade de Ajaccio, na ilha da Córsega, em 15 de agosto de 1769, filho do nobre Carlos Maria de Buonaparte, deputado da nobreza da Córsega, residente na dita cidade de Ajaccio, e da dama Letícia Ramolino, de acordo com ato inscrito no Registro, fólio 31, e recebido neste estabelecimento em 23 de abril de 1779.

Buonaparte foi acusado de ter-se gabado de uma nobreza imaginária e falsificado sua idade: as peças que acabamos de citar respondem a essas duas acusações.

Chegou à capital pelo coche de Nogent-sur-Seine.

Nenhum fato particular assinala sua passagem pela Escola Militar de Paris, salvo um relatório que enviou ao seu antigo vice-diretor, padre Berton. O jovem legislador percebera, na organização da escola, vícios que sua nascente aptidão administrativa não podia deixar passar em silêncio. Um desses vícios, e o mais perigoso de todos, era o luxo que cercava os alunos. Buonaparte, então, protestou contra esse luxo.

> Em lugar – dizia – de manter uma multidão de serviçais em torno dos alunos, de lhes dar diariamente duas refeições, de ostentar um picadeiro pouco conveniente, tanto para os cavalos como para os cavaleiros, não seria melhor, sem todavia interromper o curso de seus estudos, obrigá-los a se servirem eles próprios, à exceção da culinária mais básica, de que não se incumbiriam? Fazer com que comessem pão de caserna ou outro similar? Habituá-los a bater suas roupas e engraxar seus sapatos e botas? Uma vez que são pobres e destinados ao serviço militar, não seria esta a única educação para eles apropriada? Obrigados a uma vida sóbria, a cuidar de seus trajes, iriam tornar-se mais fortes, saberiam enfrentar as intempéries das estações, suportar com coragem as fadigas da guerra e inspirar um respeito e uma devoção cega aos soldados que estivessem sob suas ordens.

Buonaparte tinha quinze anos e meio quando propôs esse projeto de reforma; vinte anos depois, viria a fundar a Escola Militar de Fontainebleau.

Em 1785, após exames brilhantes, Buonaparte foi nomeado segundo-subtenente do batalhão de la Fère, então aquartelado no Dauphiné. Depois de ter permanecido um tempo em Grenoble, onde sua passagem não deixou vestígio senão uma frase apócrifa sobre o marechal Turenne, foi morar em Valence. Ali, alguns raios do sol do futuro começaram a se insinuar no crepúsculo do rapaz então ignorado. Buonaparte, como sabemos, era pobre; porém, ainda assim, achou que podia ajudar sua família chamando à França seu irmão Luís, nove anos mais moço. Ambos residiam na casa da senhorita Bou, Grande Rue nº4. Buonaparte tinha um quarto, e, no andar de cima, o pequeno Luís morava numa mansarda. Todas as manhãs, fiel a seus hábitos de companheirismo, do qual mais tarde faria uma virtude nos acampamentos, Buonaparte despertava seu irmão batendo no teto com um bastão, e dava-lhe uma aula de matemática. Um dia, o jovem Luís, que sofria bastante com aquele regime, mostrou-se mais lamuriento e moroso que de costume, e Buonaparte teve que bater no teto uma segunda vez para o aluno atrasado acordar.

— E então, o que houve essa manhã? Parece que estamos com muita preguiça! – disse Buonaparte.

— Oh, meu irmão – respondeu a criança –, eu estava sonhando um sonho tão bom!

— E que sonho era esse?

— Estava sonhando que eu era rei.

— E o que eu era então?... Imperador? – indagou, dando de ombros, o jovem subtenente. — Vamos! Ao trabalho!

Como sempre, o futuro rei assistiu à aula diária, ministrada pelo futuro imperador.*

Buonaparte morava em frente à loja de um rico livreiro chamado Marco Aurélio, cuja casa, que remontava a 1530, era uma joia da Renascença. Ali passava quase todas as horas permitidas

* Esta cena se passou na frente do sr. Parmentier, médico do regimento em que Buonaparte era segundo-subtenente. (Nota do autor)

pelo serviço militar e pelas aulas fraternas, horas de modo algum perdidas, como veremos.

Em 7 de outubro de 1808, Napoleão oferecia um jantar em Erfurt. Seus convivas eram o imperador Alexandre, a rainha da Westfália, o rei da Baviera, o rei de Wurttemberg, o rei da Saxônia, o grão-duque Constantino, o príncipe primaz, o príncipe Guilherme da Prússia, o duque de Oldenburg, o príncipe de Mecklemburg-Schwerin, o duque de Weimar e o príncipe de Talleyrand. A conversa dirigira-se para certa bula de ouro – que, até o estabelecimento da Confederação do Reno, servira de constituição e regulamento para a eleição dos imperadores, determinando o número e a condição dos eleitores. O príncipe primaz entrou em alguns detalhes sobre essa bula, fixando sua data em 1409.

— Acho que está enganado – disse sorrindo Napoleão. — A bula de que o senhor fala foi proclamada em 1336, sob o reinado do imperador Carlos IV.

— É verdade, sire – respondeu o príncipe primaz –, e lembro-me agora. Mas como pode Vossa Majestade conhecer tão bem essas coisas?

— Quando eu era um simples subtenente na artilharia... – disse Napoleão.

A essas palavras, um movimento de espanto tão vivo manifestou-se entre os nobres convivas que o narrador foi obrigado a interromper; porém, depois de um instante:

— Quando tive a honra de ser um simples subtenente de artilharia – prosseguiu sorrindo –, permaneci três anos no quartel de Valence. Gostava pouco do mundo e vivia bem retirado. Um acaso feliz me alojara perto de um livreiro instruído e dos mais solícitos. Li e reli seu acervo durante esses três anos de guarnição, e nada esqueci, nem mesmo matérias totalmente alheias à minha situação. A natureza, por sinal, dotou-me da memória dos algarismos; acontece-me muito frequentemente, com meus ministros, citar-lhes os detalhes e o conjunto numérico de suas contas mais antigas.

Esta não era a única lembrança que Napoleão conservara de Valence.

Entre as raras pessoas com quem Buonaparte se encontrava estava o sr. de Tardiva, abade de Saint-Ruf, cuja ordem fora recentemente abolida. Conheceu em sua casa a srta. Grégoire du Colombier, e apaixonaram-se. A família da moça morava num lugarejo, a cerca de dois quilômetros de Valence, denominado Bassiau. O jovem tenente conseguiu ser recebido na casa e fez inúmeras visitas. Nesse ínterim apresentou-se por sua vez um fidalgo da região chamado sr. de Bressieux. Buonaparte percebeu que, se não quisesse ser passado para trás, era hora de se declarar. Escreveu então à srta. Grégoire uma longa carta, na qual expressava todos os seus sentimentos e a incentivava a comunicar o fato aos pais. Estes, tendo de decidir entre conceder a filha a um militar sem futuro ou a um fidalgo dono de alguma fortuna, optaram pelo último. Buonaparte foi dispensado, e sua carta entregue a uma terceira pessoa, que tentou devolvê-la ao seu autor, tal como fora encarregada de fazer. Mas Buonaparte não a quis de volta.

— Guarde-a – disse à pessoa. — Um dia ela será testemunho tanto de meu amor como da pureza de meus sentimentos com relação à srta. Grégoire.

A pessoa guardou a carta, e a família ainda a tem em mãos.

Três meses mais tarde, a srta. Grégoire se casou com o sr. de Bressieux.

Em 1806, a sra. de Bressieux foi convocada pela corte para assumir a função e o título de dama de honra da imperatriz. Além disso, seu irmão foi enviado para Turim na qualidade de prefeito, e seu marido, nomeado barão e administrador das florestas do Estado.

As outras pessoas às quais Buonaparte se ligou durante sua temporada em Valence foram os srs. Montalivet e Bachasson, que se tornaram respectivamente ministro do Interior e inspetor do Abastecimento de Paris. Aos domingos, os três rapazes quase sempre passeavam juntos pelos arredores da cidade e volta e meia por lá se detinham para apreciar um baile ao ar livre oferecido – em troca de dois níqueis o cavalheiro e a contradança – por um merceeiro da cidade, que, em seu tempo livre, desempenhava a função de menestrel. Tratava-se de um velho militar que, estabelecido em Valence depois de aposentado, ali se casara, exercendo na santa paz sua dupla atividade. Porém, como isso ainda era insuficiente, solicitou e obteve, por ocasião da criação dos departamentos, um cargo de mensageiro expedicionário nas repartições da administração central. Foi ali que os primeiros batalhões de voluntários o conquistaram, em 1790, e o levaram consigo. Esse antigo soldado, merceeiro, menestrel e mensageiro expedicionário mais tarde tornou-se o marechal Victor, duque de Bellune.

Buonaparte saiu de Valence deixando três francos e dez centavos de dívidas com seu *pâtissier*, chamado Coriol.

Que nossos leitores não se espantem ao nos ver desenterrar episódios desse naipe. Quando se escreve a biografia de um Júlio César, de um Carlos Magno ou de um Napoleão, a lanterna de Diógenes não serve mais para buscar o homem; o homem é descoberto pela posteridade, surgindo radioso e sublime aos olhos do mundo. É então o caminho por ele percorrido antes de chegar ao seu pedestal que devemos seguir, e quão mais frágeis as pistas deixadas em certos pontos de sua rota, mais desconhecidas e, por conseguinte, mais curiosas.

Buonaparte chegou a Paris ao mesmo tempo que Paoli. A Assembleia Constituinte acabava de estender o benefício das leis francesas ao líder corso. Mirabeau declarara na tribuna ser hora de chamar os patriotas fugitivos que tinham defendido a independência da ilha, e Paoli retornara. Buonaparte foi acolhido como filho pelo velho amigo de seu pai. O entusiasmo juvenil viu-se diante de seu herói, que acabava de ser nomeado tenente-general e comandante militar da Córsega.

Buonaparte obteve uma licença e aproveitou para acompanhar Paoli e rever sua família, que deixara havia seis anos. O general patriota foi recebido com delírio por todos os partidários da independência, e o jovem tenente assistiu ao triunfo do célebre exilado. O entusiasmo foi tamanho que o voto unânime de seus concidadãos levou Paoli ao comando da guarda nacional e à presidência da administração departamental. Ali ele permaneceu algum tempo em perfeita harmonia com a Constituinte; mas uma moção do abade

Charrier, que propunha ceder a Córsega ao duque de Parma em troca de Piacenza, cuja posse destinava-se a indenizar o papa pela perda de Avignon, tornou-se para Paoli uma prova da pouca importância que a metrópole dava à conservação de seu país. Foi em meio a esses fatos que o governo inglês, que acolhera Paoli no exílio, entabulou conversas com o novo presidente. Paoli, de resto, não escondia preferir a Constituição britânica à que estava em vias de preparação pela legislatura francesa. Data dessa época a dissidência entre o jovem tenente e o velho general: Buonaparte permaneceu cidadão francês, Paoli voltou a ser general corso.

Buonaparte foi chamado a Paris no começo de 1792. Ali voltou a encontrar Bourrienne, seu antigo colega de colégio, que retornava de Viena depois de ter percorrido a Prússia e a Polônia. Como nenhum dos dois alunos de Brienne estava feliz, associaram então sua miséria comum para torná-la menos pesada. Um pedia para ser convocado para a guerra; o outro, pelo ministério das Relações Exteriores. Nenhum dos dois obtinha resposta. Sonhavam então com especulações comerciais, que a falta de verba quase sempre os impedia de concretizar. Certo dia, tiveram a ideia de alugar várias casas em construção na rua Montholon para sublocá-las em seguida. Porém, as pretensões dos proprietários lhes pareceram tão exageradas que foram forçados a desistir do empreendimento pelo mesmo motivo de tantos outros. Ao sair da casa do construtor, os dois especuladores perceberam que não haviam jantado, e também que não tinham um tostão para tal. Buonaparte remediou esse inconveniente colocando seu relógio no prego.

Sombrio prelúdio do 10 de agosto, o dia 20 de junho chegou. Os dois rapazes tinham combinado jantar num restaurante da rua Saint-Honoré. Terminavam sua refeição quando foram atraídos à janela por um grande tumulto e os gritos de "*Ça ira*! Viva a nação! Viva os *sans-culottes*! Abaixo o veto!" Era uma tropa de seis a oito mil homens, liderada por Santerre e o marquês de Saint-Hurugues, descendo os faubourgs Saint-Antoine e Saint-Marceau e dirigindo-se à Assembleia.

— Sigamos essa canalha – disse Buonaparte.

E os dois rumaram imediatamente para as Tulherias, postando-se então sob um alpendre à beira d'água. Buonaparte apoiou-se contra uma árvore, Bourriene sentou-se num parapeito.

Dali, embora não vissem nada, adivinharam facilmente o que estava acontecendo, pois uma janela que dava para o jardim se abrira e Luís XVI surgiu com um barrete vermelho que um homem do povo acabara de lhe apresentar na ponta de uma lança.

— *Coglione*! *Coglione*! – murmurou, dando de ombros e em seu idioma corso, o jovem tenente, que até então mantinha-se calado e imóvel.

— O que queria que ele fizesse? – perguntou Bourrienne.

— Tinha que mandar varrer quatrocentos ou quinhentos com o canhão – respondeu Buonaparte –, e o restante estaria correndo até agora.

O assunto de ambos durante o dia inteiro foi aquela cena, que lhes causara uma das mais fortes impressões que já haviam sentido.

Buonaparte viu assim se desenrolarem sob seus olhos os primeiros acontecimentos da Revolução Francesa. Assistiu como simples espectador ao fuzilamento de 10 de agosto e aos massacres de 2 de setembro; depois, vendo que não conseguia se alistar, resolveu fazer nova viagem à Córsega.

Durante sua ausência, as conspirações de Paoli com o gabinete inglês haviam adquirido tamanha proporção que Buonaparte não tinha mais com que se iludir a respeito de seus planos. Uma conversa, que o jovem tenente e o velho general tiveram na casa do governador de Corte, terminou com um rompimento, e os dois velhos amigos se separaram para só voltarem a se reencontrar no campo de batalha. Naquela mesma noite, um adulador de Paoli fez menção de falar mal de Buonaparte na sua frente:

— Chht! – disse-lhe o general, pondo-lhe o dedo nos lábios. — Trata-se de um rapaz talhado à moda antiga!

Logo Paoli desfraldaria abertamente o estandarte da revolta. Nomeado, em 26 de junho de 1793, pelos partidários da Inglaterra, generalíssimo e presidente de uma comissão em Corte, foi em 17 de julho declarado fora da lei pela Convenção Nacional. Buonaparte, ausente, afinal obtivera seu retorno à atividade tantas vezes solicitado. Nomeado comandante da guarda nacional, sob soldo, encontrava-se a bordo da frota do almirante Truguet e apoderava-se, nesse ínterim, do forte Saint-Etienne, que os vencedores logo foram obrigados a evacuar. De volta à Córsega, encontrou a ilha sublevada. Saliceti e Lacombe Saint-Michel, membros da Convenção encarregados de executar o decreto emitido contra o rebelde, tinham sido obrigados a se retirar para Calvi. Buonaparte encontrou-os lá e tentou um ataque sobre Ajaccio, imediatamente rechaçado. No mesmo dia, um incêndio irrompeu na cidade, e os Buonaparte tiveram sua casa queimada. Pouco tempo depois, um decreto os condenou ao banimento perpétuo. O fogo os deixara sem teto, a proscrição os tornava sem pátria... Voltaram os olhos para Buonaparte, e Buonaparte voltou os seus para a França... Toda aquela família proscrita embarcou num frágil navio, e o futuro César fez-se ao largo, protegendo o destino dos quatro irmãos, três dos quais viriam a ser reis, e das três irmãs, uma delas futura rainha.

A família inteira desembarcou em Marselha, reivindicando a proteção de uma França pela qual se achava banida. O governo ouviu seus clamores: José e Luciano obtiveram empregos na administração do exército, Luís foi nomeado suboficial, e Buonaparte foi promovido a primeiro-tenente, isto é, remunerado, no 4º regimento de infantaria. Pouco tempo depois, passou, por direito de antiguidade, ao posto de capitão na 2ª companhia do mesmo corpo, então estacionada em Nice.

Chegara o ano do número sangrento, 1793. Metade da França lutava contra a outra: o oeste e o sul estavam em fogo; Lyon acabava de ser conquistada, depois de um cerco de quatro meses; Marselha abrira suas portas à Convenção; Toulon entregara seus portos aos ingleses.

Um exército de trinta mil homens, composto pelas tropas que, sob o comando de Kellermann, sitiara Lyon, com alguns regimentos oriundos do exército dos Alpes e do exército da Itália e todos os voluntários selecionados nos departamentos vizinhos, avançou contra a cidade vendida. O combate começou nos desfiladeiros de Ollioules. Como o general Du Teil, que devia dirigir a artilharia, estava ausente, e o general Dommartin, seu lugar-tenente, fora ferido naquele primeiro choque, o primeiro oficial da arma o substituiu por direito: esse primeiro oficial era Buonaparte. Dessa vez o acaso estava ao lado do gênio, supondo que, para o gênio, o acaso não se chamasse Providência.

Buonaparte recebeu sua nomeação, apresentou-se ao estado-maior e foi levado ao general Carteaux, homem imponente e condecorado dos pés à cabeça, que lhe perguntou qual seria sua missão. O jovem oficial apresentou-lhe então o documento que o encarregava, sob as ordens dele, de dirigir as operações da artilharia.

— Não precisamos da artilharia – respondeu o bravo general. — Tomaremos Toulon esta noite na base da baioneta, e vamos incendiá-la amanhã.

No entanto, por maior que fosse a segurança do general em chefe, ele não podia se apoderar de Toulon sem fazer um reconhecimento do terreno. Portanto, esperou o dia seguinte e, ao romper da aurora, levou seu ajudante de campo Dupas e o chefe de batalhão Buonaparte em seu cabriolé para inspecionar as primeiras disposições ofensivas. Diante das observações de Buonaparte e um pouco a contragosto, ele tinha renunciado à baioneta e retornado à artilharia. Por conseguinte, ordens tinham sido dadas diretamente pelo general em chefe, e eram ordens cuja execução vinha inspecionar e cujo efeito vinha apressar.

Depois de superar os maciços dos quais descortinamos Toulon deitada no centro de seu jardim semioriental banhando seus pés no mar, o general desceu do cabriolé com os dois rapazes e se enfiou por um vinhedo, onde percebeu algumas peças de canhão dispostas atrás de uma espécie de armação de madeira. Buonaparte olhou ao redor não entendendo nada do que acontecia. O general desfrutou por um instante do espanto de seu chefe de batalhão, depois, virando-se com um sorriso de satisfação para seu ajudante de campo:

— Dupas, são estas as nossas baterias?

— Sim, general – respondeu este último.

— E o nosso parque de artilharia?

— Está a quatro passos.

— E os nossos projéteis incandescentes?

— Estão sendo aquecidos nas chácaras vizinhas.

Buonaparte não podia crer em seus olhos, mas fora obrigado a acreditar em seus ouvidos. Mediu o espaço com o olho experiente do estrategista e viu que havia pelo menos seis quilômetros da bateria até a cidade. Primeiro achou que o general queria o que se chama, em termos escolares e de guerra, testar seu jovem chefe de batalhão, mas a gravidade com que Carteaux prosseguiu em suas disposições não lhe deixou margem de dúvida. Ousou então uma observação sobre a distância e manifestou o temor de que os projéteis não atingissem a cidade.

— O senhor acha? – perguntou Carteaux.

— Receio que sim, general – respondeu Buonaparte. — Em todo caso, poderíamos, antes de nos atrapalharmos com os projéteis, testar a frio para termos certeza de seu alcance.

Carteaux achou a ideia engenhosa, mandou carregar uma peça e fazê-la disparar. Enquanto olhava as muralhas da cidade para ver o efeito produzido pelo disparo, Buonaparte lhe mostrava, a cerca de mil passos à sua frente, o projétil, que atingira as oliveiras, sulcara a terra, ricocheteara e morrera, saltitando, a um terço da distância que o general em chefe pensava que iria percorrer.

A prova era conclusiva, mas Carteaux não quis se render, e pretendeu que haviam sido "aqueles aristocratas de Marselha que tinham sabotado a pólvora".

Estragada ou não, a pólvora não alcançava distância maior que aquela, e foi preciso recorrer a outras medidas. Retornaram ao quartel-general, onde Buonaparte pediu um mapa de Toulon. Desenrolaram um sobre a mesa, e, depois de ter estudado por um instante a situação da cidade e das diferentes edificações que a defendiam – desde o reduto erguido no pico do monte Faron, que a dominava, até os fortes Lamalgue e Malbusquet, que protegiam sua direita e sua esquerda –, o jovem chefe de batalhão pôs o dedo sobre um novo reduto, construído por um inglês, e afirmou com a rapidez e concisão do gênio:

— Toulon está aqui.

Foi então Carteaux que não entendeu mais nada. Tomando ao pé da letra as palavras de Buonaparte, voltou-se para Dupas, seu confidente:

— Parece – disse-lhe – que o "capitão canhão" não é forte em geografia.

Foi o primeiro apelido de Buonaparte. Veremos depois como adquiriu o de "pequeno caporal".

Naquele momento entrou Gasparin, representante do povo. Buonaparte ouvira falar dele não apenas como de um verdadeiro, leal e bravo patriota, mas também um homem com senso de justiça e espírito ágil. O chefe de batalhão foi direto a ele.

— Cidadão representante – disse –, sou chefe de batalhão de artilharia. Na ausência do general Du Teil, e em virtude do ferimento do general Dommartin, essa arma encontra-se sob minha direção. Peço que ninguém intervenha a não ser eu, ou não respondo por nada.

— E quem é você para responder por alguma coisa? – perguntou o representante do povo, espantado ao ver um rapaz de vinte e três anos lhe falar daquela maneira e com tamanha segurança.

— Quem sou eu? – replicou Napoleão puxando-o para um canto e falando-lhe em voz baixa. — Sou um homem que conhece seu ofício, lançado no meio de pessoas que ignoram o delas. Peça ao general em chefe seu plano de batalha e verá se tenho ou não razão.

O jovem oficial falava com tal convicção que Gasparin não hesitou um instante.

— General – disse aproximando-se de Carteaux –, os representantes do povo desejam que, em três dias, apresente-lhes o seu plano de batalha.

— Só precisa esperar três minutos – respondeu Carteaux –, e já lhe entrego.

E de fato o general sentou-se, pegou uma pena e escreveu sobre uma folha solta aquele famoso plano de campanha que se tornou um modelo do gênero. Ei-lo:

> O general de artilharia bombardeará Toulon durante três dias; depois atacarei a cidade com três colunas e a conquistarei.
>
> CARTEAUX

O plano foi enviado a Paris e entregue nas mãos da comissão, que o julgou mais engraçado que inteligente: Carteaux foi chamado, e Dugommier mandado em seu lugar.

Ao chegar, o novo general encontrou as providências tomadas por seu jovem chefe de batalhão. Era um desses cercos em que, a princípio, não bastam força e coragem e nos quais o canhão e a estratégia devem estar prontos para tudo. Não houve um recanto do litoral em que artilharia não tivesse que se bater com artilharia. Ela troava de todos os lados como uma grande tempestade cujos raios se cruzam. Troava do alto das montanhas e do alto das muralhas. Troava da planície e do mar. Parecia ao mesmo tempo uma tempestade e um vulcão.

Foi em meio a essa rede de labaredas que os representantes do povo quiseram alterar alguma coisa numa bateria estabelecida por Buonaparte. O movimento já começara quando o jovem chefe de batalhão chegou e mandou voltar tudo ao lugar. Os representantes do povo então quiseram fazer algumas observações.

— Cuidem do seu ofício de deputados – respondeu-lhes Buonaparte –, e deixem-me exercer o meu de artilheiro. Essa bateria está bem aqui, e respondo por ela com minha cabeça.

O ataque geral começou no dia 16. A partir de então o cerco não passou de um longo assalto. Na manhã seguinte, os sitiantes apoderaram-se do Pas de Leidet e da Croix Faron; ao meio-dia desalojaram os aliados do reduto Saint-André, dos fortes dos Pomets e dos dois Saint-Antoine. Finalmente, ao cair da noite, iluminados ao mesmo tempo pela chuva e o canhão, os republicanos entravam no reduto inglês. Ali, tendo atingido seu objetivo, vendo-se soberano da cidade, Buonaparte, ferido na coxa por um golpe de baioneta, disse ao general Dugommier, ferido por dois disparos, um no joelho, outro no braço, e caindo ao mesmo tempo de esgotamento e cansaço:

— Vá descansar, general. Acabamos de conquistar Toulon, pode dormir até depois de amanhã.

No dia 18, os fortes Aiguillette e Balagnier foram tomados, e baterias dirigidas para Toulon. Diante da visão de várias casas pegando fogo, sob o silvo dos projéteis que cruzavam as ruas, a cisânia instalou-se entre as tropas aliadas. Os sitiantes, cujos olhares mergulhavam na cidade e na baía, viam o incêndio manifestar-se em vários pontos que não haviam atacado. Os ingleses, decididos a partir, atearam fogo no arsenal, nas lojas da marina e nas embarcações francesas que não conseguiram levar consigo. Diante das labaredas, um grito geral se fez ouvir: todo o exército pedia o assalto. Mas era tarde demais, os ingleses começavam a embarcar sob o fogo de nossas baterias, abandonando aqueles que tinham traído a França por eles, e traindo-os por sua vez. A noite caiu. As chamas que se levantavam em diversos pontos foram se extinguindo em meio a um grande alarido: eram os prisioneiros que rompiam suas correntes e debelavam o incêndio provocado pelos ingleses.

No dia seguinte, 19, o exército republicano entrava na cidade, e à noite, como previra Buonaparte, o general em chefe dormiria em Toulon.

Dugommier não se esqueceu dos serviços do jovem chefe de batalhão, que, doze dias depois da tomada da cidade, recebeu a patente de general de brigada.

É nesse ponto que a história o arrebata para nunca mais o largar.

Vamos agora, num ritmo preciso e ágil, acompanhar Buonaparte em seu percurso como general em chefe, cônsul, imperador e proscrito; e depois vê-lo, fugaz meteoro, ressurgir e brilhar por um instante no trono, e acompanhá-lo até a ilha aonde viria a morrer, da mesma forma que o acompanhamos desde a ilha onde nasceu.

II

O General Bonaparte

Bonaparte, como acabamos de dizer, fora nomeado general de artilharia no exército de Nice como recompensa pelos serviços prestados à República na tomada de Toulon. Foi ali que conheceu Augustin Robespierre – irmão mais novo do célebre Maximilien –, representante do povo naquele exército. Chamado a Paris, pouco antes do 9 termidor, Augustin fez tudo a seu alcance para o jovem general acompanhá-lo, prometendo-lhe a proteção direta do irmão. Mas Bonaparte recusou repetidamente: ainda não chegara o tempo em que teria de tomar partido.

Porém talvez outro motivo o retivesse, e, desta vez, seria o acaso a proteger o gênio? Se assim foi, o acaso se fizera visível e assumira a forma de uma jovem e formosa representante do povo que acompanhava o marido em sua missão no exército de Nice. Bonaparte dedicava-lhe uma séria afeição, que manifestava com galanteios de cunho guerreiro. Certo dia em que passeava com ela pelos arredores da garganta de Tende, ocorreu ao jovem general proporcionar à sua bela companheira o espetáculo de uma pequena guerra, e ordenou um ataque da linha de frente. Doze homens foram vítimas desse divertimento, e Napoleão confessou mais de uma vez em Santa Helena que aqueles homens, mortos sem motivo e por puro capricho, representavam para ele um remorso maior que a morte dos seiscentos mil soldados por ele semeados nas estepes nevadas da Rússia.

Foi então que os representantes do povo junto ao exército da Itália emitiram o seguinte decreto:

O general Bonaparte rumará para Gênova a fim de, em conjunto com o encarregado de negócios da República francesa, discutir com o governo de Gênova os assuntos constantes de suas instruções.

O encarregado de negócios junto à República de Gênova o credenciará e o fará credenciar pelo governo de Gênova.

Loano, 25 messidor, ano II da República

O verdadeiro objetivo da missão era mostrar ao general *in loco* as fortalezas de Savona e Gênova, dar-lhe recursos para obter todas as informações possíveis sobre a artilharia e os outros equipamentos militares, enfim, dar-lhe condições para recolher todos os fatos que pudessem desvendar as intenções do governo genovês relativos à coalizão.

Enquanto Bonaparte cumpria essa missão, Robespierre caminhava para o cadafalso, e os deputados terroristas eram substituídos por Albitte e Saliceti. A chegada deles a Barcelonette foi assinalada pelo seguinte decreto, a recompensa que esperava Bonaparte em sua volta:

> Os representantes do povo junto ao exército dos Alpes e da Itália, considerando que o general Bonaparte, comandante em chefe da artilharia do exército da Itália, não goza mais de confiança, em virtude de conduta suspeitíssima e sobretudo pela viagem que recentemente fez a Gênova, decretam o que se segue:
>
> O general de brigada Bonaparte, comandante em chefe do exército da Itália, está provisoriamente suspenso de suas funções; será, pelos cuidados e sob a responsabilidade do general em chefe da citada arma, colocado em estado de detenção e levado ao Comitê de Salvação Pública de Paris; todos os seus papéis e pertences serão inventariados pelos comissários que serão nomeados regionalmente pelos representantes do povo Saliceti e Albitte, e todos os ditos papéis suspeitos serão enviados ao Comitê de Salvação Pública.
>
> Feito em Barcelonnette, 19 termidor, ano II da República francesa, una, indivisível e democrática.
>
> Assinado: ALBITTE, SALICETI, LAPORTE

O decreto foi executado. Bonaparte, levado para a prisão de Nice, ali permaneceu quatorze dias, depois dos quais, por meio

IRLANDA
Dublim
ESCÓCIA
Edimburgo
MAR DO NORTE
REINO DA GRÃ-BRETANHA
Londres
Dover
Boulogne
OCEANO ATLÂNTICO
REINO DA DINAMARCA E NORUEGA
REINO DA SUÉCIA
Copenhague
PROVÍNCIAS UNIDAS
Amsterdã
Roterdã
Antuérpia
Bruxelas
Hanover
HANOVER
Rio Elba
Berlim
SACRO IMPÉRIO
SAXÔNIA
SILÉSIA
Frankfurt
Mainz
Wurtburg
Praga
BOÊMIA
Rouen
Paris
Rio Sena
Estrasburgo
DUCADO DE LORENA
ALSÁCIA
WURTTEMBERG
Rio Danúbio
Munique
Viena
BAVIERA
Rio Loire
REINO DA FRANÇA
Bordeaux
Genebra
SUÍÇA
Rio Ródano
Lyon
DUCADO DE SABÓIA
Grenoble
Turim
Milão
REPÚBLICA
Veneza
Parma
Módena
Bolonha
Avignon
Gênova
Aix
Nice
REP. DE GÊNOVA
Marselha
Toulon
Lucca
Florença
TOSCANA
EST. PONTIFÍCIAS
Ajaccio
CÓRSEGA
(Gênova até 1788)
Roma
Porto
Rio Douro
REINO DE PORTUGAL
Madri
Rio Tejo
Lisboa
Toledo
REINO DA ESPANHA
CATALUNHA
Barcelona
Córdoba
Palma
SARDENHA
(Áustria até 1720)
Nápoles
REINO DAS DUAS SICÍLIAS
Gibraltar
(Grã-Bretanha)
M A R
Argel
M E D
MALTA
0 100 200 300 400km
Limite do Sacro Império Romano Germânico
Estados da Igreja e territórios eclesiásticos
Terras dos Habsburgo
Grã-Bretanha e Hanover

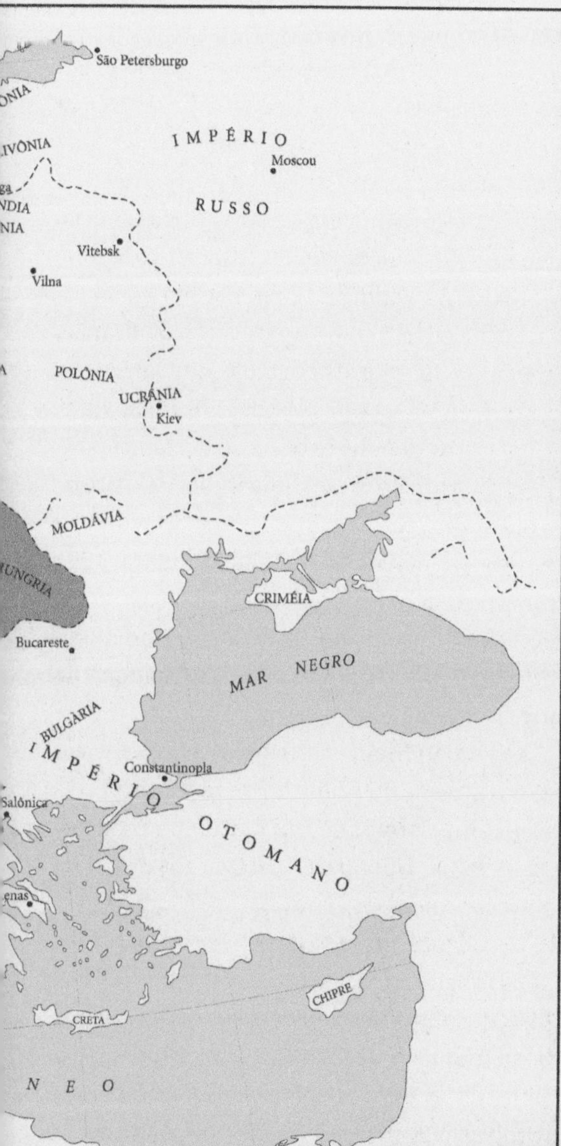

A EUROPA ANTES DA REVOLUÇÃO FRANCESA

Até a Revolução Francesa, os Estados da Europa tiveram seus limites ditados pela constante rivalidade entre a Áustria e a França e definidos basicamente pelos tratados de Westfália (1648) e de Utrecht (1713). Durante o século XVIII, essas hostilidades prosseguiram, tornando-se mais acirradas e complexas com o surgimento de duas grandes potências, a Prússia e a Rússia, e a crescente e obstinada oposição da arqui-inimiga Inglaterra.

de um segundo decreto assinado pelos mesmos homens, foi provisoriamente liberado.

Bonaparte, porém, só escapara do perigo para cair no desgosto. Os episódios de termidor tinham levado a um remanejamento nos comitês da Convenção. Um antigo capitão, chamado Aubry, viu-se na direção do Comitê de Guerra e traçou um novo programa para o exército, onde se comportava como um general de artilharia. Quanto a Bonaparte, no lugar da patente que lhe tiraram, deram-lhe a de general de infantaria na Vendeia. Bonaparte, que achava muito exíguo o teatro de uma guerra civil num recanto da França, recusou-se a ocupar o posto e foi, por um decreto do Comitê de Salvação Pública, riscado da lista dos oficiais-generais na ativa.

Bonaparte já se julgava por demais necessário à França para não ficar profundamente chocado com tamanha injustiça. Porém, como ainda não chegara a um desses cumes de onde se avista todo o horizonte que resta ser percorrido, ainda alimentava esperanças, mas nenhuma certeza. As esperanças foram frustradas. Agraciado com o gênio e um futuro promissor, via-se condenado a uma longa, se não eterna, inatividade, e isso em uma época na qual todos faziam sucesso meteórico. Alugou provisoriamente um quarto num hotel da rua du Mail, vendeu seus cavalos e seu coche por seis mil francos e resolveu se retirar para o campo. As imaginações exaltadas pulam sempre de um extremo ao outro: exilado dos campos de batalha, Bonaparte não via mais nada a não ser a vida rural; não podendo ser César, fazia-se Cincinato.

Lembrou-se então de Valence, onde passara três anos tão obscuro e feliz. Foi para aquelas bandas que dirigiu suas buscas, acompanhado pelo irmão José, que retornava a Marselha. Ao passar por Montélimart, os dois viajantes pararam. Julgando a localidade e o clima da cidade convenientes, Bonaparte perguntou se não havia nos arredores alguma propriedade barata à venda. Enviaram-no ao sr. Grasson, advogado informal, com quem varou a noite. Tratava-se de visitar um pequeno sítio chamado Beauserret, que no dialeto da região significa Beauséjour [bela vivenda] e cujo nome representava fielmente o agradável recanto. Depois de visitarem o lugar e constatarem sua conveniência, temeram apenas, ao verem sua extensão e seu bom estado de conservação, que o preço fosse muito alto. Abordaram a questão – trinta mil francos, praticamente nada.

Bonaparte e José voltaram para Montélimart discutindo o assunto. A pequena fortuna reunida de ambos permitia dedicar aquela soma à aquisição do futuro refúgio. Combinaram fechar negócio dali a dois dias no próprio local, tanto Beuserret lhes aprazia. O sr. Grasson os acompanhou novamente. Visitaram a propriedade, examinando-a ainda com mais detalhe que da primeira vez. Finalmente, Bonaparte, surpreso por estarem vendendo por soma tão módica sítio tão encantador, perguntou se não havia algo por trás daquilo.

— Há – respondeu o sr. Grasson –, mas sem importância para os senhores.

— Não interessa – insistiu Bonaparte –, gostaria de saber do que se trata.

— Houve um assassinato entre os camponeses.

— E quem foi o assassino?

— O filho matou o pai.

— Um parricídio! – exclamou Bonaparte empalidecendo mais que de costume. — Vamos embora, José!

E pegando o irmão pelo braço, lançou-se para fora dos aposentos e subiu no cabriolé. Chegando a Montélimart, pediu seus cavalos de posta e partiu imediatamente de volta a Paris, enquanto José continuava seu trajeto para Marselha. Dirigia-se àquela cidade a fim de se casar com a filha de um rico negociante, chamado Clary, que com isso tornou-se também sogro de Bernadotte.

Quanto a Bonaparte, mais uma vez impelido pelo destino para Paris, centro dos grandes acontecimentos, retomou a vida obscura e oculta que tanto lhe pesava. Não conseguindo mais suportar a inatividade, dirigiu ao governo uma nota na qual expunha ser do interesse da França, no momento em que a imperatriz da Rússia, Catarina II, acabava de renovar sua aliança com a Áustria, fazer tudo a seu alcance para aumentar os recursos militares da Turquia.

Assim, oferecia-se ao governo para ir a Constantinopla com seis ou sete oficiais de diferentes armas a fim de que pudessem formar nas ciências militares as inúmeras e corajosas, porém pouco aguerridas, milícias do sultão.

O governo sequer se dignou a responder a essa nota, e Bonaparte permaneceu em Paris. O que teria acontecido ao mundo se um funcionário do Ministério tivesse aposto a esse pedido a palavra "deferido", só Deus sabe.

Entretanto, em 22 de agosto de 1795 passou a vigorar a Constituição do ano III. Os legisladores que a tinham redigido estipulavam que dois terços dos membros que compunham a Convenção Nacional fariam parte do novo corpo legislativo. Era a ruína das expectativas do partido oposicionista, que esperava, com a renovação total dos mandatos, a introdução de uma nova maioria que representasse seu ponto de vista. Esse partido era sustentado sobretudo pelas seções de Paris, que declararam só aceitar a Constituição se a reeleição dos dois terços fosse anulada. A Convenção manteve o decreto em sua integralidade. Começaram os murmúrios nas seções. Em 25 de setembro, alguns distúrbios precursores se manifestaram. Finalmente, na jornada de 14 de outubro (12 vendemiário), o perigo tornou-se tão premente que a Convenção ponderou se já não era hora de tomar as medidas cabíveis. Por conseguinte, dirigiu ao general Alexandre Dumas, comandante em chefe do exército dos Alpes, e então na reserva, a seguinte carta, cuja própria brevidade demonstrava sua urgência:

> O general Alexandre Dumas se dirigirá imediatamente a Paris para ali assumir o comando das forças armadas.

A ordem da Convenção foi levada ao hotel Mirabeau, mas o general Dumas partira três dias antes para Villers-Cotterets, onde recebeu a carta na manhã do dia 13.

Enquanto isso, o perigo aumentava de hora em hora. Não era mais possível esperar a chegada daquele que fora convocado. Portanto, durante a noite, o representante do povo Barras foi nomeado comandante em chefe do exército do interior. Era preciso um segundo homem, e ele dirigiu seu olhar para Bonaparte.

O destino, como vemos, limpara o terreno. Aquela hora futura que deve soar uma vez na vida de todo homem, dizem, chegara para ele. O canhão do 13 vendemiário reverberou na capital.

As seções que Bonaparte acabara de destruir deram-lhe o apelido de "Mitrailleur" [metralhador], e a Convenção, que acabara de salvar, a patente de general em chefe do exército da Itália.

Mas esse grande dia não apenas iria influir na vida política de Bonaparte. Sua vida privada viria a depender e ser um resultado dele. O desarmamento das seções acabava de ser operado com o rigor exigido pelas circunstâncias, quando, um dia, uma criança de dez ou doze anos apresentou-se ao estado-maior, suplicando ao general Bonaparte que lhe devolvesse a espada de seu pai, que fora general da República. Bonaparte, tocado pelo pedido e a graça juvenil com que fora feito, mandou procurar a espada e, depois de encontrá-la, entregou-lha. A criança, ao ver aquela arma sagrada que acreditava perdida, beijou chorando o punho em que tanto tocara a mão paterna. O general, comovido com aquele amor filial, mostrou tal boa vontade com a criança que sua mãe se viu obrigada a lhe fazer uma visita de cortesia no dia seguinte.

A criança era Eugênio; a mãe, Josefina.

Em 21 de março de 1796, Bonaparte partiu ao encontro do exército da Itália levando em seu coche dois mil luíses – tudo o que conseguira reunir, juntando os subsídios do Diretório à sua própria fortuna e à de seus amigos. E foi com essa soma que partiu para conquistar a Itália, quantia sete vezes menor que a levada por Alexandre ao rumar para a Índia.

Em Nice, encontrou um exército sem disciplina, munição, víveres e roupas. Ao entrar no quartel-general, mandou distribuir entre os generais, para ajudá-los a promover a campanha, a soma de quatro luíses; depois dirigiu-se aos soldados, mostrando-lhes a Itália:

— Camaradas – disse ele –, falta-lhes tudo no meio dessas pedras. Lancem os olhos para as ricas planícies que se estendem aos seus pés. Elas nos pertencem. Vamos tomá-las.

Era quase o discurso que Aníbal fizera aos seus soldados mil e novecentos anos antes. E, durante aqueles mil e novecentos anos, apenas um homem digno de lhe ser comparado havia surgido: César.

Os soldados a quem Bonaparte dirigia essas palavras eram os destroços de um exército que, nas rochas estéreis do litoral de Gênova, havia dois anos vinha se mantendo penosamente na defensiva e que tinha diante de si duzentos mil homens das melhores tropas do Império austríaco e do Piemonte. Bonaparte atacou essa massa com cerca de trinta mil homens e em onze dias venceu-a cinco vezes, em Montenotte, Millesimo, Diego, Vigo e Mondovi. Em seguida, abrindo as portas das cidades com uma das mãos enquanto ganhava as batalhas com a outra, apoderou-se das fortalezas de Coni, Tortone, Alessandria e Ceva. Em onze dias os austríacos foram isolados dos piemonteses, Provera foi tomada, e o rei da Sardenha, forçado a assinar uma capitulação em sua própria capital. Bonaparte então avançou para o norte da Itália e, adivinhando os sucessos vindouros pelos sucessos passados, escreveu ao Diretório:

> Amanhã, marcho para cima de Beaulieu, obrigo-o a transpor de volta o Pó, atravesso imediatamente atrás dele, conquisto toda a Lombardia e, antes de um mês, espero estar sobre as montanhas do Tirol, encontrar o exército do Reno e empreender, ao lado dele, a guerra na Baviera.

Com efeito, Beaulieu foi perseguido. Em vão retrocedeu para se opor à travessia do Pó; a travessia foi efetuada. Refugiou-se atrás dos muros de Lodi, mas um combate de três horas o expulsou dali. Dispôs seu exército em formação de batalha na margem esquerda do rio Adda, defendendo com toda a sua artilharia a passagem da ponte que não teve tempo de cortar. O exército francês formou em coluna cerrada, precipitou-se para a ponte, destruiu tudo à frente, dispersou o exército austríaco e prosseguiu sua marcha atropelando-o. Pavia então se rendeu, Pizzighitone e Cremona caíram, o castelo de Milão abriu suas portas, o rei da Sardenha assinou a paz, os duques de Parma e de Módena seguiram seu exemplo, e Beaulieu teve tempo apenas de se refugiar em Mântua.

O tratado com o duque de Módena foi a primeira prova do desinteresse de Bonaparte, que recusou quatro milhões em ouro oferecidos, em nome de seu irmão, pelo comandante d'Este, e que Saliceti, delegado do governo junto ao exército, instava-o a aceitar.

Foi também nessa campanha que recebeu o nome popular que lhe reabriu, em 1815, as portas da França. Eis as circunstâncias. A juventude de Bonaparte, quando assumiu o comando do exército, causara certo espanto entre os soldados veteranos, de modo que estes resolveram lhe conferir por conta própria as patentes inferiores que pareciam não lhe terem sido concedidas pelo governo. Assim, reuniam-se depois de cada batalha para lhe dar uma patente, e, quando ele retornava ao acampamento, era saudado pelos bigodes mais antigos com seu novo título. Foi assim que se tornou "caporal" [cabo] em Lodi. Daí o apelido de "pequeno caporal" desde então associado a Napoleão.

No entanto, Bonaparte fizera apenas a pausa de um instante, e, durante essa pausa, a cobiça o assaltou. O Diretório, que viu no tom da correspondência do soldado a revelação do homem político, temia que o vencedor se constituísse em árbitro da Itália e se preparou para mandar Kellermann para junto dele. Bonaparte ficou sabendo e escreveu:

> Reunir Kellermann a mim é querer pôr tudo a perder. Não posso servir de boa vontade ao lado de um homem que se acha o melhor estrategista da Europa; aliás, acredito que um mau general vale mais que dois bons. A guerra é como o governo, um assunto de tato.

Em seguida fez sua entrada solene em Milão, onde – enquanto o Diretório assinava em Paris o tratado de paz, negociado por Saliceti na corte de Turim, encerravam-se as negociações com Parma, e abriam-se os entendimentos com Nápoles e Roma – se preparou para a conquista do norte da Itália.

A chave da Alemanha era Mântua. Era portanto Mântua a cidade a ser conquistada. Cento e cinquenta peças de canhão, tomadas no castelo de Milão, foram dirigidas para essa cidade, depois de terem seus brasões arrancados por Serrurier. Instalou-se o cerco.

O gabinete de Viena começou então a sentir toda a gravidade da situação, enviando em socorro de Beaulieu vinte e cinco mil homens sob as ordens de Quasdanovitch e trinta e cinco mil sob as de Wurmser.

Um espião milanês, encarregado de entregar as mensagens que anunciavam esse reforço, conseguiu penetrar na cidade e, detido numa ronda noturna comandada pelo ajudante de campo Dermoncourt, foi levado ao general Dumas. Em vão foi revistado, nada foi encontrado com ele. Prestes a ser libertado, uma dessas revelações do destino fez com que o general Dumas adivinhasse que engolira as mensagens. O espião negou, o general ordenou que fosse fuzilado. O espião então confessou, sendo entregue aos cuidados do ajudante de campo Dermoncourt, que, com um purgante administrado pelo cirurgião-mor, conseguiu obter uma bolota de cera do tamanho de uma bola de bilhar. Dentro estava a carta de Wurmser, escrita sobre pergaminho com pena de corvo. A carta, contendo os menores detalhes das operações do exército inimigo, foi entregue a Bonaparte. Quasdanovitch e Wurmser tinham se dividido: o primeiro marchara para Brescia, o segundo para Mântua. Era o mesmo erro que arruinara Provera e d'Argenteau. Bonaparte deixou dez mil homens diante da cidade e postou-se com vinte e cinco mil diante de Quasdanovitch, que foi repelido para as gargantas do Tirol depois de ter sido batido em Salo e Lonato. Incontinente Bonaparte voltou-se para Wurmser, que constatara a derrota de seu colega pela presença do exército que o vencera. Atacado pela impetuosidade francesa, foi derrotado em Castiglione. Em cinco dias, os austríacos perderam vinte e cinco mil homens e cinquenta peças de canhão. Essa vitória deu tempo a Quasdanovitch de se recuperar. Bonaparte então voltou à carga, derrotando-o em San Marco, Serravalle e Roveredo. Em seguida retornou, depois dos combates de Bassano, Rimolano e Cavalo, para impor pela segunda vez um cerco a Mântua, onde Wurmser entrara com os destroços de seu exército.

Ali, enquanto se realizavam obras, Estados engendravam-se ao redor de Bonaparte, consolidando-se à sua palavra. Fundou as repúblicas Cispadana e Transpadana, expulsou os ingleses da Córsega e passou a pressionar ao mesmo tempo Gênova, Veneza e a Santa Sé, cuja rebelião impediu. Em meio a essas vastas combinações políticas, foi informado sobre a aproximação de um novo exército imperial, liderado por Alvinzi. Mas uma fatalidade pesava sobre todos esses homens, e Alvinzi cometeu o mesmo erro de seus predecessores, dividindo seu exército em dois corpos: um, composto de trinta mil homens que, guiados por ele, deviam atravessar o Veronese e alcançar Mântua; o outro, composto de quinze mil homens que, sob o comando de Davidovitch, se espalhariam pelo Adige. Bonaparte marchou em direção a Alvinzi, encontrou-o em Arcole, lutou três dias corpo a corpo com ele e só o largou depois de ter deitado cinco mil mortos no campo de batalha, feito oito mil prisioneiros e tomado trinta peças de canhão. Depois, ainda ofegante, deixou Arcole, lançando-se entre Davidovitch, que saía do Tirol, e Wurmser, que deixava Mântua. Fora informado no campo de batalha de que Alvinzi e Provera iriam juntar forças. Derrotou então Alvinzi em Rivoli e, com os combates de Saint-Georges e Favorite, obrigou Provera a depor as armas. Finalmente, livre de todos os seus adversários, retornou a Mântua, sitiou-a, pressionou-a, sufocou-a e a obrigou a se render, no momento em que um quinto exército, destacado das reservas do Reno, avançava liderado por um arquiduque.

Nenhuma afronta dessas escapava à Áustria: as derrotas de seus generais iriam atingir o trono. Em 10 de março de 1797, o príncipe Carlos foi batido na passagem do Tagliamento, vitória que abria para a França os Estados de Veneza e as gargantas do Tirol. Os franceses avançaram rapidamente pelos caminhos que lhes eram abertos, triunfando em Lavis, Trasmis e Clausen, entrando em Trieste, conquistando Tarvis, Gradisca e Villach, e investindo na perseguição do arquiduque, que só abandonaram para ocupar as estradas da Áustria e finalmente penetrar até cento e vinte quilômetros de Viena. Ali Bonaparte fez uma pausa para aguardar os parlamentares. Havia um ano deixara Nice, e, durante esse tempo, destruíra seis exércitos, conquistara Alessandria, Turim, Milão, Mântua e fincara a bandeira tricolor sobre os Alpes do Piemonte, da Itália e do Tirol. Ao seu redor começavam a brilhar os nomes de Masséna, d'Augereau, Joubert, Marmont e Berthier. A plêiade ia se formando: os satélites giravam em torno de seu planeta, o céu do Império enchia-se de estrelas!

Bonaparte não se enganara: os parlamentares haviam chegado. Léoben foi designado para o assento das negociações. Bonaparte não precisava mais dos plenos poderes do Diretório. Era ele quem fazia a guerra, seria ele quem faria a paz.

> Diante da situação – escreveu –, as negociações, mesmo com o imperador, tornaram-se uma operação militar.

A operação arrastava-se, e todas as astúcias da diplomacia o enredavam e fatigavam. Mas chegou o dia em que o leão cansou de se sentir numa rede. Ergueu-se no meio de uma discussão, pegou um magnífico vaso de porcelana, espatifou-o e pisoteou-o; depois, voltando-se para os plenipotenciários estupefatos:

— É assim que farei pó de todos os senhores, já que o desejam.

Os diplomatas voltaram a mostrar disposições mais pacíficas, e, no primeiro artigo, o imperador declarava reconhecer a República francesa.

— Rasguem esse parágrafo – disparou Bonaparte. — A República francesa é como o Sol no horizonte: cegos aqueles a quem seu brilho não atingiu.

Assim, aos vinte e sete anos, Bonaparte segurava com uma das mãos a espada que dividia os Estados e, com a outra, a balança que pesava os reis. O Diretório em vão tentava traçar-lhe um caminho, ele trilhava o seu. Embora ainda não comandasse, já não obedecia mais. Se o Diretório lhe escrevia para lembrar-lhe que Wurmser, que caíra nas mãos de Bonaparte, era um *émigré*, Napoleão tratava-o com todo o respeito devido à sua desgraça e à velhice. Em relação ao papa, o Diretório empregava formas ultrajantes; já Bonaparte escrevia-lhe sempre com respeito e só o chamava de Santo Padre. O Diretório deportava os padres e os proscrevia; Bonaparte ordenava que seu exército os visse como irmãos e os homenageasse como ministros de Deus. O Diretório tentava exterminar até mesmo os vestígios da aristocracia; Bonaparte escrevia à democracia de Gênova para criticar os excessos a que se entregara com relação aos nobres e informar-lhe que, se quisesse conservar sua estima, devia respeitar a estátua de Doria.

No 15 vendemiário do ano VI, era assinado o tratado de Campoformio, e a Áustria, à qual se entregou Veneza, renunciava a seus direitos sobre a Bélgica e a suas pretensões sobre a Itália. Bonaparte deixou a Itália e rumou para a França, chegando a Paris no 15 frimário do mesmo ano (5 de dezembro de 1797).

Ficara dois anos ausente e, nesse período, tinha feito cento e cinquenta mil prisioneiros, tomado cento e setenta bandeiras, cento e cinquenta peças de canhão, seiscentas peças de campanha, cinco equipagens de ponte, nove embarcações de setenta e quatro canhões, doze fragatas de trinta e dois, doze corvetas e dezoito galeras; além disso, como dissemos, tendo levado da França dois mil luíses, enviara em várias remessas perto de cinquenta milhões. Contra todas as tradições antigas e modernas, fora o exército a alimentar a pátria.

Com a paz, Bonaparte veria sua carreira militar chegar ao fim. Incapaz de ficar quieto, ambicionou o posto de um dos membros do Diretório. Infelizmente tinha apenas vinte e oito anos, o que seria uma violação tão grande e direta da Constituição do ano III que sequer ousou fazer a proposta. Lutava precocemente, pelas combinações de seu gênio, contra um inimigo mais terrível que todos os que até então combatera: o esquecimento.

— Em Paris não se guarda a lembrança de nada – dizia. — Se ficar muito tempo ocioso, estou perdido. Uma reputação, nessa grande Babilônia, substitui a outra. E basta não me verem três vezes no teatro para deixarem até de me olhar.

À espera de uma oportunidade, conseguiu ser nomeado membro do Instituto de França.

Finalmente, em 29 de janeiro de 1798, disse a seu secretário:

— Bourrienne, não quero ficar aqui, não há nada a fazer. Eles não querem ouvir nada. Vejo que, se ficar, logo irei a pique. Tudo aqui deve ter utilidade: não possuo mais glória. Essa pequena Europa não a proporciona mais, é uma pocilga. Nunca houve grandes impérios e grandes revoluções a não ser no Oriente, onde vivem seiscentos milhões de homens. É preciso rumar para o Oriente, todas as grandes reputações vêm de lá.

Assim, era preciso superar todas as grandes reputações. Já fizera mais que Aníbal, faria o mesmo que Alexandre e César ao inscrever seu nome nas Pirâmides.

Em 12 de abril de 1798, Bonaparte era nomeado general em chefe do exército do Oriente.

Como vemos, para conseguir bastava que pedisse. Ao chegar a Toulon, daria provas de que bastava comandar para ser obedecido.

Um velhinho de oitenta anos acabara de ser fuzilado na antevéspera do dia em que chegou a essa cidade. Em 16 de maio de 1798, escreveu a seguinte carta às comissões militares da nona divisão, estabelecidas em virtude da lei do 19 frutidor:

> Bonaparte, membro do Instituto Nacional
>
> Fui informado, cidadãos, com imensa dor, de que idosos de setenta a oitenta anos, mulheres grávidas miseráveis ou mães tinham sido fuzilados sob a acusação de emigração.
>
> Os soldados da liberdade teriam então se tornado carrascos?
>
> A piedade, de que deram provas até durante os combates, teria morrido em seus corações?
>
> A lei do 19 frutidor foi uma medida de salvação pública; sua intenção foi atingir conspiradores, e não mulheres miseráveis, não velhos caducos.

Exorto-os portanto, cidadãos, todas as vezes que a lei apresentar a seu tribunal idosos acima de sessenta anos, ou mulheres, a declarar que em pleno combate vocês respeitaram os idosos e as mulheres de seus inimigos.

O militar que assinar uma sentença contra uma pessoa incapaz de portar armas é um covarde.

BONAPARTE

Essa carta salvou a vida de um desgraçado incluído nessa categoria. Bonaparte embarcou três dias depois, e, assim, seu último adeus à França foi o exercício de um ato real, o direito do indulto.

A ilha de Malta já tinha sido comprada pela França; Bonaparte apenas tomou posse dela de passagem. Em 1º de julho de 1798, tocava a terra do Egito, perto do forte Marabout, a certa distância de Alexandria.

Assim que foi informado da notícia, o bei Murad, que viera ser caçado como um leão em seu covil, convocou seus mamelucos, dispôs na corrente do Nilo uma flotilha de djermas, canjas e algumas chalupas armadas para guerra, e a fez seguir, pelas margens do rio, por um corpo de mil e duzentos a mil e quinhentos cavaleiros, com que Desaix, que comandava a vanguarda francesa, se deparou, no dia 14, na aldeia de Minié-Salam. Era a primeira vez, desde o tempo das cruzadas, que Oriente e Ocidente se viam face a face.

O choque foi terrível. Aquela milícia, coberta de ouro, rápida como o vento, devoradora como a chama, atacava até nossas formações em quadrado, cujos canhões de fuzis eram simplesmente despedaçados por seus sabres forjados em Damasco. Em seguida, quando o fogo partia desses quadrados como que de um vulcão, ela se desdobrava, semelhante a uma *écharpe* de ouro e seda, passava a galope por todos aqueles ângulos de ferro que representavam uma muralha e, ao constatar a impossibilidade de qualquer brecha, fugia finalmente como uma longa linha de pássaros assustados, deixando em torno de nossos batalhões um cinturão ainda movente de homens e cavalos mutilados e indo se recompor ao longe para tentar nova carga, inútil e sangrenta como a anterior.

Quando o dia ia pela metade, juntaram-se uma última vez. Porém, em lugar de voltarem à carga, tomaram o caminho do deserto e desapareceram no horizonte num turbilhão de areia.

Foi em Gizé que Murad soube do fracasso da batalha de Chebreiss. No mesmo dia, mensageiros foram enviados ao Said, ao Fayum, ao deserto. Por toda a parte, beis, xeiques, mamelucos, todos foram convocados contra o inimigo comum. Todos deviam vir com seu cavalo e suas armas. Três dias depois, Murad tinha em torno de si seis mil cavaleiros.

Toda essa tropa, que acorrera ao grito de guerra de seu chefe, foi acampar desordenadamente nas margens do Nilo, diante do Cairo e das Pirâmides, entre a aldeia de Embabé, onde apoiava sua direita, e Gizé, a residência predileta de Murad, onde estendia sua esquerda. Quanto a este, armara seu acampamento ao redor de um gigantesco sicômoro, cuja sombra cobria cinquenta cavaleiros. Foi nessa posição que, depois de ter colocado um pouco de ordem em sua milícia, esperou o exército francês, que subia o Nilo.

No dia 23, ao nascer do dia, o general Desaix, que marchava sempre na linha de frente, percebeu um contingente de quinhentos mamelucos enviados em missão de reconhecimento, que retrocedeu sem deixar de ser visto. Às quatro da manhã, Murad ouviu grandes aclamações: era o exército inteiro que saudava as Pirâmides.

Às seis horas, franceses e mamelucos estavam frente a frente.

Imaginemos o campo de batalha: era o mesmo que Cambises, o outro conquistador que vinha do outro lado do mundo, escolhera para esmagar os egípcios. Dois mil e quatrocentos anos haviam se passado. O Nilo e as Pirâmides continuavam ali, a esfinge de granito, cuja fisionomia fora mutilada pelos persas, tinha apenas sua cabeça fora da areia. O colosso de que fala Heródoto se deitara, Mênfis desaparecera, o Cairo surgira. Todas essas recordações distintas e presentes no espírito dos chefes franceses pairavam vagamente acima da cabeça dos soldados, como os pássaros desconhecidos que outrora sobrevoavam batalhas e pressagiavam a vitória.

Quanto ao local, era uma vasta planície de areia, perfeita para manobras de cavalaria. Uma aldeia chamada Bequir erguia-se no meio. Um pequeno riacho a limitava pouco antes de Gizé. Murad e toda sua cavalaria estavam encostados no Nilo, tendo o Cairo atrás de si.

Bonaparte percebeu, pela disposição do terreno e dos inimigos, que podia não apenas vencer os mamelucos, como também exterminá-los. Organizou seu exército em semicírculo, formando vários e gigantescos quadrados com cada divisão, no centro das quais colocara a artilharia. Desaix, acostumado a marchar na frente, comandava o primeiro quadrado, colocado entre Embabé e Gizé. Depois vinham a divisão Régnier; a divisão Kléber, privada de seu chefe, ferido em Alexandria, e comandada por Dugua; depois a divisão Menou, comandada por Vial; finalmente, formando a extrema esquerda, apoiada no Nilo e mais próxima de Embabé, a divisão do general Bon.

Todos os quadrados deviam pôr-se em movimento conjunto, marchar sobre Embabé e – aldeia, cavalos, mamelucos, trincheiras – lançar tudo ao Nilo.

Mas Murad não era homem de esperar atrás de algumas colinas de areia. Mal os quadrados tomaram lugar, os mamelucos saíram de suas trincheiras em massas desiguais, e, sem escolher nem calcular, precipitaram-se sobre os quadrados que encontraram mais próximos de si: eram as divisões Desaix e Régnier.

Tendo atingido o alcance dos fuzis, os assaltantes dividiram-se em duas colunas: a primeira marchava com sua frente dirigida para o ângulo esquerdo da divisão Régnier; a segunda, para o ângulo direito da divisão Desaix. Os quadrados as deixaram se aproximar a dez passos, depois explodiram: cavalos e cavaleiros viram-se assim barrados por uma muralha de chamas. As duas primeiras fileiras de mamelucos caíram como se a terra tivesse se aberto sob seus pés. O restante da coluna, arrebatada pela corrida, detida por aquela parede de ferro e fogo, não conseguindo nem querendo recuar, perfilou-se, ignorando onde se encontrava, bem diante do quadrado Régnier, cujo fogo a impeliu para a divisão Desaix. Esta, ao se ver presa entre aquelas duas massas de homens e cavalos que giravam ao seu redor, mostrou-lhes as pontas das baionetas de sua linha de frente, ao passo que as duas outras se inflamavam, e seus ângulos abriam-se para deixar passar os projéteis, ansiosas por se misturar àquela festa sangrenta.

Houve um momento em que as duas divisões viram-se completamente cercadas e em que todos os recursos foram utilizados para abrir aqueles quadrados impassíveis e mortais. Os mamelucos disparavam à distância de dez passos e recebiam o dobro de fogo da artilharia. Depois retrocediam seus cavalos, que se assustavam ao verem as baionetas, obrigando-os a andar para trás, empinando-os e caindo com eles, enquanto os cavaleiros desmontados, arrastando-se de joelhos, deslizavam como serpentes e iam cortar os jarretes de nossos soldados. A confusão durou três quartos de hora. Esse método de combate impedia os soldados de reconhecerem seus inimigos como homens: estavam enfrentando fantasmas, espectros, demônios. Finalmente, mamelucos chacinados, gritos de homens, relinchos de cavalos, labaredas e fumaça – tudo sumiu como se levado por um redemoinho. Só restou entre as duas divisões um campo de batalha sangrento, com armas e estandartes eriçados, juncado de mortos e moribundos que gemiam, ainda se erguendo como um vagalhão mal adormecido.

Naquele momento, todos os quadrados avançaram, num passo regular como o de uma parada, fechando Embabé num círculo de ferro. De repente a linha do bei inflamou-se por sua vez: trinta e sete peças de artilharia cruzaram sobre a planície suas redes de bronze. A flotilha estremeceu no Nilo, abalada pelo recuo das bombardas, e Murad, à frente de três mil cavaleiros, lançou-se por sua vez para ver se não conseguia morder os quadrados inferiores. Porém, a coluna que atacara primeiro, e que tivera tempo de se recompor, reconheceu-o e voltou à carga contra seus primeiros e mortais inimigos.

Deve ter sido uma coisa maravilhosa, para o olho de águia que planava acima do campo de batalha, presenciar aqueles seis mil cavaleiros, os primeiros do mundo, montados sobre cavalos cujas patas não deixavam vestígio na areia, rodopiando como uma matilha em torno daqueles quadrados imóveis e inflamados, apertando-os com suas garras, envolvendo-os com seus nós, buscando sufocá-los quando não conseguiam abri-los, dispersando-se, recompondo-se para se dispersar mais uma vez, mudando de face como ondas quebrando numa praia; depois, voltando em linha única, semelhantes a uma serpente gigantesca da qual se via às vezes a cabeça conduzida pelo incansável Murad erguer-se acima dos quadrados. Subitamente, as baterias das trincheiras trocaram seus artilheiros, os mamelucos ouviram troar seus próprios canhões e viram-se atingidos por seus próprios projéteis, sua flotilha pegou fogo e explodiu. Enquanto Murad usava presas e garras contra nossos quadrados, as três colunas de ataque se apoderaram das trincheiras, e o general Marmont, comandando a planície, fuzilava, das colunas de Embabé, os mamelucos ensandecidos que vinham contra nós.

Então Bonaparte ordenou uma nova manobra, e tudo terminou. Os quadrados se abriram, desenvolveram-se, agruparam-se e se soldaram como os anéis de uma corrente. Murad, com seus mamelucos encurralados entre suas próprias trincheiras e a linha francesa, percebeu que a batalha estava perdida. Juntou o que lhe restava de homens e, entre essa dupla linha de fuzilaria, ao galope aéreo de seus cavalos, lançou-se intempestivamente na abertura que a divisão Desaix deixava entre ela e o Nilo, passou como um pé de vento sob os últimos disparos de nossos soldados, entrou na aldeia de Gizé e reapareceu um instante depois do outro lado dela, retirando-se para o alto Egito com duzentos ou trezentos cavaleiros, resíduos de seu poderio.

O inimigo tinha deixado no campo de batalha três mil homens, quarenta peças de artilharia, quarenta camelos equipados, tendas, cavalos e escravos. Abandonara aquela planície coberta de ouro, de cashmere e de seda aos soldados vencedores, que fizeram de tudo um imenso butim – pois todos os mamelucos estavam cobertos com as suas mais belas armaduras e carregavam consigo tudo o que possuíam em joias, ouro e prata.

Bonaparte dormiu aquela mesma noite em Gizé e, dois dias depois, entrou no Cairo pela porta da Vitória.

Mal pôs os pés no Cairo, Bonaparte sonhou não apenas com a colonização do país que acabava de conquistar, mas também com a conquista da Índia pelo Eufrates. Redigiu para o Diretório uma nota em que pedia reforços, armas, equipamentos de guerra, cirúrgicos, farmacêuticos, médicos, fundidores, licoristas, atores, jardineiros, manipuladores de marionetes para o povo e cinquenta mulheres francesas. Também enviou a Tipoo Sahib, sultão de Misore, uma correspondência propondo-lhe uma aliança contra os ingleses. Aninhado nessa dupla esperança, foi no encalço de Ibraim, o mais influente dos beis depois de Murad, acuou-o em Saheley e, enquanto era felicitado por essa vitória, um mensageiro lhe trouxe a notícia da perda integral de sua frota. O almirante Nelson esmagara Brueys. A frota desaparecera, como naufragada. Cortadas as comunicações com a França, baldada a esperança de conquistar a Índia... Era preciso ficar no Egito ou dele sair grande como os Antigos.

Bonaparte voltou para o Cairo, onde comemorou o aniversário do nascimento de Maomé e a fundação da República. Durante os festejos, a cidade se rebelou, e enquanto o atacava do alto do Mokattam, Deus veio em sua ajuda trazendo a tempestade. Tudo serenou em quatro dias, e Bonaparte partiu para Suez. Queria ver o mar Vermelho e colocar os pés na Ásia com a idade de Alexandre. Esteve perto de morrer como um faraó, mas um guia o salvou.

Seus olhos então se voltaram para a Síria. A época para um desembarque no Egito já fazia parte do passado, só devendo retornar no mês de julho seguinte. Porém convinha temer uma expedição a Gaza e El Arich, pois o paxá Djezzar, cognominado "Carniceiro", acabara de se apoderar dessa cidade. Para tornar impossível a passagem de um exército pelo deserto era preciso destruir aquela linha de frente da Porta Otomana, derrubar as muralhas de Jafa, Gaza e Acre, devastar a região e destruir todos os seus recursos. Eis o plano conhecido. Mas talvez ele escondesse alguma das expedições gigantescas que Bonaparte sempre guardava no fundo de seu pensamento. Veremos.

Partiu à frente de dez mil homens e dividiu a infantaria em quatro corpos, que colocou sob as ordens de Bon, Kléber, Lannes e Régnier. Entregou a cavalaria a Murat, a artilharia a Dammartin e a engenharia a Cafarelli-Dufalga. El Arich foi atacada e tomada em 1º ventósio, no dia 7 Gaza era ocupada sem resistência; no 17, Jafa, tomada de assalto, via sua guarnição, composta de cinco mil homens, passada no fio da espada. A rota continuou triunfal: ao chegar diante de São João d'Acre e, no dia 30 do mesmo mês, quando deveriam começar os reveses, a brecha estava aberta.

Era um francês que comandava o lugar, um antigo colega de Napoleão. Tendo feito juntos os exames para a Escola Militar, foram enviados no mesmo dia para seus respectivos destacamentos. Ligado ao partido realista, Phélippeaux patrocinou a evasão de Sydney Smith da prisão do Templo, acompanhou-o à Inglaterra e precedeu-o na Síria. Era contra seu gênio, bem mais do que contra as muralhas de Acre, que Bonaparte vinha se chocar. Do mesmo modo, ao primeiro relance, percebeu que a defesa era liderada por um homem superior. Um cerco em regra era impossível, seria preciso tomar a cidade. Três assaltos sucessivos fracassaram. Durante um deles, um projétil caiu aos pés de Bonaparte. Dois granadeiros logo pularam em cima dele e o protegeram. O projétil explodiu, e, como por milagre, seus estilhaços respeitaram aquela devoção, e ninguém saiu ferido. Um desses granadeiros chamava-se Daumesnil, seria general em 1809, perderia uma perna em Moscou em 1812 e comandaria Vincennes em 1814.

Enquanto isso chegava ajuda de todos os lados para Dejezzar: os paxás da Síria tinham juntado suas forças e marchavam sobre Acre; Sydney Smith acorrera com a frota inglesa; finalmente, a peste, auxiliar mais terrível de todos, veio em socorro do carrasco da Síria. Era preciso em primeiro lugar se livrar do exército de Damasco. Bonaparte, em vez de esperar ou recuar à sua aproximação, marchou ao encontro dele e o dispersou na planície do monte Tabor, depois voltou de novo para tentar mais cinco assaltos, inúteis como os primeiros. São João d'Acre era para ele a cidade maldita, não a ultrapassaria.

Todos se espantavam com sua teimosia em tomar uma praça insignificante, que arriscasse a vida todos os dias, que perdesse seus melhores oficiais e melhores soldados. Todos o recriminavam por uma obsessão que parecia sem objetivo. O objetivo, ei-lo (ele o expôs a si mesmo, depois do infrutífero ataque em que Ducroc se ferira – pois precisava que alguns grandes corações como o seu soubessem que não estava jogando o jogo de um insensato):

— Sim – disse ele –, vejo que essa miserável choupana me custou muita gente e muito tempo. Mas as coisas se precipitaram demais para não tentar um novo esforço. Se for bem-sucedido, encontrarei na cidade os tesouros do paxá e armas para trezentos mil homens. Sublevo e armo a Síria, indignada com a ferocidade de Djezzar, para cuja perda a população ora a Deus a cada assalto. Marcho sobre Damasco e Alep. À medida que penetrar na região, engrosso meu exército com todos os descontentes. Anuncio ao povo a abolição da servidão e do governo tirânico dos paxás. Chego a Constantinopla com contingentes armados, derrubo o império turco, fundo no Oriente um novo e grande império que consolidará meu lugar na posteridade e volto para Paris por Andrinopla e por Viena, depois de ter aniquilado a Casa da Áustria.

Depois, soltando um suspiro, continuou:

— Se não conseguir no último assalto que vou tentar, parto na hora. O tempo urge. Não chegarei ao Cairo antes de meados de junho. Os ventos então serão favoráveis para que eu me dirija ao norte do Egito. Constantinopla enviará tropas a Alexandria e a Rosetta, é preciso que eu esteja lá. Quanto ao exército que virá mais tarde por terra, não o temo. Destruirei tudo até a entrada do deserto. Tornarei impossível a passagem de um exército durante dois anos: não se vive no meio de ruínas.

Foi esse último partido que foi obrigado a tomar. O exército se retirou para Jafa, onde Bonaparte visitou o hospital dos pestilentos (seria a mais bela composição do pintor Gros). Tudo o que era transportável foi evacuado, por mar, para Damieta, e por terra, para Gaza e El Arich. Sessenta por cento lá permaneceram, pois tinham apenas um dia de vida, mas dentro de uma hora cairiam nas mãos dos turcos. A mesma necessidade de coração de bronze, que fez com que passasse no fio da espada a guarnição de Jafa, levantou novamente a voz. Dizem que o farmacêutico R... mandou distribuir uma poção aos moribundos. Em vez das torturas que lhes reservavam os turcos, teriam pelo menos uma doce agonia.

Finalmente, no 26 prairial, depois de longa e penosa marcha, o exército estava de volta ao Cairo. Já era tempo. O bei Murad, que escapara de Desaix, ameaçava o baixo Egito. Pela segunda vez atacara os franceses ao pé das Pirâmides. Bonaparte dispôs tudo para uma batalha. Desta vez, era ele quem assumia a posição dos mamelucos e que se apoiava no rio. Mas, na manhã seguinte, o bei Murad desapareceu. Bonaparte ficou surpreso. No mesmo dia explicaram-lhe tudo: a frota que ele esperava desembarcara em Abuquir justamente na época prevista. Murad, por caminhos alternativos, foi se juntar ao acampamento dos turcos.

Ao chegar, encontrou o paxá esperançoso. Quando ele apareceu, os destacamentos franceses, fracos demais para combatê-lo, recuaram para se concentrar.

— Pois bem – disse o paxá Mustafá ao bei dos mamelucos –, esses franceses tão temidos, cuja presença o senhor não conseguiu deter, basta que eu apareça para fugirem de mim.

— Paxá – respondeu o bei Murad –, dê graças ao Profeta que convenha aos franceses se retirar, pois caso voltassem o senhor desapareceria diante deles como a poeira na procela.

O filho do deserto profetizava. Alguns dias depois, Bonaparte chegou. Após três horas de combate, os turcos recuaram e fugiram. O paxá Mustafá entregou com a mão sangrando seu sabre a Murat. Duzentos homens haviam se rendido com ele, dois mil morrido no campo de batalha, dez mil se afogado. Vinte peças de canhão, as tendas, as bagagens foram confiscadas; o forte de Abuquir foi recuperado; os mamelucos foram repelidos para além do deserto; e os ingleses e os turcos buscaram refúgio em suas embarcações.

Bonaparte enviou um parlamentar ao barco do almirante para tratar da entrega dos prisioneiros, cuja guarda era impossível e cujo fuzilamento, como em Jafa, verificava-se inútil. Em troca, o almirante enviou a Bonaparte vinho, frutas e a *Gazeta de Frankfurt* de 10 de junho de 1799.

Desde o mês de junho de 1798, isto é, há mais de um ano, Bonaparte estava sem notícias da França. Passou os olhos pelo jornal, percorreu-o rapidamente e exclamou:

— Meus pressentimentos não me enganaram: a Itália está perdida! Tenho que partir!

Com efeito, os franceses tinham chegado no ponto em que ele desejava, infelizes demais para vê-lo chegar não como um ambicioso, mas como um salvador.

Ganteaume, chamado por ele, logo recebeu ordens para preparar as duas fragatas, *Muiron* e a *Carrère*, e duas pequenas embarcações, *Revanche* e *Fortune*, com víveres para quatrocentos a quinhentos homens e para dois meses. Em 22 de agosto, escreveu Bonaparte ao exército:

> As notícias da Europa decidiram-me a partir para a França. Entrego o comando ao general Kléber. O exército terá notícias minhas em breve. Não posso dizer mais nada. Custa-me muito abandonar soldados a quem sou tão ligado, mas será apenas momentaneamente. O general que lhes deixo tem a confiança do exército e a minha.

No dia seguinte, embarcou na *Muiron*. Ganteaume queria alcançar o alto-mar, Bonaparte se opôs:

— Quero – disse – que acompanhe o máximo que puder a costa da África. Seguirá essa rota até a Sardenha. Tenho um punhado de bravos. Tenho um pouco de artilharia. Se os ingleses aparecerem, lanço-me sobre as praias. Ganharei Túnis, Oran ou outro porto por terra e ali acharei um jeito de embarcar novamente.

Durante vinte e um dias, ventos oeste e noroeste empurraram Bonaparte de volta ao porto de onde acabara de sair. Finalmente sentiram-se as primeiras brisas de um vento leste, e Ganteaume desfraldou todas as velas. Não demorou para passarem pelo local da antiga Cartago e dobrarem a Sardenha, cuja costa ocidental foi acompanhada. Em 1º de outubro, entraram no porto de Ajaccio, onde trocaram dezessete mil francos de sequins turcos por dinheiro francês (foi tudo que Bonaparte levou do Egito). Finalmente, no dia 7 do mesmo mês, deixaram a Córsega e partiram rumo à França, distante apenas duzentos e oitenta quilômetros. No dia 8, à tarde, avistaram uma esquadra de quatorze embarcações. Ganteaume propôs alterar o rumo e retornar à Córsega.

— Não – exclamou imperiosamente Bonaparte. — Velas a todo pano. Todos em seus postos. Para noroeste, para noroeste, vamos!

A noite inteira foi de preocupações. Bonaparte não deixava a ponte. Mandou preparar uma grande chalupa, colocou ali doze marujos, ordenou a seu secretário que fizesse uma seleção de seus papéis mais importantes e pegou vinte homens, com os quais se lançaria sobre as costas da Córsega. De dia, todas essas precauções verificaram-se inúteis, todos os terrores se dissiparam, pois a frota tomara a direção nordeste. Em 8 de outubro, ao romper do dia, avistaram Fréjus. Às oito horas, entraram na barra. Logo correria o rumor de que uma das duas fragatas estava trazendo Bonaparte. O mar se cobriu de embarcações. Todas as medidas sanitárias, que Bonaparte propunha-se violar, foram esquecidas pelo povo. Em vão lhe advertiram para o perigo que corria:

— Preferimos – respondeu – a peste aos austríacos.

Bonaparte foi conduzido, arrastado, carregado. Era uma festa, uma ovação, um triunfo. Finalmente, em meio ao entusiasmo, às aclamações, ao delírio, César pisava naquela terra onde Brutus não existia mais.

Seis semanas mais tarde, a França não tinha mais diretores, mas três cônsules. E, entre estes três, haveria um, no dizer do abade Sieyès, que sabia tudo, fazia tudo, era capaz de tudo.

Chegamos ao 18 Brumário.

III

Bonaparte Primeiro-Cônsul

A primeira tarefa de Bonaparte – ao chegar à suprema magistratura de um Estado ainda sangrando em função da guerra civil e externa, e esgotado por suas próprias vitórias – foi tentar estabelecer a paz sobre bases sólidas. Portanto, no 5 nivósio do ano VIII da República, deixando de lado as formas diplomáticas com as quais os soberanos frequentemente encobrem seu pensamento, escreveu de punho próprio ao rei Jorge III para lhe propor uma aliança entre a França e a Inglaterra. O rei permaneceu calado. William Pitt se encarregou de responder. Isso significa dizer que a aliança fora recusada.

Bonaparte, repelido por Jorge III, voltou-se para o czar Paulo I. Conhecendo o caráter cavalheiresco desse governante, julgou que convinha ser com ele um cavalheiro. Reuniu no interior da França as tropas russas aprisionadas na Holanda e na Suíça, vestiu-as com novos uniformes e devolveu-as à sua pátria sem exigir resgate ou contrapartida. Bonaparte não se enganara ao contar com esse procedimento para desarmar Paulo I. Este, ao saber da cortesia do primeiro-cônsul, retirou as tropas que ainda mantinha na Alemanha e declarou não fazer mais parte da coalizão.

A França e a Prússia estavam em boas relações, e o rei Frederico Guilherme observara escrupulosamente as condições do tratado de 1795. A fim de ter uma linha menos considerável a defender, Bonaparte enviou-lhe o general Duroc para determiná-lo a estender o cordão de suas tropas até o baixo Reno. O rei da Prússia assentiu e prometeu se valer de sua influência junto à Saxônia, à Dinamarca e à Suécia para que observassem a neutralidade.

Restavam então a Inglaterra, a Áustria e a Baviera. Porém, essas três potências estavam longe de se mostrarem dispostas a recomeçar as hostilidades. Bonaparte então teve tempo, sem perdê-las de vista, de lançar os olhos para o interior.

A sede do novo governo era nas Tulherias. Bonaparte residia no palácio dos reis, e pouco a pouco os antigos usos da corte reapareceram nos mesmos aposentos de onde os convencionais os tinham expulsado. De resto, convém dizer, o primeiro dos privilégios da Coroa reivindicado por Bonaparte foi o do indulto. O sr. Defeu, *émigré* francês detido no Tirol, fora levado a Grenoble e condenado à morte. Bonaparte soube da notícia e mandou seu secretário escrever num pedaço de papel: "O primeiro-cônsul ordena a suspensão do julgamento do sr. Defeu." Assinou essa ordem lacônica e a expediu ao general Férino. O sr. Defeu foi salvo.

A seguir, instalou-se uma nova paixão, que ocupava para ele o primeiro lugar depois da guerra, a paixão pelos monumentos. A princípio contentou-se em mandar varrer as barracas que abarrotavam o pátio das Tulherias. Depois, olhando por uma das janelas, incomodado com a interrupção das obras do Quai d'Orsay, onde o Sena, transbordando todos os invernos, impedia as comunicações com o faubourg Saint-Germain, escreveu estas palavras: "O cais da Escola de Natação será concluído na próxima campanha", e as enviou ao ministro do Interior, que correu para obedecer. O movimento diário das pessoas que atravessavam o Sena sobre canoas, entre o Louvre e as Quatre Nations, indicava a necessidade de uma ponte naquele local – o primeiro-cônsul mandou convocar os srs. Percier e Fontaine, e a ponte des Arts estendeu-se de uma margem à outra como uma construção mágica. A praça Vendôme estava viúva da estátua de Luís XIV – uma coluna fundida com os canhões conquistados aos austríacos, numa campanha de três meses, a substituiria. O armazém de trigo incendiado seria reconstruído em ferro; quilômetros inteiros de cais reteriam, de uma ponta à outra da capital, as águas do rio em seu leito; um palácio seria erguido para a Bolsa; a igreja dos Inválidos seria devolvida à sua destinação primordial, faiscante como no dia em que brilhara pela primeira vez ao fogo do sol de Luís XIV; quatro cemitérios, lembrando as necrópoles do Cairo, seriam dispostos nos quatro pontos cardeais de Paris; enfim, se Deus lhe desse tempo e poder, seria aberta uma rua, estendendo-se de Saint-Germain-l'Auxerrois até a barreira do Trono – teria cem pés de largura; seria ladeada por árvores como os bulevares e bordada por arcadas como a rua de Rivoli. Porém, para essa rua era preciso esperar um pouco mais, pois ela deveria se chamar "Imperial"...

Enquanto isso, o primeiro ano do século XIX preparava suas maravilhas guerreiras. A lei do recrutamento era cumprida com entusiasmo, um novo contingente militar se organizava, as levas de homens, à medida que eram treinadas, ocupavam desde o litoral de Gênova até o baixo Reno. Um exército de reserva se reuniu no acampamento de Dijon, compondo-se em grande parte do contingente da Holanda, que acabava de pacificar a Vendeia.

Por sua vez, os inimigos respondiam a esses preparativos com providências similares. A Áustria apressava a organização de seus efetivos, a Inglaterra contratava a soldo um corpo de doze mil bávaros, e um de seus mais hábeis agentes recrutava na Suábia, na Francônia e no Odenval. Finalmente, seis mil wurttemburgueses, os regimentos suíços e o corpo nobre de *émigrés* sob as ordens do príncipe de Condé passaram do serviço de Paulo I para o soldo de Jorge III. Todas essas tropas estavam destinadas a atuar no Reno. A Áustria enviara seus melhores soldados para a Itália, pois era lá que os aliados pretendiam deslanchar a campanha.

Em 17 de março de 1800, durante uma reunião sobre a instituição das escolas diplomáticas fundadas por Talleyrand, Bonaparte virou-se para seu secretário e, com um sentimento visível de alegria:

— Onde acha que eu derrotaria Melas? – perguntou-lhe.

— Não sei nada sobre isso – respondeu-lhe o secretário surpreso.

— Mande desenrolar o grande mapa da Itália em meu gabinete, e eu lhe mostrarei.

O secretário apressou-se em obedecer. Bonaparte muniu-se de alfinetes com cabeças de cera vermelha e preta, deitou-se sobre o imenso mapa e passou a colocar os alfinetes pretos sobre todos os pontos onde o inimigo o esperava, enfileirando os de cabeça vermelha por toda a linha onde esperava conduzir suas tropas. Depois, voltou-se para o secretário, que o observara em silêncio:

— E então?

— E então – respondeu-lhe este –, continuo na mesma.

— Você é um imbecil! Examine mais de perto: Melas está em Alessandria, onde tem seu quartel-general, e ali ficará enquanto Gênova não se render. Em Alessandria, tem seus armazéns, seus hospitais, sua artilharia, suas reservas. Atravesso os Alpes por aqui – indicando o monte Saint-Bernard –, caio sobre sua retaguarda antes que ele desconfie que estou na Itália, corto suas comunicações com a Áustria, empurro-o para as planícies da Scrivia – fincando um alfinete vermelho em San Giuliano –, e o derroto aqui.

Era o plano da batalha de Marengo que o primeiro-cônsul acabava de traçar. Quatro meses mais tarde, ele seria executado em todos os pontos: os Alpes seriam transpostos, o quartel-general seria instalado em San Giuliano, Melas seria isolado. Só faltava derrotá-lo. Bonaparte acabava de escrever seu nome ao lado dos de Aníbal e de Carlos, o Grande.

O primeiro-cônsul dissera a verdade. Rolara dos picos dos Alpes como uma avalanche. Em 2 de junho, estava diante de Milão, onde entrou sem resistência e cujo forte imediatamente bloqueou. No mesmo dia, Murat era enviado a Piacenza, e Lannes a Montebello: sem saberem, os dois iriam combater, um por uma coroa, outro por um ducado.

No dia seguinte à entrada de Bonaparte em Milão, um espião que lhe servira em suas primeiras campanhas da Itália se fez anunciar. O general o reconheceu de imediato: estava a serviço dos austríacos. Melas o enviara para vigiar o exército francês, mas ele queria pôr um fim ao ofício perigoso que exercia e pedia mil luíses para trair Melas; além disso, necessitava de algumas informações precisas para transmitir ao seu general.

— Não seja por isso – disse o primeiro-cônsul. — Pouco me importa que conheçam minhas forças e minha posição, contanto que eu conheça as forças e a posição do meu inimigo. Diga-me algo que valha a pena, e os mil luíses são seus.

O espião entregou-lhe então o número de destacamentos, sua força e localização, os nomes dos generais, seu valor, seu caráter... O primeiro-cônsul acompanhava suas palavras no mapa, que crivou de alfinetes. Em todo caso, Alessandria não estava abastecida, Melas estava longe de esperar um cerco, além de ter muitos doentes e poucos remédios. Em troca, Berthier deu ao espião um vislumbre aproximado da situação do exército francês. O primeiro-cônsul via claro a posição de Melas, como se o gênio das batalhas o fizesse planar acima das planícies da Scrivia.

Durante a noite de 8 de junho, um mensageiro chegou de Piacenza, enviado por Murat, trazendo uma carta interceptada. A mensagem era de Melas e anunciava ao Conselho Áulico de Viena a capitulação de Gênova, ocorrida no dia 4. Depois de ter comido até as selas de seus cavalos, o exército de Masséna fora obrigado a se render.

Bonaparte, despertado no meio da noite – em virtude de seu preceito: "Deixem-me dormir para as boas notícias, despertem-me para as más" –, reagiu:

— Ora, você não sabe alemão – disse a princípio a seu secretário.

Depois, forçado a reconhecer que este dissera a verdade, passou o resto da noite a dar ordens e enviar mensageiros, e, às oito da manhã, tudo estava pronto para enfrentar as possíveis consequências daquele inesperado acontecimento.

Na mesma manhã o quartel-general era transferido para Stradella, onde permaneceu até o dia 12 e onde Desaix a ele se juntaria dois dias depois. No dia 13, marchando sobre a Scrivia, o primeiro-cônsul atravessou o campo de batalha de Montebello, onde encontrou as igrejas ainda cheias de mortos e feridos.

— Diabo! – disse a Lannes, que lhe servia de cicerone. — Parece que o negócio foi quente.

— Creio que sim, os ossos crepitavam em minha divisão como gelo nas vidraças.

Enfim, na noite do dia 13, o primeiro-cônsul chegou a Torre di Golifolo. Embora fosse tarde e estivesse arrasado de cansaço, não quis absolutamente se deitar antes de saber se os austríacos dispunham de uma ponte sobre o rio Bórmida. À uma da manhã, o oficial encarregado dessa missão estava de volta, dizendo que tal ponte não existia. Aquele parecer tranquilizou Bonaparte, que ouviu um último relatório sobre a posição das tropas e se deitou, não acreditando em compromisso para o dia seguinte.

Nossas tropas ocupavam as seguintes posições:

A divisão Gardanne e a divisão Chamberliac, formando o corpo de exército do general Victor, estavam acampadas na localidade de Pedra Buona, antes de Marengo, e a uma distância igual da aldeia e do rio.

O destacamento do general Lannes postara-se antes da aldeia de San Giuliano, à direita da grande estrada de Tortona, aproximadamente a mil e duzentos metros de distância da aldeia de Marengo.

A guarda dos cônsules estava colocada como reserva por trás das tropas do general Lannes, a uma distância de cerca de mil metros.

A brigada de cavalaria às ordens do general Kellermann e alguns esquadrões de hussardos e caçadores formavam a esquerda, preenchendo na linha de frente os intervalos das divisões Gardanne e Chamberliac.

Uma segunda brigada de cavalaria, comandada pelo general Champeaux, formava a direita e preenchia na segunda linha os intervalos da infantaria do general Lannes.

Finalmente, o 12º regimento de hussardos e o 21º regimento de caçadores, destacados por Murat, sob as ordens do general Rivaud, ocupavam a saída de Sale, aldeia situada à extrema direita da posição geral.

Todos esses corpos, reunidos e escalonados obliquamente, com a esquerda à frente, compunham um efetivo de dezoito ou dezenove mil homens de infantaria e dois mil e quinhentos cavalos, a que se deviam juntar, no dia seguinte, as divisões Mounier e Boudet, que, seguindo ordens do general Desaix, ocupavam na retaguarda, e a cerca de quarenta quilômetros de Marengo, as aldeias de Acqui e Castelnuevo.

Por sua vez, ao longo do dia 13, o general Melas acabara de reunir as tropas dos generais Haddik, Kaim e Ott. No mesmo dia, atravessara o rio Tanara e fora acampar diante de Alessandria, com trinta e dois mil homens de infantaria, sete mil de cavalaria e uma artilharia numerosa, bem servida e bem equipada.

Às cinco horas, Bonaparte foi acordado pelo trovejar dos canhões.

No mesmo instante, quando estava acabando de se vestir, um ajudante de campo do general Lannes chegou e, apeando de um cavalo a galope, anunciou-lhe que o inimigo atravessara o Bórmida, espalhara-se pela planície e que havia luta.

O oficial de estado-maior não dissera muito: havia uma ponte sobre o rio.

Bonaparte montou imediatamente a cavalo e foi a toda brida para o local da batalha.

Ali encontrou o inimigo formado em três colunas: uma delas, a da esquerda, composta por toda a cavalaria e a infantaria ligeira, dirigia-se para Castelceriolo, pelo caminho de Sale, ao passo que as colunas do centro e da direta, apoiadas mutuamente e compostas pelos corpos de infantaria dos generais Haddik, Kaim, O'Reilly e pela reserva dos granadeiros sob as ordens do general Ott, avançavam pela estrada de Tortona e pelo caminho de Fragarolo, subindo o Bórmida.

Assim que deram os primeiros passos, essas duas colunas deram com as tropas do general Gardanne, postadas, como dissemos, na fazenda e sobre a ravina de Pedra Buona. Tinha sido o fragor da numerosa artilharia – que marchava à frente delas e depois da qual se espalhavam batalhões três vezes superiores em número àqueles que atacavam – que despertara Bonaparte e atraíra o leão ao campo de batalha.

Chegou o momento em que a divisão Gardanne, esmagada, começava a recuar, e que o general Victor mandava avançar em seu socorro a divisão Chamberliac. Protegidas por esse movimento, as tropas de Gardanne operaram a recuada ordenadamente e foram cobrir a aldeia de Marengo.

Com isso, as tropas austríacas abandonaram a marcha em coluna e, aproveitando-se do terreno que se abrira à sua frente, desdobraram-se em linhas paralelas, mas numericamente bem superiores, às dos generais Gardanne e Chamberliac. A primeira dessas linhas era comandada pelo general Haddik, a segunda pelo general Melas em pessoa, enquanto o corpo dos granadeiros do general Ott dispunha-se um pouco atrás, à direita da aldeia de Castelceriolo.

Uma ravina, escavada como uma trincheira, formava um semicírculo em torno da aldeia de Marengo. O general Victor ali estabelecera em linha as divisões Gardanne e Chamberliac, que iriam ser atacadas uma segunda vez. Mal haviam se formado para a batalha, Bonaparte ordenou-lhes que defendessem Marengo o máximo de tempo possível. O general em chefe compreendera que a batalha viria a ter o nome daquela aldeia.

Ao cabo de um instante, a ação voltara novamente à linha de frente. Atiradores disparavam dos dois lados da ravina, os canhões cuspiam fogo. Protegido por essa terrível artilharia, o inimigo, numericamente superior, só tinha que se espalhar para nos absorver. O general Rivaud, que comandava a extrema direita da brigada Gardanne, adiantou-se então e dispôs do lado de fora da aldeia, sob o fogo intenso do inimigo, um batalhão em terreno aberto, ordenando-lhe que se deixasse matar sem recuar um passo. Criara, assim, um alvo para a artilharia austríaca ao alcance de seus projéteis. Enquanto isso, o general Rivaud formou sua cavalaria em coluna, circundou o batalhão protetor, caiu sobre três mil austríacos que avançavam ao ritmo da fuzilaria, repeliu-os e, mesmo ferido por um biscainho, obrigou-os, depois de tê-los desorganizado, a se refugiar atrás de suas linhas. Em seguida retomou o combate à direita do batalhão, que permanecia fechado como uma muralha.

Nesse momento, a divisão do general Gardanne, sobre a qual se concentrava desde a manhã todo o fogo inimigo, era empurrada em direção a Marengo, para onde a linha de frente dos austríacos a seguiu, enquanto a segunda linha impedia que a divisão Chamberliac e a brigada Rivaud lhe socorressem. Aliás, elas próprias repelidas, foram logo obrigadas a bater em retirada de cada lado da aldeia, juntando-se atrás dela. O general Victor reorganizou-as e, lembrando-lhes a importância que o primeiro-cônsul atribuía à tomada de Marengo, pôs-se à frente delas, penetrou nas ruas em que os austríacos não tinham tido tempo de erguer barricadas, retomou a aldeia, perdeu-a de novo, retomou-a mais uma vez. Finalmente, esmagado pela superioridade numérica, viu-se obrigado a abandoná-la uma última vez e, apoiado pelas divisões de Lannes, que chegaram em seu socorro, dispôs sua linha paralelamente ao inimigo, que, por sua vez, transbordou de Marengo e se desenvolveu, exibindo uma imensa frente de batalha. Lannes imediatamente, ao ver as duas divisões do general Victor unidas e dispostas a sustentar novamente o combate, estendeu-se pela direita no momento em que os austríacos iam nos engolir. Essa manobra colocou-os diante das tropas do general Kaim, que acabavam de tomar Marengo. Os dois efetivos – um, exaltado por seu início vitorioso, o outro, renovado pelo descanso – chocaram-se furiosamente, e o combate, por um instante interrompido pela dupla manobra dos dois exércitos, recomeçou sobre toda a linha, mais encarniçado que nunca.

Após uma hora de luta, palmo a palmo, baioneta a baioneta, o corpo de exército do general Kaim retraiu-se e recuou. O general Champeaux, à frente do 1º e do 8º regimentos de dragões, abriu fogo sobre ele e contribuiu ainda mais para sua desorganização. Já o general Watrin, com o 6º regimento ligeiro, o 22º e o 40º de linha, pôs-se no seu encalço, empurrando-os cerca de dois quilômetros para trás do riacho da Barbotta. Mas o movimento que acabara de fazer o separara de seu corpo de exército – o que faria com que as divisões do general Victor se vissem comprometidas por sua própria vitória –, e ele foi obrigado a reassumir a posição que deixara descoberta por um instante.

Nesse momento Kellermann fazia na ala esquerda o que Watrin acabara de fazer na direita. Duas de suas investidas de cavalaria tinham rasgado a linha inimiga. Porém, depois da primeira linha, havia uma segunda, e, não ousando se comprometer, em virtude da superioridade numérica, perdera o fruto dessa vitória momentânea.

Ao meio-dia, essa linha, que ondulava como uma serpente de chamas sobre uma extensão de cerca de quatro quilômetros, foi aspirada para o seu centro, depois de ter feito tudo o que era humanamente possível, e bateu em retirada, não vencida, mas fulminada pelo fogo da artilharia e esmagada pelo choque das massas. O destacamento, ao recuar, deixou as alas a descoberto, o que as obrigou então a seguir o movimento retrógrado do centro. O general Watrin, de um lado, e o general Kellermann, do outro, ordenaram às suas divisões que recuassem.

A retirada logo foi efetuada como sobre um tabuleiro, sob o fogo das oitenta peças de artilharia que precediam a marcha dos batalhões austríacos. Ao longo de oito quilômetros, o exército inteiro, sulcado pelos projéteis, dizimado pela fuzilaria, varrido pelos obuses, recuou sem que um único homem abandonasse sua fileira para fugir, executando os diversos movimentos comandados pelo primeiro-cônsul com a regularidade e o sangue-frio de uma parada militar. Nesse momento, surgiu a primeira coluna austríaca – que, como dissemos, dirigira-se para Castelceriolo sem se render –, engolindo nossa direita. Diante de tal reforço, Bonaparte resolveu utilizar sua guarda consular, que mantivera como reserva com dois regimentos de granadeiros. Fê-la avançar a seiscentos metros da extrema direita e lhe ordenou que formasse em quadrado e detivesse Elsnitz e sua coluna "como um reduto de granito".

O general Elsnitz cometeu então o erro que Bonaparte esperava. Em vez de ignorar aqueles novecentos homens, inofensivos na retaguarda de um exército vitorioso, e seguir adiante para socorrer os generais Melas e Kaim, perseguiu aqueles poucos bravos que usavam todos os seus cartuchos praticamente à queima-roupa sem serem atingidos, e que, depois de esgotarem suas munições, receberam o inimigo na ponta de suas baionetas.

Entretanto, aquele punhado de homens não conseguiria se sustentar por muito tempo, e, quando Bonaparte estava prestes a lhes ordenar que seguissem o movimento retrógrado do restante do exército, uma das divisões de Desaix, a do general Mounier, surgiu por trás da linha francesa. Bonaparte estremeceu de alegria, mesmo sendo metade do que esperava. Imediatamente trocou algumas palavras com o general Dupont, chefe do estado-maior. Este projetou-se à frente dela, assumiu seu comando, viu-se por um instante envolvido pela cavalaria do general Elsnitz, atravessou suas fileiras, chocou-se violentamente com a divisão do general Kaim, que começava a perseguir o general Lannes, empurrou o inimigo até a aldeia de Castelceriolo e para lá dirigiu a brigada liderada pelo general Carra Saint-Cyr – que então desalojava os caçadores tiroleses e os caçadores de lobos, pegos subitamente nesse brusco ataque – com as ordens de, em nome do primeiro-cônsul, deixar-se matar ali com todos os seus homens e não recuar. Em seguida, convocando na volta o batalhão da guarda consular e os dois regimentos de granadeiros que haviam armado tão bela defesa aos olhos de todo o exército, juntou-se ao movimento retrógrado que continuava a se operar com a mesma ordem e a mesma precisão.

Eram três da tarde. Dos dezenove mil homens que tinham iniciado a batalha às cinco da manhã, restavam apenas, num raio de quilômetros, oito mil homens de infantaria, mil cavalos e seis peças de canhão em estado de uso. Um quarto do exército achava-se fora de combate, e outro quarto, na falta de veículos, estava ocupada em transportar os feridos, que Bonaparte dera ordens para não serem abandonados. Tudo recuava, à exceção do general Carra Saint-Cyr, que, isolado na aldeia de Castelceriolo, já se encontrava a mais de quatro quilômetros do corpo de exército. Mais meia hora, e estava claro para todos que a retirada ia se transformar em debandada, quando um ajudante de campo, enviado à frente da divisão Desaix, sobre o qual repousava naquele momento não apenas a sorte da jornada como os destinos da França, chegou ofegante anunciando que a frente de suas colunas estava surgindo na colina de San Giuliano. Bonaparte virou-se, percebeu a poeira que anunciava aquela chegada, lançou um último olhar sobre toda a linha e gritou:

— Alto!

A palavra elétrica percorreu a frente de batalha. Tudo parou.

Naquele momento chegou Desaix, um quarto de hora na frente de sua divisão. Bonaparte mostrou-lhe a planície juncada de mortos e lhe perguntou sua opinião sobre a batalha. Desaix abraçou tudo com o olhar:

— Acho que está perdida – respondeu.

Depois, puxando o relógio:

— Mas são apenas três horas, e ainda temos tempo de ganhar mais uma.

— É a minha opinião – respondeu laconicamente Bonaparte –, e manobrei para isso.

Com efeito, ali começava o segundo ato da jornada, ou melhor, da segunda batalha de Marengo, como Desaix a chamou.

Bonaparte passou pela linha de frente, que girara para trás e agora se estendia de San Giuliano a Castelceriolo.

— Camaradas – escreveu em meio aos projéteis que levantavam terra sob as patas de seu cavalo –, já demos muitos passos para trás. Chegou o momento de marchar para a frente. Lembrem-se de que tenho o hábito de dormir no campo de batalha.

Os gritos de "Viva Bonaparte! Viva o primeiro-cônsul!" ergueram-se de todos os lados e morreram sob o rufar dos tambores que ritmavam o ataque.

Os diferentes corpos de exército estavam escalonados na seguinte ordem:

O general Carra Saint-Cyr continuava a ocupar, a despeito dos esforços que o inimigo fizera para reconquistá-la, a aldeia de Castelceriolo, eixo de todo o exército.

Depois dele vinham a segunda brigada da divisão Mounier, os granadeiros e a guarda consular, que durante duas horas se sustentaram sozinhos contra o destacamento inteiro do general Elsnitz.

Em seguida, as duas divisões de Lannes.

Atrás, a divisão Boudet, que ainda não combatera e à frente da qual se achava o general Desaix, que dizia rindo que lhe aconteceria uma desgraça, já que os projéteis austríacos não o conheciam mais desde que estivera no Egito, há dois anos.

Finalmente, as duas divisões Gardenne e Chamberliac, as mais maltratadas de toda a jornada, e das quais restavam apenas mil e quinhentos homens.

Todas essas divisões estavam dispostas diagonalmente, umas atrás das outras.

A cavalaria mantinha-se na segunda linha, pronta para abrir fogo entre os intervalos dos contigentes. A brigada do general Champeaux apoiava-se na estrada de Tortona; a do general Kellermann ocupara o centro, entre o destacamento de Lannes e a divisão Boudet.

Os austríacos, que não tinham percebido os reforços recém-chegados e acreditavam ter vencido, continuavam a avançar organizadamente. Uma coluna de cinco mil granadeiros, comandada pelo general Zach, desembocou na grande estrada e marchava velozmente sobre a divisão Boudet, que cobria San Giuliano. Bonaparte mandou dispor em bateria quinze peças de canhão que tinham acabado de chegar, encobertas pela divisão Boudet. Depois, com um grito que foi se espalhando por uma extensão de quatro quilômetros, ordenou a toda a linha que marchasse para frente: foi a ordem geral.

Eis as ordens particulares:

Carra Saint-Cyr deixaria a aldeia de Castelceriolo, atropelaria quem quisesse se lhe opor e conquistaria as pontes sobre o Bórmida a fim de cortar a retirada aos austríacos. O general Marmont exibiria sua artilharia quando não estivesse mais na alça de mira do inimigo. Kellermann, com sua imensa cavalaria, faria na linha oposta uma daquelas brechas que tão bem sabia fazer. Desaix, com suas tropas descansadas, aniquilaria a coluna dos granadeiros do general Zach. Finalmente, Champeaux, com sua cavalaria ligeira, empreenderia a perseguição assim que os supostos vencedores batessem em retirada.

As ordens foram imediatamente executadas: nossas tropas, num movimento único, retomaram a ofensiva e, sobre toda a linha, a fuzilaria explodiu e os canhões vomitaram fogo. O terrível passo de carga fez-se ouvir, sublinhado pela Marselhesa. Todos os chefes que atingiram o outro lado da garganta estavam prontos para entrar na planície. A bateria exposta por Marmont abriu fogo. Kellermann lançou-se com seus couraceiros e atravessou as duas linhas. Desaix saltou os fossos, atravessou as cercas, postou-se sobre uma pequena saliência e caiu no momento em que se virava para ver se a divisão o seguia. Sua morte, em lugar de arrefecer o ardor de seus soldados, redobrou-o. O general Boudet o substituiu e se projetou sobre a coluna de granadeiros, que o recebeu a golpes de baioneta. Naquele momento Kellermann, que, como dissemos, já atravessara as duas linhas, voltou-se, viu a divisão Boudet às voltas com aquela massa imóvel que não conseguia fazer recuar, atacou-a pelo flanco, penetrou em seu interstício, abriu-a, esquartelou-a, quebrou-a. Em menos de meia hora, os cinco mil granadeiros foram encurralados, destroçados, dispersados, desaparecendo como fumaça, fulminados, aniquilados. O general Zach e seu estado-maior foram feitos prisioneiros. Foi o que restou.

O inimigo, por sua vez, fez menção de usar sua imensa cavalaria. Mas o fogo contínuo dos mosquetes, a fuzilaria devastadora e as terríveis baionetas logo o detiveram. Murat manobrou sobre seus flancos com duas peças de artilharia ligeira e um lançador de obuses que o liquidaram sem demora. Nesse momento, um carro de munições explodiu nas fileiras austríacas e aumentou a desordem. Era o que esperava o general Champeaux com sua cavalaria. Projetou-se, dissimulou seu pequeno número com uma manobra hábil e penetrou incisivamente nas fileiras inimigas. As divisões Gardanne e Chamberliac, que remoíam no coração um dia inteiro de retirada, caíram sobre eles com todo o ardor da vingança. Lannes pôs-se à frente de seus dois destacamentos e os ultrapassou gritando:

— Montebello! Montebello!

Bonaparte estava em toda parte.

Então tudo se encolheu, tudo refluiu, tudo debandou. Os generais austríacos queriam apenas sustentar a retirada, que se transformara em derrota, já que as divisões francesas atravessaram em meia hora a planície defendida pé a pé durante quatro horas. O inimigo só se deteve em Marengo, onde voltou a se formar sob o fogo dos atiradores que o general Carra Saint-Cyr espalhara desde Castelceriolo até o riacho da Barbotta. Mas a divisão Boudet e as divisões Gardanne e Chamberliac o perseguiram por sua vez de rua em rua, de praça em praça, de casa em casa. Marengo foi tomada. Os austríacos retiraram-se para a posição de Pedra Buona, onde foram atacados, por um lado, pelas três divisões que os perseguiam por trás, e, do outro, pela semibrigada de Carra Saint-Cyr. Às nove horas da noite, Pedra Buona era tomada, e as divisões Gardanne e Chamberliac recuperavam sua posição da manhã. O inimigo se precipitou para as pontes a fim de atravessar o Bórmida, mas ali encontrou Carra Saint-Cyr, que o precedera. Procurou então alguns vaus e transpôs o rio sob o fogo de toda a nossa linha, fogo que só se extinguiu às dez da noite. Os destroços do exército austríaco retornaram ao seu acampamento de Alessandria; o exército francês acampou diante das trincheiras da cabeça de ponte.

A jornada custara aos austríacos quatro mil e quinhentos mortos, oito mil feridos, sete mil prisioneiros, doze bandeiras e trinta peças de artilharia.

Nunca talvez a fortuna tenha se mostrado num mesmo dia sob faces tão diversas: às duas da tarde, era uma derrota e suas desastrosas consequências; às cinco, a vitória, que voltava a ser fiel à bandeira de Arcole e de Lodi; às dez da noite, a Itália, reconquistada de uma tacada, e o trono da França em perspectiva.

Na manhã do dia seguinte, o príncipe de Lichtenstein apresentou-se nos postos avançados. Trazia ao primeiro-cônsul as propostas do general Melas. Estas não convinham a Bonaparte, que ditou as suas, as quais o príncipe levou consigo. O exército do general deveria sair livre e com as honras da guerra de Alessandria, mas sob as condições conhecidas de todos, e que devolviam a Itália inteira à dominação francesa.

O príncipe de Lichtenstein voltou à noite. As condições tinham parecido duras para Melas, que, às três horas, considerando-se vitorioso, deixara o resto do trabalho a seus generais e voltara para descansar em Alessandria. Porém, às primeiras observações feitas pelo enviado, Bonaparte o interrompeu:

— Cavalheiro – disse-lhe –, já lhe transmiti minhas últimas vontades. Comunique-as ao seu general e volte imediatamente, pois são irrevogáveis. Não se esqueçam de que conheço sua situação bem melhor que os senhores. Não comecei a guerrear ontem. Os senhores estão bloqueados em Alessandria, têm feridos e doentes incontáveis, carecem de víveres e medicamentos. Eu ocupo toda a sua retaguarda. Os senhores perderam, entre mortos e feridos, a elite de seu exército. Eu poderia exigir mais, e minha posição me autoriza a isso. Mas modero minhas pretensões em respeito aos cabelos brancos de seu general.

— Essas condições são duras, senhor – respondeu o príncipe –, sobretudo a de devolver Gênova, que sucumbiu há apenas quinze dias, depois de um longuíssimo cerco.

— Não seja por isso – replicou o primeiro-cônsul mostrando ao príncipe a carta interceptada. — Seu imperador não soube da tomada de Gênova, e o que tem a fazer é simplesmente não contar a ele.

Na mesma noite, todas as condições impostas pelo primeiro-cônsul foram aceitas, e Bonaparte escrevia a seus colegas:

> No dia seguinte à batalha de Marengo, cidadãos cônsules, o general Melas solicitou permissão ao seu estado-maior para me enviar o general Sakal. Estabeleceu-se durante as negociações a convenção que está em anexo. Ela foi assinada à noite pelo general Berthier e o general Melas. Espero que o povo francês esteja satisfeito com o seu exército.
>
> BONAPARTE

Assim se realizava a predição que o primeiro-cônsul fizera a seu secretário quatro meses antes, no gabinete das Tulherias.

Bonaparte voltou a Milão, encontrando a cidade iluminada e em festa. Masséna, a quem não via desde a campanha do Egito, ali o esperava, e recebeu o comando do exército da Itália como recompensa por sua bela defesa de Gênova.

O primeiro-cônsul voltou a Paris em meio à aclamação geral. Sua entrada na capital aconteceu à noite. Porém, na manhã seguinte, ao saberem de seu retorno, os parisienses dirigiram-se em massa para as Tulherias com gritos e entusiasmo tamanhos que o vencedor de Marengo foi obrigado a se mostrar na sacada.

Passados alguns dias, uma notícia terrível veio entristecer a opinião pública. Kléber morrera no Cairo apunhalado por Solimão el Alebi, no mesmo dia em que Desaix caía nas planícies de Marengo sob as balas dos austríacos.

A convenção assinada por Berthier e o general Melas na noite seguinte à batalha levara a um armistício firmado em 5 de julho, rompido em 5 de setembro e renovado depois da batalha de Hohenlinden.

Nesse ínterim as conspirações iam de vento em popa. Ceracchi, Aréna, Topino-Lebrun e Demerville tinham sido detidos na Ópera quando se aproximavam do primeiro-cônsul para assassiná-lo. O dispositivo infernal explodira, na rua Saint-Nicaise, a vinte e cinco passos de seu coche, e Luís XVIII escrevia* a Bonaparte carta atrás de carta para que lhe devolvesse seu trono.

---

* Uma primeira carta, datada de 20 de fevereiro de 1800, era assim concebida: "Qualquer que seja sua conduta aparente, homens como o senhor, cavalheiro, jamais inspiram preocupação. O senhor aceitou um lugar eminente, e sou-lhe grato. Melhor que ninguém o senhor sabe que é preciso força e poder para fazer a felicidade de uma grande nação. Salve a França de seu próprio futuro e terá realizado o desejo de seu coração; devolva-lhe seu rei, e as gerações futuras abençoarão sua memória. O senhor será sempre necessário ao Estado para que eu possa quitar, com postos importantes, a dívida de meu ancestral e a minha. Luís"

Essa carta, tendo ficado sem resposta, foi então seguida por uma outra: "Há muito tempo, general, o senhor deve saber que tem toda a minha estima. Se suspeita que serei suscetível em minha gratidão, diga o seu lugar, determine a sorte de seus amigos. Quanto aos meus princípios, sou francês. Clemente por caráter, sê-lo-ei ainda mais pela razão. Não, o vencedor de Lodi, de Castiglione, de Arcole, o conquistador da Itália e do Egito não pode preferir uma vã celebridade à glória. No entanto, vejo que está perdendo um tempo precioso. Podemos alcançar a glória da França. Digo podemos porque preciso de Bonaparte para isso, e porque ele não conseguiria fazê-lo sem mim. General, a Europa o observa, a glória o aguarda, e estou ansioso para devolver a paz ao meu povo. Luís"

Finalmente, em 9 de fevereiro de 1801, era assinado o tratado de Lunéville, que evocava todas as cláusulas do tratado de Campoformio, cedia novamente à França os Estados situados à margem esquerda do Reno, indicava o Adige como limite das posses austríacas, forçava o imperador da Áustria a reconhecer as repúblicas cisalpina, batava e helvética e, por último, deixava a Toscana com a França.

A República estava em paz com o mundo inteiro, exceto com a Inglaterra, sua velha e eterna inimiga. Bonaparte resolveu fazer-lhe uma demonstração. Uma guarnição de duzentos mil homens foi reunida em Bolonha, e uma imensa quantidade de embarcações chatas, destinadas a transportar esse exército, foi reunida em todos os portos do norte da França. A Inglaterra se assustou e, em 25 de março de 1802, era assinado o tratado de Amiens.

Enquanto isso, o primeiro-cônsul marchava insensivelmente para o trono, e Bonaparte transformava-se pouco a pouco em Napoleão. Em 15 de julho de 1801, assinava uma concordata com o papa; em 21 de janeiro de 1802, aceitava o título de presidente da República

---

Bonaparte respondeu, no 24 de setembro seguinte: "Recebi, senhor, sua carta. Agradeço-lhe pelas coisas honestas que me disse. O senhor não deve almejar seu retorno à França, teria que marchar sobre cem mil cadáveres. Sacrifique seu interesse ao repouso e à felicidade da França. A história o levará em conta. Não sou absolutamente insensível às desgraças de sua família, ficarei feliz de vê-lo cercado por tudo o que puder contribuir para a tranquilidade de sua aposentadoria. Bonaparte"

Lembremos aqui, para concluir o histórico dessas negociações, a famosa carta na qual, três anos mais tarde, Luís XVIII mantinha suas pretensões ao trono da França: "Não confundo absolutamente o senhor Bonaparte com aqueles que o precederam. Estimo seu valor, seus talentos militares. Sou-lhe grato por diversas medidas administrativas, pois o bem feito ao meu povo me será sempre caro. Mas ele se engana se pensa que pode me fazer transigir quanto aos meus direitos. Longe disso. Ele próprio os estabeleceria, caso fossem litigiosos, pelas atitudes que toma neste momento. Ignoro os desígnios de Deus sobre minha raça e sobre mim, mas conheço as obrigações que me impôs pela casta em que me fez nascer. Cristão, cumprirei esses deveres até o meu último suspiro. Filho de são Luís, saberei, a seu exemplo, não perder o respeito até sob ferros; sucessor de Francisco I, quero, pelo menos, poder dizer como ele: 'Perdemos tudo, menos a honra.'" (Nota do autor)

Cisalpina; em 2 de agosto seguinte, era nomeado cônsul vitalício; em 21 de março de 1804, mandava fuzilar o duque d'Enghien nos calabouços de Vincennes.

Depois desse grande desafio lançado à Revolução, colocou-se para a França a grande pergunta: *Napoleão será imperador dos franceses?*

Cinco milhões de assinaturas responderam pela afirmativa, e Napoleão subiu ao trono de Luís XVI. O que não impediu que três homens protestassem em nome das letras, eterna República que não possui césares e não reconhece napoleões.

Esses homens eram Lemercier, Ducis e Chateaubriand.

IV

Napoleão Imperador

Os últimos momentos do Consulado tinham sido empregados para abrir os caminhos do trono por meio de suplício ou misericórdia. Uma vez alcançado o Império, Napoleão tratou de organizá-lo. Desaparecida a nobreza feudal, criou uma nobreza popular; como as diferentes ordens de cavalaria haviam caído no descrédito, instituiu a Legião de Honra; se há doze anos a mais alta distinção militar era o generalato, Napoleão criou doze marechais.

Esses doze marechais eram os companheiros de suas fadigas – nascimento e favor nada tinham a ver com a nomeação. Possuíam todos por pai o destemor, e por mãe, a vitória. Os doze eleitos eram Berthier, Murat, Moncey, Jourdan, Masséna, Augereau, Bernadotte, Soult, Brune, Lannes, Mortier, Ney, Davout, Kellermann, Lefèvre, Pérignon e Serrurier. Depois de um intervalo de trinta e nove anos, três ainda viveriam para presenciar o arrebol da República e o ocaso do Império. O primeiro é, no momento em que escrevemos estas linhas, governador do Hotel dos Inválidos; o segundo, presidente do Conselho de Ministros; e o terceiro, rei da Suécia. Solitários e derradeiros destroços da plêiade imperial, os dois primeiros mantiveram sua estatura, o terceiro cresceu ainda mais.

Em 2 de dezembro de 1804, realizou-se a sagração na igreja de Notre-Dame. O papa Pio VII viera expressamente de Roma para colocar a coroa sobre a cabeça do novo imperador. Napoleão dirigiu-se à igreja metropolitana escoltado por sua guarda, conduzido num coche de oito cavalos, tendo Josefina a seu lado. O papa, cardeais, arcebispos, bispos e todas as grandes figuras do Estado o esperavam na catedral, em cujo adro se deteve por instantes para ouvir uma saudação e responder. Terminada a homenagem, entrou na igreja e subiu a um trono preparado para ele, coroa na cabeça e cetro na mão.

No momento estabelecido pelo cerimonial, um cardeal, o grão-esmoler e um bispo vieram conduzi-lo ao pé do altar. O papa então se aproximou dele e, ungindo-o três vezes na cabeça e nas duas mãos, pronunciou em voz alta as seguintes palavras:

— Deus Todo-Poderoso, que estabeleceu Hazael para governar a Síria e que fez Jeú rei de Israel, manifestando-lhes suas vontades pela voz do profeta Elias, Vós que haveis igualmente espargido a sagrada unção dos reis sobre a cabeça de Saul e Davi pelo ministério do profeta Samuel, espalhai por minhas mãos os tesouros de vossas graças e de vossas bênçãos sobre vosso servidor Napoleão, que, a despeito de nossa indignidade pessoal, consagramos hoje imperador em vosso nome.

Então o papa subiu lenta e majestosamente até o trono. Trouxeram ao novo imperador as Sagradas Escrituras. Ele estendeu a mão por cima delas e prestou o juramento prescrito pela nova Constituição. Assim que proferiu o juramento, o chefe dos arautos bradou:

— O mui glorioso e mui augusto imperador dos franceses está coroado e entronizado. Viva o imperador!

A igreja ecoou o mesmo grito, uma salva de artilharia respondeu com sua voz de bronze, e o papa entoou o *Te Deum*.

A contar desse momento, tudo o que se relacionava à República chegara ao fim: a Revolução se fizera homem.

Mas uma coroa não era o suficiente. Julgara-se que o gigante, tendo os cem braços de Gerião, tivesse também suas três cabeças. Em 17 de março de 1805, o sr. de Melzi, vice-presidente da Comissão de Estado da República Cisalpina, veio lhe oferecer para acrescentar o reino da Itália ao Império Francês. E, em 26 de maio, receberia em Milão – no domo cuja primeira pedra fora colocada por Galeazzo Visconti e cujos últimos florões ele próprio iria esculpir –, a coroa de ferro dos antigos reis lombardos, que fora usada por Carlos Magno e que ele colocou na cabeça dizendo:

— Deus ma entregou, amaldiçoado quem nela toque!

De Milão, onde deixara Eugênio com o título de vice-rei, Napoleão dirigiu-se a Gênova, que renunciou à sua soberania e cujo território reunido ao império passou a formar os três departamentos de Gênova, Montenotte e Apeninos. A república de Lucqua, englobada nessa divisão, tornou-se o principado de Piombino. Napoleão preparava-se, ao fazer de seu enteado um vice-rei e de sua irmã uma princesa, para transformar seus irmãos em reis.

Em meio a toda essa restauração de coisas destruídas, Napoleão ficou sabendo que, para evitar o declínio de que se via ameaçada, a Inglaterra convencera novamente a Áustria a declarar guerra à França. E isso não era tudo. Paulo I, nosso cavalheiresco aliado, fora assassinado, e Alexandre herdara a dupla coroa de pontífice e imperador. Um de seus primeiros atos como soberano foi fazer, em 11 de abril de 1805, um tratado de aliança com o Ministério britânico, e foi com esse tratado, que levantava a Europa para uma Terceira Coalizão, com que a Áustria concordou, em 9 de agosto.

Mais uma vez tinham sido os aliados a obrigar o imperador a depor o cetro e o general a retomar a espada. Napoleão dirigiu-se ao Senado em 23 de setembro, obteve um recrutamento de oitenta mil homens, partiu no dia seguinte, atravessou o Reno em 1º de outubro, entrou cinco dias depois na Baviera, libertou Munique no dia 12, tomou Ulm no 20, ocupou Viena em 13 de novembro, fez sua junção com o exército da Itália a 29, e, em 2 de dezembro, aniversário de sua coroação, estava diante dos russos e dos austríacos nas planícies de Austerlitz.

Desde a véspera Napoleão percebera o erro cometido por seus inimigos ao concentrarem todas as suas forças na aldeia de Austerlitz para contornarem a esquerda dos franceses. Já dia alto, ele montara seu cavalo com os marechais Soult, Bernadotte e Bessières, e, percorrendo as fileiras da infantaria e da cavalaria da guarda, que eram suas armas, na planície de Schlapanitz, avançou até a linha dos atiradores da cavalaria de Murat, que trocavam tiros de carabina com o inimigo. Dali observou, em meio aos projéteis, os movimentos das diferentes colunas e, iluminado por uma dessas revelações súbitas que eram uma das faculdades de seu gênio, adivinhou o plano inteiro de Kutusov. Naquele instante, Kutusov foi derrotado em seu pensamento e, ao voltar para a barraca que mandara construir no meio de sua guarda, sobre um platô que dominava toda a planície, Napoleão disse, virando-se e lançando um último olhar sobre o inimigo:

— Antes de amanhã à noite, todo esse exército será meu.

Por volta das cinco da tarde, a seguinte proclamação foi distribuída ao exército:

> Soldados,
>
> O exército russo está diante de vocês para vingar o exército austríaco de Ulm. São os mesmos batalhões que vocês derrotaram em Hollabrün e que, desde então, vêm perseguindo constantemente até aqui. As posições que ocupamos são formidáveis, e, enquanto eles marcharem para contornar minha direita, vão me apresentar o flanco.
>
> Soldados, eu próprio dirigirei seus batalhões. Vou manter-me longe do fogo, se, com a bravura costumeira, vocês levarem desordem e confusão às fileiras inimigas. Porém, se a vitória estiver por um momento indecisa, verão seu imperador expor-se aos primeiros golpes. Pois a vitória não pode vacilar hoje, sobretudo quando está em jogo a honra da infantaria francesa, que diz respeito à honra de toda a nação.
>
> Que, sob pretexto de transportar os feridos, as fileiras não fiquem desguarnecidas, e que cada um esteja imbuído do pensamento de que é preciso vencer esses lacaios da Inglaterra, animados por um imenso ódio contra o povo francês.
>
> Essa vitória encerrará nossa campanha, e poderemos voltar aos nossos quartéis de inverno, onde se juntarão a nós os diversos exércitos que estão se formando na França. Então a paz que farei será digna de meu povo, de vocês e de mim.

Deixemos agora o próprio Napoleão falar, escutemos César relatando Farsala:

No dia 30 os inimigos acamparam em Hogieditz. Passei aquele dia percorrendo os arredores a cavalo. Percebi que só dependia de mim apoiar bem minha direita e frustrar os projetos deles, ocupando à força o platô de Pratzen, desde o Santon até Kresenowitz, para detê-los de frente. Mas isso só teria levado a um encontro com chances iguais, e eu queria algo melhor. A tendência dos aliados a ganhar minha direita era manifesta. Julguei poder atacar com segurança, deixando-lhes a liberdade de manobrar para estenderem sua esquerda, e coloquei sobre o Pratzen apenas um destacamento de cavalaria.

Em 1º de dezembro, o inimigo, desembocando de Austerlitz, veio, com efeito, colocar-se à nossa frente na posição de Pratzen, a esquerda estendendo-se na direção de Anjest. Bernadotte, que chegara da Boêmia, alinhou-se, e Davout atingiu a abadia de Raigern com uma de suas divisões; a de Gudin acampou em Nicolsburg.

Os relatórios que eu recebia de todos os lados sobre a marcha das colunas inimigas confirmaram minha opinião. Às nove da noite, percorri minha linha, tanto para examinar a direção das fogueiras dos inimigos como para animar minhas tropas. Tinha acabado de ler uma proclamação não apenas lhes prometendo a vitória, como explicando-lhes a própria manobra que nos iria proporcioná-la. Era provavelmente a primeira vez que um general colocava todo o seu exército a par da combinação que lhe devia assegurar a vitória. Eu não temia que o inimigo ficasse sabendo, ele não teria acreditado. Essa reviravolta foi um dos acontecimentos mais comoventes da minha vida. Minha presença à frente dos corpos de exército gerou um impulso elétrico que ganhou a extremidade da linha com a rapidez de um raio. Por um movimento espontâneo, todas as divisões de infantaria, levantando feixes de palha acesos nas pontas de grandes varas, conferiram-me uma iluminação cujo vislumbre, ao mesmo tempo imponente e bizarro, tinha algo de majestoso: era o primeiro aniversário de minha coroação.

O aspecto daqueles fogos me evocou a lembrança dos feixes de sarmento com que Aníbal enganou os romanos e os acampamentos de Liegnitz que salvaram o exército de Frederico ao dar o troco a Daun e Laudon. À minha passagem diante de cada regimento, os gritos de "Viva o imperador!" ecoavam, e, repetidos por todos os destacamentos à medida que eu avançava, levavam ao campo inimigo as provas do entusiasmo que animava meus soldados. Nunca cena guerreira apresentou pompa mais solene, e todos os soldados partilhavam a confiança que sua devoção me inspirava.

Essa linha, que percorri até meia-noite, estendia-se desde Kobelnitz até o rio Santon. O corpo de Soult formava sua direita e, postado entre

Sokolnitz e Puntowitz, achava-se também bem diante do centro do inimigo. Bernadotte acampava atrás de Girskowitz, Murat à esquerda dessa aldeia, e Lannes vinha a cavalo pela estrada de Brunn. Minhas reservas estabeleceram-se na retaguarda de Soult e de Bernadotte.

Ao colocar minha direita sob as ordens de Soult, em face do centro inimigo, estava claro que era sobre ele que recairia o maior peso da batalha. Porém, para que seu movimento tivesse o resultado que eu esperava, era preciso começar por afastar dele as tropas inimigas que desembocavam em direção a Blasowitz e pela estrada de Austerlitz. Era provável que os imperadores e o quartel-general estivessem lá e que fosse preciso atacar nesse ponto em primeiro lugar, para depois voltar sobre sua esquerda, alterando-se assim a frente. Era, por sinal, o meio de isolar aquela esquerda da estrada de Olmütz.

Decidi então acompanhar primeiro o movimento do corpo de Bernadotte sobre Blasowitz com meus guardas e a reserva de granadeiros para reprimir a direita do inimigo, e voltar depois sobre a esquerda, que, quanto mais avançasse além de Telnitz, mais se veria comprometida.

Meu plano estava bem delineado desde a véspera, tanto que o anunciei aos meus soldados: o essencial era aproveitar o momento certo. Passei a noite no acampamento. Os marechais estavam reunidos ao meu redor para receber as últimas ordens.

Saí a cavalo às quatro da manhã. A lua se deitara, a noite estava fria e bastante escura, embora o tempo estivesse calmo. Era importante saber se o inimigo não fizera nenhum movimento à noite que pudesse prejudicar meus planos. Os relatórios dos guardas confirmavam que o fragor dirigia-se desde a direita inimiga até sua esquerda. As fogueiras pareciam mais estendidas para Anjest. Ao despontar do dia, uma bruma ligeira escureceu um pouco o horizonte, sobretudo nas partes mais planas. De repente aquela bruma evaporou, e o sol começou a dourar com seus raios os cumes das colinas, enquanto os pequenos vales ainda achavam-se envolvidos por uma nuvem difusa. Descortinamos muito distintamente as colinas de Pratzen, antes cobertas de tropas e abandonadas então pela esquerda do inimigo. Constatava-se que ele dera continuidade a seu projeto de estender sua linha para além de Telnitz. No entanto, descobri com a mesma facilidade uma outra marcha para a direita, na direção de Holibitz. Ao perceber isso, tive certeza de que o próprio inimigo oferecia seu centro desguarnecido para que o atacasse ao meu bel-prazer. Eram oito da manhã. As tropas de Soult estavam aglomeradas em duas linhas de batalhões em colunas de ataque, no fundo de Puntowitz. Perguntei ao marechal quanto tempo seria preciso para alcançar as colinas de Pratzen. Ele me garantiu que menos de vinte minutos.

— Esperemos um pouco – respondi-lhe. — Quando o inimigo faz um falso movimento, devemos evitar interrompê-lo.

Logo a fuzilaria intensificou-se para o lado de Sokelnitz e de Telnitz. Um ajudante de campo anunciou-me que o inimigo convergia para lá com forças ameaçadoras: era o que eu esperava. Fiz um sinal. Imediatamente Murat, Lannes, Bernadotte e Soult avançaram a galope. Também montei no meu cavalo para me dirigir ao centro. Ao passar diante das tropas, estimulei-as novamente, dizendo:

— O inimigo acaba de se entregar imprudentemente às estocadas dos senhores. Encerrem a campanha como um relâmpago.

Os gritos de "Viva o imperador!" atestaram que tinham me compreendido, tornando-se o verdadeiro sinal do ataque. Antes de relatá-lo, vejamos o que acontecia no exército dos aliados.

A se acreditar na disposição projetada por Weyrother, o desígnio deles era agir taticamente de acordo com o mesmo plano que antes queriam executar por meio de manobras estratégicas, isto é, tentar, com sua esquerda fortalecida, ganhar minha direita, cortar o caminho de Viena e me acuar, derrotado, em Brunn. Embora meu destino não estivesse associado àquela rota, e eu preferisse, como já mencionei, a da Boêmia, o certo é que o plano só oferecia chances a favor dos aliados. Porém, para que desse certo, não podiam isolar aquela esquerda atuante, sendo essencial, ao contrário, fazê-la seguir sucessivamente pelo centro e pela direita, que se prolongariam na mesma direção. Weyrother, assim como fizera em Rivoli, manobrou pelas duas alas, ou, pelo menos, se não era este o seu plano, agia de modo a fazê-lo crer.

A esquerda, sob o comando de Buxhowden, composta pela linha de frente de Kienmayer e as três divisões russas Doctorov, Langeren e Pribichévski, contava trinta mil homens. Ela teve que avançar em três colunas a partir das colinas de Pratzen, por Anjest, sobre Telnitz e Sokelnitz, atravessar o curso d'água que forma dois lagos à esquerda e se dirigir para Turas.

A quarta coluna, sob as ordens de Kolowrath, com a qual marchava o quartel-general, formava o centro. Ela devia avançar por

Pratzen rumo a Kobelnitz, um pouco atrás da terceira. Compunha-se de doze batalhões russos, comandados por Miloradovitch, e de quinze batalhões austríacos recém-chegados.

A quinta, formada por oitenta esquadrões, liderada pelo príncipe João de Lichtenstein, devia deixar o centro, atrás do qual passara à noite, e apoiar a direita dirigindo-se para a estrada de Brunn.

A sexta, à extrema direita, composta pela linha de frente de Bagration, contava doze batalhões e quarenta esquadrões, destinados a atacar, sobre a grande estrada de Brunn, as colinas do Santon e de Bosenitz.

A sétima, composta pelos guardas, sob as ordens do arquiduque Constantino, formava a reserva da ala direita sobre a estrada de Brunn.

Vemos que o inimigo pretendia ultrapassar minha direita, que supunha estendida até Meltnitz, ao passo que o meu exército estava reunido entre Shlapanitz e a estrada de Brunn, pronto para o que viesse.

De acordo com essa disposição, Buxhowden, já mais à frente que o restante do exército, pusera-se em movimento antes das outras colunas. Além disso, a cavalaria de Lichtenstein marchara de volta do centro para a direita, de modo que as colinas de Pratzen, chave de todo o campo de batalha, viam-se desguarnecidas.

No instante em que dei o sinal, todas as minhas colunas se mexeram: Bernadotte atravessou o desfiladeiro de Girskowitz e avançou sobre Blasowitz, sustentado à esquerda por Murat; Lannes marchou, na mesma altura, pelos dois lados da estrada de Brunn; minha guarda e minhas reservas seguiram a certa distância o destacamento de Bernadotte, prontas a convergir para o centro caso o inimigo pretendesse ali recobrar forças.

Soult partiu como um raio das ravinas de Kobelnitz e Puntowitz à frente das divisões Saint-Hilaire e Vandamme, sustentadas pela brigada Levasseur. Duas outras brigadas da divisão Legrand foram deixadas como flanqueadoras, para mascarar e disputar os desfiladeiros de Telnitz e de Sokelnitz com Buxhowden. Como era claro que os forçaria, o marechal Davout recebeu ordens de partir de Raigern com a divisão Friant e os dragões do general Bourcier para conter as cabeças das colunas russas, até que nos conviesse atacá-las mais seriamente.

Mal Soult subiu a colina de Pratzen, deu inopinadamente com a coluna de Kolowrath (a quarta), que marchava no centro atrás da terceira e que, julgando-se coberta por aquela que a precedia, avançava em coluna de estrada por pelotões. O imperador Alexandre, Kutusov e seu estado-maior estavam com elas. Tudo o que acontece de inesperado dentro de um quartel-general surpreende e desconcerta. Miloradovitch, que marchava à frente, mal teve tempo de conduzir ao combate os batalhões à medida que estes se formavam. Foi arrasado, e os austríacos que o seguiam tiveram a mesma sorte. Embora Alexandre tivesse se exposto e mostrado sangue-frio ao reagrupar suas tropas, não dispunha, graças às ridículas disposições de Weyrother, de uma única divisão disponível para servir de reserva, já que as tropas aliadas tinham sido empurradas na direção de Hostiradeck. A brigada Kaminski, que pertencia à terceira coluna atacada assim em seu flanco direito, veio reunir seus esforços aos de Kutusov e restabeleceu momentaneamente as coisas. Todavia, o socorro não foi capaz de resistir aos recursos combinados de Saint-Hilaire, Vandamme e Levasseur. A linha de Kolowrath, ameaçada de se ver precipitada no valão pantanoso de Birnhaun, recuou para Waschau, como prescrevia a disposição. Toda a artilharia dessa coluna, atolada na lama semicongelada, foi abandonada, e a infantaria, sem canhões e cavalaria, não conseguiu mais nada contra Soult, vitorioso.

No momento em que esse golpe decisivo se realizava, as duas colunas da direita de Buxhowden tinham-se cruzado e aglomerado em torno de Sokelnitz, de onde desembocavam apesar dos esforços da divisão Legrand. O próprio Buxhowden saía também de Telnitz, a força de apenas quatro batalhões sendo incapaz de detê-lo.

Nesse instante Davout chegava de Raigern, e a divisão Friant rechaçava para Telnitz as linhas de frente inimigas. Com o combate assumindo um aspecto mais grave na direção de Sokelnitz, Davout deixou em Telnitz apenas os dragões de Bourcier, subindo o riacho até Sokelnitz, com a divisão Friant. Um combate dos mais árduos travou-se nesse ponto. Sokelnitz, tomada e retomada, permaneceu por um momento com os russos. Langeron e Pribichévski dirigiram-se inclusive para as colinas de Marxdorf. Nossas tropas, dispostas em crescente, atacaram diversas vezes seus flancos com sucesso. Essa luta bastante sangrenta não passava contudo de um acessório. Bastava conter o inimigo sem rechaçá-lo. Não haveria, por sinal, inconveniente algum em que ele se empenhasse um pouco mais.

Enquanto as coisas assumiam um aspecto bastante favorável à nossa direita, não obtínhamos sucesso menor no centro e na esquer-

da. Aconteceu então ao arquiduque e à guarda russa o que ocorrera ao quartel-general e à quarta coluna: preparados como tropas de reserva, viram-se atacados em primeiro lugar.

Bagration estendia-se pela direita rumo a Dwaroschena para perseguir e atacar a posição do Santon. A cavalaria de Lichtenstein, convocada do centro para auxiliá-lo, cruzara na estrada com as outras colunas, de modo que o arquiduque e seus guardas, chegando em Krug antes dela, viram-se na primeira linha no momento em que Bernadotte avançava sobre Blasowitz, e Lannes sobre os dois lados da estrada de Brunn: travou-se então uma luta encarniçada.

Ao chegar finalmente, depois de um longo passeio, à direita do arquiduque, o príncipe de Lichtenstein começou a dispor suas tropas em formação de batalha. Foi quando os ulanos da guarda russa, arrastados por um furor intempestivo, lançaram-se entre as divisões de Bernadotte e de Lannes a fim de atingir a cavalaria ligeira de Kellermann, que recuava à frente deles. Vítimas desse arroubo, foram atacados pelas reservas de Murat, acuados e derrotados sob o fogo de nossas duas linhas de infantaria, que deitou por terra metade deles.

Entretanto, nossos progressos para os lados de Pratzen tinham forçado Kutusov a pedir a Lichtenstein que fosse em socorro de seu centro. Esse príncipe, ameaçado tanto à direita como à esquerda, não sabia a quem ouvir ou dirigir os primeiros socorros. Apressou-se então a enviar quatro regimentos de cavalaria, que chegaram apenas para testemunhar a derrota de Kolowrath. O general Uvarov estabeleceu-se, com trinta esquadrões, entre Bagration e o arquiduque, e o restante da cavalaria postou-se à sua esquerda.

De seu lado, o arquiduque, ao ver as colunas da infantaria francesa penetrarem em Blasowitz e atravessarem-na, tomou o partido de descer das colinas para lhes poupar metade do caminho. O movimento lhe parecia necessário tanto para sua própria segurança como para libertar o centro, com o qual começava a se preocupar.

Enquanto um furioso combate de infantaria era travado entre as guardas russas e a divisão de Erlon, o arquiduque ordenou aos guardas montados que atacassem o flanco direito deste, que se encontrava formado pelo 4º regimento de linha, destacado da divisão Vandamme para cobrir o intervalo. Os couraceiros russos lançaram-se sobre esse regimento, investiram contra um batalhão, mas pagaram com seus bravos a honra de se terem apoderado da águia desse destacamento. Essa escaramuça isolada não representava perigo algum; porém, como eu não tinha certeza se o inimigo a sustentaria, julguei necessário levar a esse ponto o marechal Bessières com a cavalaria da minha guarda. Era preciso terminar com aquilo, e dei-lhe ordens para abrir fogo. A linha russa, depois da mais honrosa defesa, foi obrigada a ceder aos esforços reunidos de Bernadotte e de Bessières. A infantaria dos guardas, sem condições de resistir por muito tempo, retrocedeu para Krzenowitz. Os guardas montados que chegavam naquele instante de Austerlitz em vão clamavam ter restabelecido a situação. O regimento montado de elite, que lancei sob o comando de Rapp, foi batido, e todo o centro tomou então o caminho de Austerlitz.

Nesse ínterim, Murat e Lannes tinham atacado com sucesso o corpo de Bagration e a cavalaria de Udarov, que o apoiava. Nossos couraceiros tinham batido a esquerda dessa ala, pressionada pelas divisões Suchet e Caffarelli. Por toda parte a vitória coroava nossos planos.

Convicto de que Bernadotte, Lannes e Murat seriam mais que suficientes para destroçar o inimigo daquele lado, fechei a direita com meus guardas e a reserva de Oudinot para ajudar Soult a destruir a ala esquerda, atacada pela retaguarda e atrapalhada no meio dos lagos. Eram duas horas quando Soult, animado com a nossa aproximação, reuniu as divisões Saint-Hilaire e Legrand para alcançar Sokelnitz por trás, enquanto as tropas de Davout o atacavam pela frente, e Vandamme, por sua vez, se precipitava sobre Anjest. Minha guarda e meus granadeiros insistiram a fim de reforçar esses diferentes ataques segundo as necessidades.

A divisão Pribichévski, cercada em Sokelnitz, depôs as armas – apenas uns poucos desertores trouxeram a notícia do desastre. Langeron, empurrado por sua vez, não foi mais feliz, e apenas metade de sua tropa conseguiu se juntar a Buxhowden. Este perdera cinco ou seis horas com a coluna de Doctorov, numa escaramuça inútil na direção de Telnitz, em vez de se concentrar desde as dez horas para retornar sobre Anjest e sair da ratoeira em que fora pego, margeando a depressão entre os lagos e as colinas. Quando deixava a aldeia em formação de coluna, Vandamme se lançou impetuosamente sobre seu flanco, penetrou em Anjest e cortou as colunas em duas. Buxhowden, sem condições de fazer meia-volta, prosseguiu com os dois batalhões de sua frente para reunir-se a Kutusov.

Enquanto isso, Doctorov e Langeron, com os vinte e oito batalhões restantes, viram-se empurrados para o abismo, entre os lagos e as colinas coroadas por Saint-Hilaire, Vandamme e minhas reservas. A cabeça da coluna do lado de Anjest, escoltando a artilharia, quis fugir pelos canais formados pelo secamento do lago, já que a ponte ruíra sob o peso dos canhões. Esses bravos, para salvar suas peças, tentaram atravessar a extremidade do lago gelado. Porém, o gelo, sulcado por nossos projéteis, pressionado sob o peso dessa massa, engoliu homens e canhões; e mais de dois mil morreram afogados. Doctorov tinha apenas um partido a tomar, o de costear, sob nosso fogo, a margem do lago até Telnitz e alcançar um dique que separava o lago desse nome do de Melnitz. Conseguiu, não sem sofrer grandes perdas, alcançar Satschann, protegido pela cavalaria de Kienmayer, que fez esforços dignos de elogios. Intensamente perseguidos pelos nossos, tomaram juntos o caminho de Czeitsch pelas montanhas. O pouco de artilharia que o inimigo salvara do centro e da esquerda fora abandonado naquela retirada, executada por caminhos horríveis, que a chuva da véspera e o degelo tornavam impraticáveis.

A posição do inimigo era cruel. Eu a conquistei na estrada de Wischau, que aliás ele não podia seguir, pois esta já se achava arrasada e impossível de ser atingida pelos destroços de sua esquerda. Com isso foi forçado a tomar a direção da Hungria. Porém, Davout, que tinha uma de suas divisões prestes a chegar a Nicolsburg, conseguiu, por um arco lateral, ultrapassá-lo em Gading, enquanto pressionávamos decisivamente sua retaguarda. O exército aliado, enfraquecido, com vinte e cinco mil homens mortos, feridos ou prisioneiros e cento e oitenta peças de canhão conquistadas, além de uma quantidade de desertores isolados, achava-se em grande desordem.

Eis o relato do próprio Napoleão: claro, simples e grave, como convém à circunstância. Suas previsões não o enganaram nem por um instante. A batalha evoluiu como num tabuleiro, e bastou um único raio para fulminar, como ele afirmara, a Terceira Coalizão.

Dois dias depois o imperador da Áustria veio pessoalmente renegociar aquela paz que ele próprio rompera. A entrevista dos dois imperadores aconteceu perto de um moinho, ao lado da grande estrada e ao ar livre.

— Sire – disse Napoleão, caminhando até Francisco II –, recebo-o no único palácio que habito há dois meses.

— O senhor tira tão bom partido de sua habitação que ela deve agradá-lo – respondeu-lhe este.

Nessa entrevista firmou-se um armistício – e as principais condições para a paz foram acertadas. Os russos, que podiam ter sido esmagados até o último homem, participaram da trégua a rogo do imperador Francisco e pela mera promessa do imperador Alexandre de que evacuaria a Alemanha e a Polônia austríaca e prussiana. O acordo foi cumprido, e ele se retirou por etapas.

A vitória de Austerlitz foi para o Império o que a de Marengo fora para o Consulado: a sanção do passado, o potencial do futuro. O rei Ferdinando de Nápoles, ao violar, durante a última guerra, o tratado de paz com a França, foi declarado destituído do trono das Duas Sicílias, que José Bonaparte recebeu em seu lugar. A República Batava, erigida em reino, foi entregue a Luís Bonaparte. Murat recebeu o grão-ducado de Berg. O marechal Berthier foi feito príncipe de Neuchâtel, e Talleyrand, príncipe de Bénévent. A Dalmácia, a Ístria, o Friuli, Cadore, Conegliano, Belluno, Treviso, Feltre, Bassano, Vicenza, Pádua e Rovigo tornaram-se ducados. O grande Império – com seus reinos secundários, seus feudos, sua Confederação do Reno e sua mediação suíça – foi esculpido em menos dois anos que o de Carlos Magno.

Não era um cetro que Napoleão tinha em sua mão, era um globo.

A paz de Pressburg durou cerca de um ano. Nesse intervalo, Napoleão fundou a Universidade Imperial e promulgou o conjunto do Código Civil. Interrompido em meio a esses trabalhos administrativos pela atitude hostil da Prússia, cuja neutralidade durante as últimas guerras deixara-lhe as forças intactas, Bonaparte logo foi obrigado a fazer face a uma Quarta Coalizão. A rainha Luísa lembrara ao imperador Alexandre que tinham jurado sobre o túmulo do grande Frederico uma aliança indissolúvel contra a França, porém o imperador esquecera seu segundo juramento para só se lembrar do primeiro. Napoleão foi pressionado, sob pena de guerra, a mandar seus soldados atravessarem o Reno de volta.

Napoleão convocou Berthier e, mostrando-lhe o ultimato da Prússia:

— Estão marcando um encontro de honra conosco, e um francês jamais faltou a um. E já que uma bela rainha quer ser testemunha do combate, sejamos corteses, e, para não fazê-la esperar, marchemos dia e noite até a Saxônia.

E dessa vez, por delicadeza, repetiu e superou em rapidez a campanha de Austerlitz. Iniciada em 7 de outubro de 1806 pelos efetivos de Murat, Bernadotte e Davout, esta prosseguiu nos dias seguintes com os combates de Auertaedt, Schelitz e Saafeld, encerrando-se no dia 14, com a batalha de Iena. No dia 16, quatorze mil prussianos depunham as armas em Erfurt. No dia 25, o exército francês fazia sua entrada em Berlim. Bastaram sete dias para a monarquia de Frederico passar às mãos desse grande fazedor e desfazedor de tronos, que deu reis à Baviera, ao Wurttemberg e à Holanda, que enxotou os Bourbon de Nápoles e a casa de Lorena da Itália e da Alemanha.

No dia 27, Napoleão, de seu quartel de Potsdam, dirigiu a seguinte proclamação aos seus soldados – e que resume toda a campanha:

> Soldados,
>
> Vocês justificaram minha expectativa e corresponderam dignamente à confiança do povo francês. Suportaram as privações e a fadiga com a mesma coragem com que demonstraram intrepidez e sangue-frio em pleno combate. Mostraram-se dignos defensores da honra de minha coroa e da glória do grande povo. Enquanto estiverem imbuídos desse espírito, nada será capaz de lhes resistir. A cavalaria rivalizou com a infantaria e a artilharia, agora não sei mais a que arma dar preferência. Todos vocês são bons soldados. Eis o resultado de nossos trabalhos: uma das primeiras potências da Europa, que anteriormente ousara nos propor uma capitulação vergonhosa, está aniquilada; as florestas, os desfiladeiros da Francônia, o Sale, o Elba, que nossos pais não conseguiram atravessar em sete anos, nós os transpomos em sete dias, travando, nesse intervalo, quatro combates e uma grande batalha. Precedemos em Potsdam e Berlim o eco de nossas vitórias; fizemos sessenta mil prisioneiros, capturamos sessenta e cinco bandeiras, entre as quais as dos guardas do rei

da Prússia, seiscentas peças de canhão, três fortalezas, mais de vinte generais. Entretanto, mais da metade de vocês ainda lamenta não ter disparado um único tiro de fuzil. Todas as províncias da monarquia prussiana até o Oder acham-se em nosso poder. Soldados, os russos gabam-se de marchar contra nós. Vamos ao encontro deles, vamos poupar-lhes metade do caminho. Eles descobrirão Austerlitz no meio da Prússia. Uma nação que logo esqueceu a generosidade de que lhe demos mostras depois dessa batalha, cujo imperador, sua corte e os destroços de seu exército só deveram sua salvação à capitulação que lhe concedemos, é uma nação que não poderia ter sucesso numa luta contra nós. Porém, enquanto marchamos para cima dos russos, novos exércitos, formados no seio do Império, estão vindo assumir nosso lugar para proteger nossas conquistas. Meu povo inteiro se ergueu, indignado com a vergonhosa capitulação que os ministros prussianos, em seu delírio, nos propuseram. Nossas estradas e nossas cidades fronteiriças encheram-se de conscritos que anseiam por seguir as pegadas de vocês. Não seremos mais joguetes de uma paz traiçoeira e não largaremos as armas até que obriguemos os ingleses, esses eternos inimigos da nossa nação, a renunciar ao projeto de sublevar o continente e usurpar o reino dos mares. Soldados, só posso exprimir-lhes meus sentimentos dizendo que carrego no coração o amor que me demonstram todos os dias.

Enquanto o rei da Prússia, em virtude do armistício firmado em 16 de novembro, entregava aos franceses todas as praças que lhe restavam, Napoleão fazia uma pausa e voltava-se para a Inglaterra, golpeada, na ausência das armas, por um decreto. A Grã-Bretanha foi declarada em estado de bloqueio: todo comércio e correspondência com as ilhas Britânicas estavam proibidos; nenhuma carta em língua inglesa podia mais ser postada; todos os súditos do rei Jorge, de qualquer estado e qualquer condição, encontrados na França ou nos países ocupados por nossas tropas e as de nossos aliados, foram declarados prisioneiros; toda loja, toda propriedade, toda mercadoria pertencentes a um inglês foram consideradas confiscáveis, ou, provenientes de suas fábricas ou colônias, proibidas; finalmente, nenhuma embarcação que partisse da Inglaterra ou das colônias inglesas poderia ser recebida em qualquer porto.

Em seguida, tendo assim, pontífice político e supremo, golpeado um reino inteiro com um decreto, nomeou o general Hullin governador de Berlim, manteve o príncipe de Hazfeld no comando civil e marchou para cima dos russos, que, como em Austerlitz, correram em socorro de seus aliados, e que, como em Austerlitz,chegaram quando estes já tinham sido aniquilados. Napoleão só teve tempo de mandar para Paris – onde foram depositados no Hotel dos Inválidos – a espada do grande Frederico, seu cordão da Águia Negra, seu cinturão de general e as bandeiras usadas por sua guarda na famosa Guerra dos Sete Anos. E, deixando Berlim em 25 de novembro, partiu em direção ao inimigo.

Antes de Varsóvia, Murat, Davout e Lannes toparam com os russos. Depois de uma ligeira escaramuça, Bennigsen evacuou a capital da Polônia, e os franceses fizeram sua entrada. O povo polonês levantou-se a favor dos franceses, ofereceu-lhes a fortuna, o sangue e a vida, pedindo em troca apenas sua independência. Napoleão soube desse primeiro sucesso em Posen, onde fizera uma escala para coroar um rei: esse rei era o velho eleitor da Saxônia, cujo trono foi consolidado.

O ano de 1806 chegou ao fim com os combates de Pulstusk e de Golymin, e o de 1807 inaugurou-se com a batalha de Eylau. Batalha estranha e sem resultado, em que os russos perderam oito mil homens, e os franceses, dezoito mil; em que ambos os partidos atribuíram-se a vitória e em que o czar mandou cantar um Te Deum por ter deixado em nossas mãos quinze mil prisioneiros, quarenta peças de canhão e sete bandeiras. Mas era também a primeira vez que havia uma luta real entre ele e Napoleão. Ele resistira, portanto, era o vencedor.

Esse momento de orgulho foi curto. Em 26 de maio, Danzig era tomada, e, alguns dias depois, os russos eram batidos em Spanden, Domitten, Alkirchen, Wolfesdorff, Gutstadt, Heilsberg. Finalmente, na noite de 13 de junho, os dois exércitos viram-se em posição de batalha perto de Friedland. Na manhã seguinte, alguns disparos de canhão foram ouvidos, e Napoleão marchou para o inimigo bradando:

— Hoje é um dia auspicioso, é o aniversário de Marengo!

Como em Marengo, de fato, a batalha foi suprema e definitiva. Os russos foram esmagados. Alexandre deixou sessenta mil homens deitados no campo de batalha, afogados no Alba ou prisioneiros; cento e vinte peças de canhão e vinte e cinco bandeiras foram os troféus da vitória. Os destroços vivos do exército vencido, sequer pensando em resistir, correram para se pôr ao abrigo atravessando o Pregel e destruindo todas as nossas pontes.

Apesar dessa precaução, os franceses atravessaram o rio no dia 16 e marcharam imediatamente em direção ao Niemen, última barreira a ser transposta para que Napoleão levasse a guerra ao próprio território do imperador da Rússia. Então o czar se assustou, o prestígio das seduções britânicas desapareceu. Estava na mesma posição pós-Austerlitz, sem esperança de receber ajuda. Decidiu portanto humilhar-se uma segunda vez. Aquela paz, que ele recusara tão obstinadamente e cujos artigos poderia ter ditado, acabou pedindo-a ele mesmo, recebendo as condições por parte do vencedor. Em 21 de junho, assinou-se um armistício, e em 22 a seguinte proclamação foi dirigida ao exército francês:

> Soldados!
>
> Em 5 de junho fomos atacados em nossas casernas pelo exército russo. O inimigo enganou-se quanto às causas de nossa inatividade. Percebeu tarde demais que nosso repouso era o do leão. Arrependeu-se de ter esquecido.
>
> Nas jornadas do Gutstadt, de Heilsberg, naquela para sempre memorável de Friedland, nos dias de campanha, enfim, tomamos cento e vinte peças de canhão, setenta bandeiras, matamos, ferimos ou capturamos sessenta mil russos, confiscamos todos os estoques do exército inimigo, seus hospitais, suas ambulâncias, a praça de Königsberg, as embarcações que estavam em seu porto, carregadas com todo tipo de munição e cento e sessenta mil fuzis, que a Inglaterra enviara para armar nossos inimigos.
>
> Das margens do Vístula chegamos às do Niemen, com a rapidez da águia. Em Austerlitz, vocês celebraram o aniversário da coroação; este ano celebraram dignamente o de Marengo, que pôs fim à guerra da Segunda Coalizão. Franceses, mostraram-se dignos de vocês

mesmos e de mim. Voltarão à França cobertos de todos os louros, e, depois de termos obtido uma paz que traz consigo a garantia de sua duração, é tempo de nossa pátria viver em repouso ao abrigo da maligna influência da Inglaterra. Minha gratidão será a prova do meu reconhecimento e de toda a extensão do amor que lhes dedico.

No dia 24 de junho, o general de artilharia La Riboissière dispôs uma espécie de jangada no Niemen e, sobre ela, um pavilhão destinado a receber os dois imperadores – cada um dos quais deveria partir da margem que ocupava.

No dia 25, à uma hora da tarde, o imperador Napoleão, acompanhado do grão-duque de Berg, Murat, dos marechais Berthier e Bessières, do general Duroc e do grão-escudeiro Caulaincourt, deixou a margem esquerda do rio para se dirigir ao pavilhão preparado. Ao mesmo tempo, o imperador Alexandre, acompanhado pelo arquiduque Constantino, o general em chefe Bennigsen, o príncipe Labanov, o general Uvarov e o ajudante de campo general conde de Lieven, partiu da margem direita.

Os dois barcos chegaram ao mesmo tempo. Ao colocarem o pé sobre a jangada, os dois imperadores se beijaram – beijo que era o prelúdio da paz de Tilsit, assinada em 9 de julho de 1807.

A Prússia pagou os custos da guerra, e os reinos da Saxônia e da Westfália foram dispostos como duas fortalezas para vigiá-la. Alexandre e Frederico Guilherme reconheceram solenemente José, Luís e Jerônimo (irmãos de Bonaparte) como seus irmãos. Bonaparte primeiro-cônsul criara repúblicas; Napoleão imperador as transformava em feudos. Herdeiro das três dinastias que tinham reinado na França, quis aumentar ainda mais o legado de Carlos Magno, e a Europa fora obrigada a assistir àquilo passiva.

Em 27 de julho do mesmo ano, depois de ter encerrado a esplêndida campanha com um rasgo de clemência, Napoleão estava de volta a Paris, não tendo mais inimigos, exceto a Inglaterra, sangrando e ferida, é verdade, pelas derrotas de seus aliados, mas sempre assídua em seu ódio, sempre de pé nas duas pontas do continente, na Suécia e em Portugal.

Com o decreto de Berlim sobre o bloco continental, a Inglaterra fora colocada à margem da Europa. Nos mares do Norte, na Rússia, na Dinamarca, no Oceano e no Mediterrâneo, a França, a Holanda e a Espanha lhe haviam fechado os portos, comprometendo-se a não manter nenhum comércio com ela. Restavam então, apenas, como dissemos, Suécia e Portugal. Napoleão decidiu assim, por um decreto, datado de 27 de outubro de 1807, que a Casa de Bragança cessara de reinar, e Alexandre, em 27 de setembro de 1808, comprometeu-se a marchar contra Gustavo IV.

Um mês depois os franceses estavam em Lisboa.

A invasão de Portugal era apenas uma escala na conquista da Espanha, onde reinava Carlos IV, atacado por dois poderes opostos, o favorito Godoy e o príncipe das Astúrias, Fernando. Ofuscado pelo armamento agressivo exibido por Godoy no momento da guerra da Prússia, Napoleão apenas passara os olhos pela Espanha, num relance rápido e distraído, mas que lhe bastara porém para ali enxergar um trono a ser conquistado. Assim, mal tomou Portugal, suas tropas penetraram na Península, e, sob pretexto de guerra marítima e bloqueio, ocuparam primeiro o litoral, depois as principais praças, formando em seguida em torno de Madri um anel que só tinham que apertar para em três dias serem soberanas da capital. Enquanto isso, uma revolta irrompia contra o ministro, e o príncipe das Astúrias era proclamado rei, no lugar de seu pai, sob o nome de Fernando VII: era tudo o que Napoleão pedia.

Os franceses não demoraram a entrar em Madri. Já o imperador correu a Bayonne, convocou os príncipes espanhóis, obrigou Fernando VII a devolver a coroa ao pai e o enviou, preso, para Valença. Imediatamente o velho Carlos IV abdicou em favor de Napoleão e se retirou para Compiègne. A coroa então foi passada a José Bonaparte por uma junta suprema, o Conselho de Castela e a municipalidade de Madri. O trono de Nápoles ficara vago com essa metamorfose. Napoleão para ele nomeou Murat. Já havia cinco coroas na família, sem contar a sua.

Porém, ao expandir seu poder, Napoleão expandia sua luta. Os interesses da Holanda comprometidos pelo bloqueio, a Áustria humilhada pela criação dos reinos da Baviera e de Wurttemberg, Roma frustrada em suas esperanças pela recusa da devolução à Santa Sé das províncias anexadas pelo Diretório à República Cisalpina, enfim a Espanha e Portugal violentadas em suas afeições nacionais – tudo repercutia na posição obstinada da Inglaterra. Uma grande reação foi organizada de todos os lados ao mesmo tempo, embora irrompesse apenas de quando em quando.

Foi Roma que deu o exemplo: em 3 de abril, o legado do papa deixou Paris. Imediatamente o general Miollis recebeu ordens para ocupar Roma com suas tropas. O papa ameaçou nossos soldados de excomunhão, e estes responderam-lhe apoderando-se de Ancona, Urbino, Macerata e Camerino.

Em seguida, a Espanha: Sevilha, por meio de uma junta, reconheceu Fernando VII como rei e convocou às armas todas as províncias espanholas ainda não ocupadas. Estas se insurgiram, o general Dupont depôs as armas, e José foi obrigado a deixar Madri.

Enfim, Portugal: os portugueses rebelaram-se em 16 de junho no Porto. Junot, não dispondo de tropas suficientes para preservar sua conquista, foi forçado a evacuá-la, pela convenção de Sintra, e, atrás dele, Wellington a ocupou com vinte e cinco mil homens.

Napoleão julgou as coisas graves o bastante para exigirem sua presença. Sabia muito bem que a Áustria vinha se armando misteriosamente, mas também que não poderia estar pronta antes de um ano. Sabia muito bem que a Holanda queixava-se da ruína de seu comércio, mas, enquanto se limitasse a lastimar-se, ele estava decidido a não se preocupar. Restava-lhe portanto tempo mais que necessário para reconquistar Portugal e Espanha.

Napoleão apareceu na fronteira entre Navarra e Biscaia com oitenta mil soldados veteranos provenientes da Alemanha. A tomada de Burgos foi o sinal de sua chegada, seguida pela vitória de Tudela. Então foi a vez de Somma Sierra, que tivera suas posições conquistadas na base da baioneta. Finalmente, em 4 de dezembro Napoleão fazia sua entrada solene em Madri, precedido pela seguinte aclamação:

Espanhóis,

Não me apresento em vosso país como um senhor, mas como um libertador. Aboli o tribunal da Inquisição, contra o qual o século e a Europa se insurgiam: os padres devem guiar as consciências, não lhes cabendo exercer qualquer jurisdição externa e corporal sobre os cidadãos. Suprimi os direitos feudais, e todos poderão estabelecer hotelarias, fornos, moinhos, peixarias e dar livre curso à sua indústria. O egoísmo, a riqueza e a prosperidade de um pequeno número de homens prejudicavam mais sua agricultura que os calores da canícula. Assim como há apenas um Deus, em um Estado deve haver apenas uma justiça. Todas as justiças particulares tinham sido usurpadas e eram contrárias aos direitos da nação: eu as destruí. A geração presente poderá variar em sua opinião, muitas paixões foram colocadas em jogo. Mas seus sobrinhos me abençoarão como seu regenerador; eles incluirão no número de seus dias memoráveis aqueles em que surgi diante de vós, e desses dias datará a prosperidade da Espanha.

A Espanha conquistada ficou muda. A Inquisição respondeu com o seguinte catecismo:

— Diga-me, minha criança, quem é você?
— Espanhol, com a graça de Deus.
— O que quer dizer com isso?
— Homem de bem.
— Quem é o inimigo de nossa felicidade?
— O imperador dos franceses.
— Quantas naturezas ele possui?
— Duas: a natureza humana e a natureza diabólica.
— Quantos imperadores os franceses têm?
— Um verdadeiro, em três trapaceiros.
— Como se chamam eles?
— Napoleão, Murat e Manuel Godoy.
— Qual dos três é o mais malvado?
— Todos os três o são de maneira igual.
— De quem nasceu Napoleão?
— Do pecado.
— Murat?
— De Napoleão.

— E Godoy?
— Da fornicação de ambos.
— Em que consiste o caráter do primeiro?
— Orgulho e despotismo.
— Do segundo?
— Rapina e crueldade.
— Do terceiro?
— Cobiça, traição e ignorância.
— Quem são os franceses?
— Antigos cristãos que se tornaram hereges.
— Será um pecado condenar um francês à morte?
— Não, meu pai: ganha-se o céu ao se matar um desses cães heréticos.
— Que suplício merece um espanhol que falte com seus deveres?
— A morte e a infâmia dos traidores.
— Quem nos livrará de nossos inimigos?
— A confiança e as armas.

Enquanto isso, quase toda a Espanha, aparentemente pacificada, obedecia ao seu novo rei. Aliás, os preparativos hostis da Áustria chamavam Napoleão a Paris. De volta em 23 de janeiro de 1809, logo mandou pedir explicações ao embaixador austríaco e, alguns dias depois de tê-las recusado como insuficientes, soube que, em 9 de abril, o exército do imperador Francisco atravessara o rio Inn e invadira a Baviera. Desta vez, era a Áustria que passava a frente e ficava pronta antes da França. Napoleão convocou o Senado.

No dia 14, o Senado respondeu com uma lei que decretava o alistamento de quarenta mil homens. Em 17, Napoleão estava em Donawert junto com seu exército. Em 20, ganhara a batalha de Tann; em 21, a de Abensberg; em 22, a de Ekmühl, em 23, a de Ratisbonne, e em 24 dirigiu a seguinte proclamação ao seu exército:

> Soldados!
>
> Vocês justificaram minha expectativa, compensando o número com sua bravura. Vocês marcaram gloriosamente a diferença que existe entre as legiões de César e os bandos armados de Xerxes. Em quatro dias, triunfamos nas batalhas de Tann, de Abensberg, de

Ekmühl, e nos combates de Peyssing, de Landshutt e de Ratisbonne. Cem peças de canhão, quarenta bandeiras, cinquenta mil prisioneiros, eis os resultados da rapidez de sua marcha e de sua coragem. O inimigo, embriagado por um gabinete perjuro, parecia não conservar mais recordação alguma de vocês. O despertar foi imediato, vocês surgirão aos olhos deles mais terríveis que nunca. Ontem, ele atravessou o Inn e invadiu o território de nossos aliados. Hoje, derrotado, apavorado, foge em desordem. Minha linha de frente transpôs o Inn; antes de um mês estaremos em Viena.

No dia 27, a Baviera e o Palatinado foram evacuados. Em 3 de maio, os austríacos perdiam o combate de Elersberg. No dia 9, Napoleão estava sob os muros de Viena e, dois dias depois, esta cidade lhe abria suas portas. Dia 13, Napoleão ali fazia sua entrada.

Ainda eram tempos de profecias.

Cem mil homens, sob as ordens do príncipe Carlos, tinham se retirado para a margem esquerda do Danúbio. Napoleão os perseguiu e alcançou no dia 21, em Essling, onde Masséna trocou seu título de duque pelo de príncipe. Durante o combate, as pontes do Danúbio tinham sido carregadas por uma súbita enxurrada. Em quinze dias, Bertrand construiu ali três novas pontes: a primeira, de sessenta arcos, sobre a qual podiam passar três carros de frente; a segunda, sobre pilastras e com oito pés de largura; a terceira, finalmente, sobre barcos. O boletim de 3 de julho, datado de Viena, anunciava que não havia mais Danúbio, assim como Luís XIV decretara que não havia mais Pireneus.

Com efeito, em 4 de julho, o Danúbio foi atravessado. No dia 5, a batalha de Enzersdorff era ganha. Finalmente, no dia 7, os austríacos deixavam quatro mil mortos e nove mil feridos no campo de batalha de Wagram e vinte mil prisioneiros, dez bandeiras e quarenta peças de canhão nas mãos dos vencedores.

No dia 11, o príncipe de Lichtenstein apresentou-se nos postos avançados para pedir uma trégua. Tratava-se de um velho conhecido, pois no dia seguinte a Marengo já se apresentara em missão similar. No dia 12, essa trégua foi firmada em Znaïm. Logo começaram as

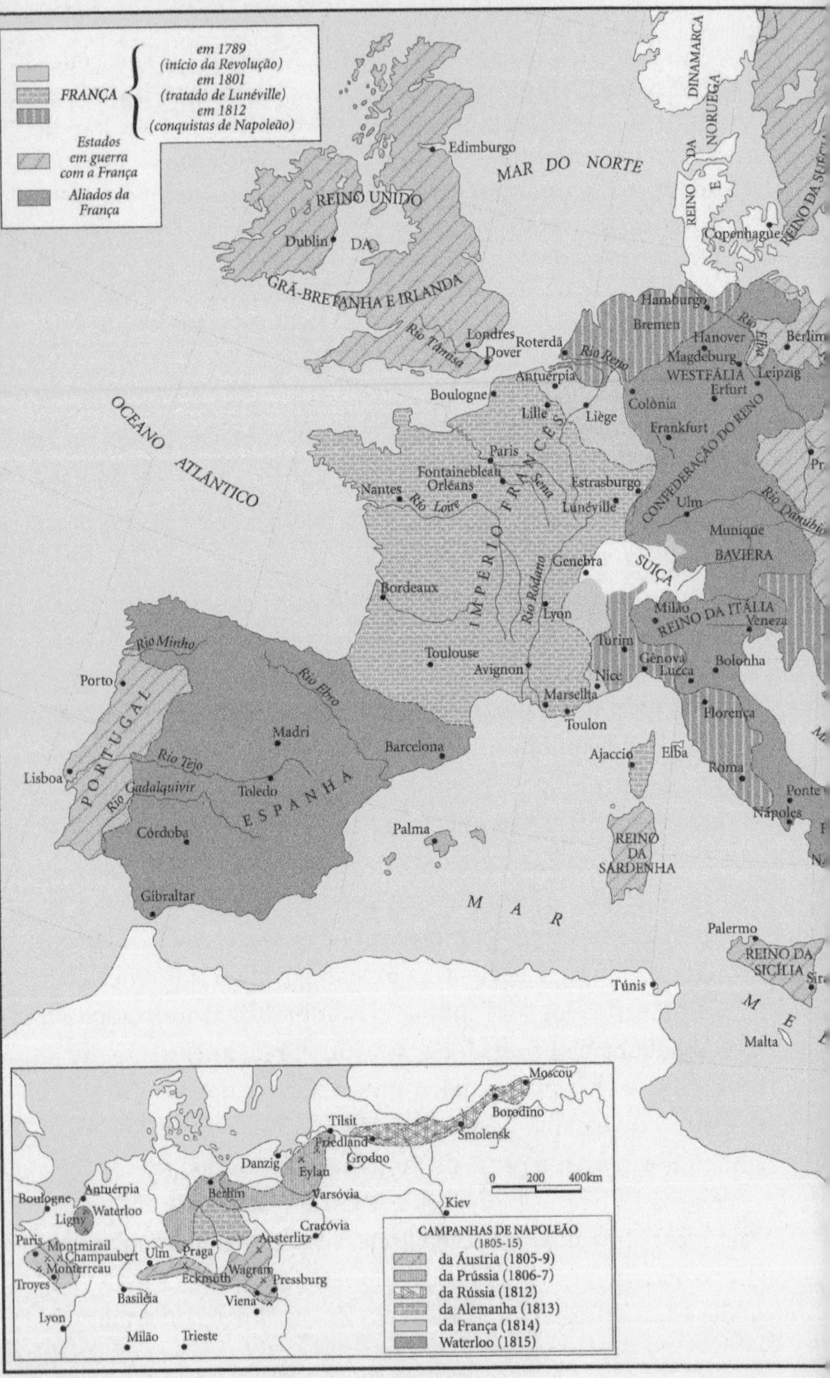

FRANÇA
em 1789 (início da Revolução)
em 1801 (tratado de Lunéville)
em 1812 (conquistas de Napoleão)
Estados em guerra com a França
Aliados da França
MAR DO NORTE
OCEANO ATLÂNTICO
REINO UNIDO DA GRÃ-BRETANHA E IRLANDA
DINAMARCA
REINO DA NORUEGA E
Edimburgo
Dublin
Londres
Dover
Rio Tâmisa
Roterdã
Rio Reno
Hamburgo
Bremen
Hanover
Magdeburgo
Rio Elba
Berlim
Copenhague
WESTFÁLIA
Leipzig
Erfurt
Colônia
Frankfurt
CONFEDERAÇÃO DO RENO
Antuérpia
Boulogne
Lille
Liège
Paris
Fontainebleau
Orléans
Nantes
Rio Loire
Sena
IMPÉRIO FRANCÊS
Estrasburgo
Lunéville
Ulm
Munique
Rio Danúbio
BAVIERA
SUÍÇA
Genebra
Bordeaux
Lyon
Rio Ródano
Milão
REINO DA ITÁLIA
Veneza
Turim
Gênova
Lucca
Bolonha
Nice
Florença
Toulouse
Avignon
Marselha
Toulon
Rio Minho
Porto
Rio Ebro
PORTUGAL
Madri
Barcelona
Rio Tejo
Lisboa
Rio Gadalquivir
Toledo
ESPANHA
Córdoba
Palma
Gibraltar
Ajaccio
Elba
Roma
Nápoles
REINO DA SARDENHA
M A R
Palermo
REINO DA SICÍLIA
Túnis
Malta
Moscou
Borodino
Tilsit
Smolensk
Friedland
Grodno
Danzig
Eylau
0 200 400km
Boulogne
Antuérpia
Waterloo
Ligny
Berlim
Varsóvia
Kiev
Cracóvia
Paris
Montmirail
Champaubert
Monterreau
Troyes
Ulm
Praga
Austerlitz
Eckmühl
Wagram
Pressburg
Basiléia
Viena
Lyon
Milão
Trieste
CAMPANHAS DE NAPOLEÃO (1805-15)
da Áustria (1805-9)
da Prússia (1806-7)
da Rússia (1812)
da Alemanha (1813)
da França (1814)
Waterloo (1815)

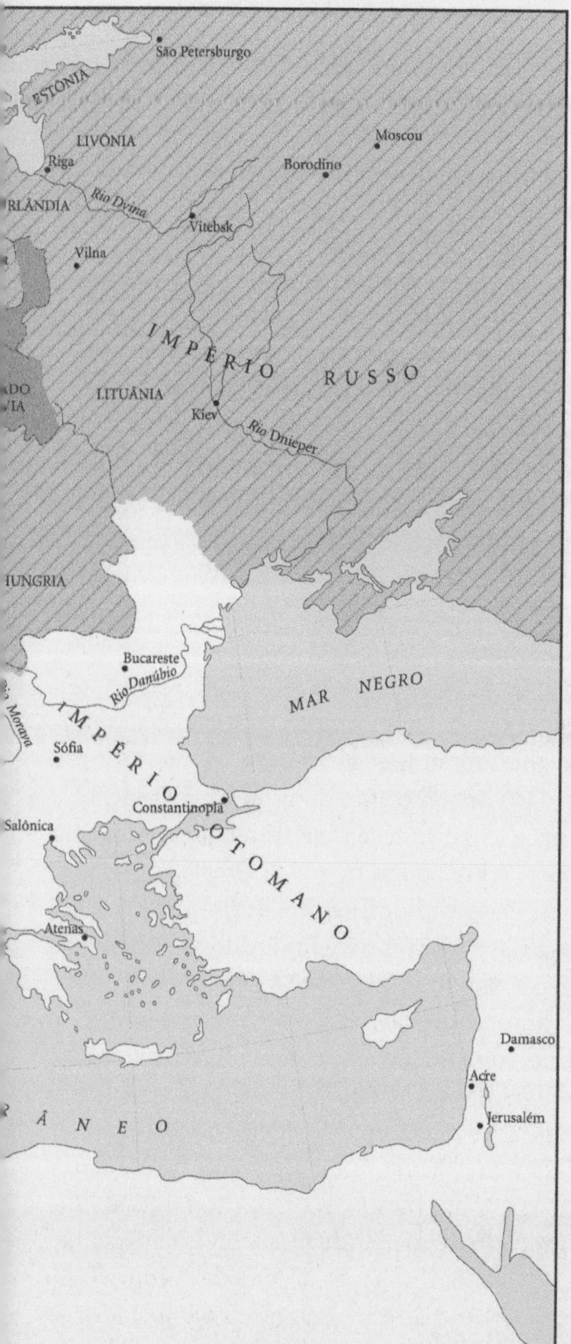

A EUROPA ENTRE 1792 E 1814

Diversas guerras de coalizão, encabeçadas pela França e a Inglaterra e seguidas por armistícios e tratados — Campoformio (1797), Lunéville (1801), Pressburg (1805), Tilsit (1806), Viena (1812) —, iriam alterar de forma drástica o mapa da Europa, com as campanhas napoleônicas expandindo visivelmente o território do Império Francês.

reuniões, que duraram três meses, período em que Napoleão residiu no palácio de Schönbrunn, onde escapou como por milagre do punhal de Staps. Finalmente, em 14 de outubro, a paz foi assinada.

A Áustria cedia à França todos os países situados à direita do rio Save, o círculo de Goritz, o território de Montefeltro, Trieste, a Carniola e o círculo de Villach. Além disso, reconhecia a anexação das províncias ilírias ao Império Francês, assim como todas as futuras incorporações que a conquista ou os acordos diplomáticos pudessem acarretar tanto na Itália como em Portugal e na Espanha, e renunciava irrevogavelmente à aliança com a Inglaterra, para aceitar o sistema continental com todas as suas exigências.

Assim, tudo começava a reagir contra Napoleão, mas nada ainda lhe resistia: Portugal comunicara-se com os ingleses – ele invadira Portugal; Godoy manifestara sentimentos hostis por meio de um armamento agressivo, talvez inofensivo – ele forçara Carlos IV a abdicar; o papa fizera de Roma o ponto de encontro geral dos agentes da Inglaterra – ele tratou o papa como um soberano temporal e o depôs; a natureza recusava filhos a Josefina – ele se casou com Maria Luísa e teve um filho; a Holanda, a despeito de suas promessas, tornara-se um entreposto de mercadorias inglesas – ele depôs Luís de seu trono, reunindo-o à França.

O Império contava então com cento e trinta departamentos, estendendo-se do oceano bretão aos mares da Grécia, do Tejo até o Elba. Cento e vinte milhões de homens, obedecendo a uma única vontade, submetidos a um poder único e conduzidos numa mesma direção, gritavam "Viva Napoleão!" em oito línguas diferentes.

O general estava no zênite de sua glória, e o imperador no apogeu de seu destino. Até esse dia, nós o vimos subir sem parar. Agora é hora de uma pausa de um ano no auge de sua prosperidade, pois certamente é preciso tomar fôlego para descer.

Em 1º de abril de 1810, Napoleão casou-se com Maria Luísa, arquiduquesa da Áustria. Onze meses depois, cento e um canhões anunciavam ao mundo o nascimento de um herdeiro do trono.

Um dos primeiros efeitos da aliança de Napoleão com a Casa de Lorena foi produzir um esfriamento entre ele e o imperador da

Rússia, que, a se acreditar no doutor O'Meara, cirurgião de Napoleão, mandara-lhe oferecer sua irmã, a grã-duquesa Ana. Em 1810, vendo o império de Napoleão se aproximar como um oceano que cresce e engrossar seus exércitos, Alexandre reatou relações com a Grã-Bretanha. Todo o ano de 1811 passou-se em negociações infrutíferas, que, à medida que fracassavam, tornavam uma guerra inevitável cada vez mais iminente. Assim, cada um de seu lado iniciava seus preparativos, antes mesmo que ela fosse declarada. A Prússia, por um tratado de 24 de fevereiro, e a Áustria, por um tratado de 14 de março, forneceram a Napoleão, a primeira, vinte mil, e a segunda, trinta mil homens. Por sua vez, a Itália e a Confederação do Reno cooperaram nesse grande empreendimento, com vinte e cinco mil e oitenta mil combatentes respectivamente. Além disso, um *senatus consultus* dividira a guarda nacional em três setores para o serviço interno: o primeiro desses três setores, afetado ao serviço ativo, colocava, além do gigantesco exército que se encaminhava para o rio Niemen, cem efetivos de mil homens, tudo à disposição do imperador.

Em 9 de março, Napoleão partiu de Paris, depois de ordenar ao duque de Bassano que retardasse o mais que pudesse a entrega dos passaportes ao príncipe Kurakin, embaixador do czar. Essa recomendação, que à primeira vista poderia indicar uma esperança pacífica, na verdade não tinha outro objetivo senão deixar Alexandre hesitante quanto às verdadeiras disposições de seu inimigo, a fim de que este pudesse ludibriá-lo caindo sobre seu exército de surpresa. Era a tática habitual de Napoleão, e, desta vez, como sempre, foi bem-sucedida. Assim, o jornal *Moniteur* contentou-se em anunciar que o imperador deixava Paris para inspecionar o grande exército reunido no Vístula, e que a imperatriz o acompanharia até Dresde para ver sua ilustre família.

Depois de permanecer quinze dias nessa cidade (e ter patrocinado uma representação teatral, cumprindo promessa feita em Paris, para o ator Robert Talma e Mademoiselle Mars, diante de um canteiro de reis), Napoleão deixou Dresde, chegando a Thorn em

2 de junho. No dia 22 anunciou sua volta à Polônia com a seguinte proclamação, datada do quartel-general de Wilkowski:

> Soldados
>
> A Rússia jurou eterna aliança com a França e guerra à Inglaterra. Hoje ela viola seus juramentos. Além disso, não se dispõe a dar explicação alguma para sua estranha conduta; afinal as águias francesas atravessaram o Reno, deixando ali nossos aliados à mercê dela. Acredita ela que degeneramos? Que não seríamos mais os soldados de Austerlitz? Ela nos coloca entre a desonra e a guerra, e a escolha não poderia ser outra. Marchemos adiante, atravessemos o Niemen, levemos a guerra ao território da Rússia: ela será gloriosa para os exércitos franceses. A paz que firmaremos porá termo à funesta influência que o gabinete moscovita vem exercendo há cinquenta anos nos assuntos da Europa.

O exército ao qual Napoleão dirigia essas palavras era o mais belo, numeroso e pujante que já conduzira. Dividia-se em quinze corpos, comandados cada qual por um duque, um príncipe ou um rei, formando a massa de quatrocentos mil homens de infantaria, setenta mil cavaleiros e mil bocas de fogo. A travessia do Niemen levou três dias: 23, 24 e 25 de junho foram empregados nessa operação.

Napoleão parou por um instante, pensativo e imóvel na margem esquerda desse rio, onde, três anos antes, o imperador Alexandre lhe jurara amizade eterna. Ao atravessá-lo, observou:

— A fatalidade arrasta os russos – disse ele. — Que os destinos sejam consumados.

Seus primeiros passos, como sempre, foram os de um gigante. Ao cabo de dois dias de uma marcha ágil, o exército russo, surpreendido em flagrante delito, viu-se encurralado e partido, com um destacamento inteiro dele isolado. Alexandre, reconhecendo Napoleão por aqueles golpes rápidos, terríveis e decisivos, mandou-lhe dizer que, se quisesse evacuar o terreno invadido e retornar ao Niemen, estava pronto a negociar. Napoleão achou o procedimento tão estranho que respondeu entrando no dia seguinte em Vilna.

Ali permaneceu vinte dias, estabelecendo um governo provisório, enquanto uma dieta se reunia em Varsóvia para se ocupar da reconstrução da Polônia. Depois voltou à perseguição do exército russo.

No segundo dia de marcha, começou a se assustar com o sistema de defesa adotado por Alexandre. Os russos tinham devastado tudo durante sua retirada, safras, castelos, choupanas. Um exército de quinhentos mil homens avançava por desertos que não foram capazes de alimentar Carlos XII e seus vinte mil suecos. Do Niemen até Willia, a marcha foi sob o clarão do incêndio e sobre cadáveres e ruínas. Nos últimos dias de julho, o exército chegava a Vitebsk, já aturdido com uma guerra que não se parecia com outra alguma, na qual não se encontravam inimigos, em que parecia lidar-se apenas com o gênio da destruição. O próprio Napoleão, estupefato com aquele plano de campanha, que não tivera lugar em suas previsões, só via diante de si imensos desertos cujo fim precisaria de um ano para atingir, e onde cada etapa fazia-o afastar-se mais da França, de seus aliados, enfim, de todos os seus recursos. Ao chegar a Vitebsk, atirou-se esgotado numa poltrona; depois mandou chamar o conde Daru:

— Vou ficar por aqui – disse ele. — Pretendo explorar o lugar, me reabastecer, descansar meu exército. A campanha de 1812 terminou; a de 1813 fará o resto. Quanto ao senhor, cavalheiro, pense em nos fazer sobreviver aqui, pois não cometeremos a loucura de Carlos XII.

Depois, dirigindo-se a Murat:

— Pousemos nossas águias aqui – acrescentou. — Mil oitocentos e treze nos verá em Moscou, 1814 em São Petersburgo. A guerra da Rússia é uma guerra de três anos.

Era, com efeito, a decisão que parecia ter tomado. Porém, assustado por sua vez com aquela inércia, Alexandre mostrou-lhe enfim aqueles russos que até então nos haviam escapado como fantasmas. Despertado como um jogador pelo barulho do ouro, Napoleão não conseguiu se conter e lançou-se em seu encalço. Em 14 de agosto encontrou-os e derrotou-os em Krasnoe, quatro dias depois expulsou-os de Smolensk, que deixou em chamas, e no dia 30 conquistou Viazma, onde encontrou os armazéns destruídos.

Desde que pisara em território russo, todos os sintomas de uma grande guerra nacional tinham-se manifestado.

Finalmente Napoleão soube nessa cidade que o exército russo mudara de comandante e se aprontava para travar batalha numa posição que entrincheirara às pressas. O imperador Alexandre, cedendo ao clamor público, que atribuía os desastres da guerra à má escolha de seus generais, acabava de entregar o comando supremo ao general Kutusov, vencedor dos turcos. A acreditar nos rumores, o prussiano Pfuhl fora o responsável pelos primeiros fracassos da campanha, e Barclay de Tolly, com um eterno sistema de recuo que parecia suspeito aos moscovitas puros, os agravara. Numa guerra nacional, era preciso um russo para salvar a pátria, e todos concordaram, desde o czar até o último servo, que o vencedor de Rudschuk e o negociador de Bucareste era o único apto a salvar a Rússia. Por sua vez, o novo general, convencido de que, para conservar sua popularidade no exército e na nação, devia nos enfrentar antes de chegarmos a Moscou, estava decidido a aceitar a batalha na posição que ocupava, perto de Borodino, e onde tinham se reunido a ele, em 4 de setembro, cerca de dez mil milicianos de Moscou recém-organizados.

No mesmo dia, Murat juntou-se, entre Gjatz e Borodino, ao general Konovitzin, encarregado por Kutusov de plantar-se num vasto planalto que protegia uma ravina. Konovitzin seguiu estritamente a ordem dada, até que contingentes, em número duas vezes maior que os seus, o empurraram, ou melhor, fizeram-no deslizar para trás. Seu rastro de sangue foi seguido até o convento fortificado de Kolostkoi. Ali, ele ainda tentou se sustentar por um instante, porém, atacado de todos os lados, foi obrigado a se retirar para Golovino, por onde só fez passar. Nossa linha de frente atingiu essa aldeia quase misturada à retaguarda russa. Um instante depois, Napoleão surgiu a cavalo e, da colina que atingira, dominou toda a planície. As aldeias saqueadas, os campos de centeio pisoteados, os bosques infestados de cossacos indicavam-lhe que a planície que se estendia diante de si fora escolhida por Kutusov como campo de batalha. Por trás dessa primeira linha, três aldeias sobre uma linha de quatro quilômetros, cujos intervalos, entremeados por ravinas cultivadas com matas de corte, formigavam de homens: todo o exército russo estava lá à espera, e a prova é que construíra um reduto à frente de sua esquerda, próximo à aldeia de Schavardin.

Napoleão abraçou o horizonte de um relance, descendo em seguida alguns quilômetros pelas duas margens do Kaluga. Sabia que em Borodino aquele rio fazia uma curva à esquerda e, embora não avistasse as colinas que o forçavam a esse desvio, adivinhou-as, e compreendeu que ali se encontravam as principais posições do exército russo. Entretanto, o rio, ao proteger a extrema esquerda do inimigo, deixava a descoberto seu centro e sua esquerda. Ali, somente ali, ele era vulnerável: era então aquele local que cumpria atacar.

Porém, em primeiro lugar, era importante desalojá-lo do reduto que protegia sua esquerda como um dispositivo avançado. Dali haveria condições de reconhecer melhor sua posição. O general Compans recebeu a ordem de conquistá-lo, e por três vezes o tomou e foi rechaçado. Finalmente, na quarta tentativa, entrou e se estabeleceu.

Foi dali que Napoleão pôde finalmente descortinar, em aproximadamente dois terços de sua extensão, o campo de batalha onde ia ter que manobrar.

O restante do dia 5 foi empregado em observações mútuas. De ambos os lados preparava-se uma batalha suprema: os russos, nas pompas do culto grego, invocavam com seus cânticos o todo-poderoso socorro do venerado santo Niévski. Os franceses, habituados ao *Te Deum*, e não às preces, convocavam seus homens importantes, cerravam seus conglomerados, preparavam suas armas, dispunham seus parques de artilharia. De ambos os lados as forças numéricas se equilibravam: os russos tinham centro e trinta mil homens e nós, cento e vinte e cinco mil.

O imperador acampou na retaguarda do exército da Itália, à esquerda da grande estrada. A velha guarda formou-se em quadrado ao redor de sua barraca, as fogueiras foram acesas. As dos russos compunham um semicírculo vasto e regular; as dos franceses eram débeis, desiguais, desordenadas. Nenhum local fora ainda fixado para os diferentes destacamentos, faltava lenha. Uma chuva fria e fina caiu a noite inteira, o outono deixava-se entrever. Napoleão mandou acordar onze vezes o príncipe de Neuchâtel para lhe dar ordens, e, todas as vezes, perguntou-lhe se o inimigo continuava mostrando disposição para resistir. O motivo é que, ao acordar diversas vezes sobressaltado com receio de que os russos lhe fugissem, acreditava ouvir sinais de partida. Estava enganado, e a claridade do dia apagou a luminosidade dos acampamentos inimigos.

Às três da manhã, Napoleão montou seu cavalo, e, perdido no crepúsculo, com uma parca escolta, flanqueou, a meio alcance das balas, toda a linha inimiga.

Os russos coroavam todas as cristas. Estavam a cavalo na estrada de Moscou e na ravina de Gorka, no fundo da qual corria um pequeno riacho, e apertavam-se entre a velha estrada de Smolensk e o rio Moscova. Barclay de Tolly, com três corpos de infantaria e um de cavalaria, formava a direita, desde o grande reduto bastionado até o Moscova; Bagration formava a esquerda, com os sétimo e oitavo corpos, desde o grande reduto até o bosque reflorestado que se estendia entre Seminovskoi e Ustiza.

Por mais forte que fosse, aquela posição tinha um problema. O erro estava no general Bennigsen, que, exercendo as funções de major-general do exército, concentrara toda a sua atenção na direita, defendida naturalmente, e desprezara a esquerda. Este, no entanto, era o lado fraco. Estava, é verdade, coberto por três redutos, mas havia entre eles e a velha estrada de Moscou um intervalo de um quilômetro guarnecido apenas por alguns caçadores.

Eis o que fará Napoleão.

Atingirá, com sua extrema direita, comandada por Poniatóvski, a estrada de Moscou, cortará o exército em dois e, enquanto Ney, Davout e Eugênio conterão a esquerda, rechaçará todo o centro e a direita para o Moscova. Era a mesma disposição de Friedland, salvo que, lá, o rio encontrava-se às costas do inimigo, impedindo-lhe qualquer retirada, ao passo que aqui o Moscova margeava sua direita, e os russos tinham atrás de si um terreno favorável se quisessem se retirar.

Esse plano de batalha sofreu uma alteração durante o dia. Não era mais Bernadotte, mas sim Eugênio quem atacaria o centro. Poniatóvski, com toda sua cavalaria, deslizaria entre o bosque e a grande estrada e atacaria a extremidade da ala esquerda, ao mesmo tempo que Davout e Ney o abordariam de frente. Poniatóvski recebeu para esse fim duas divisões do corpo de Davout. Esse desmembramento de uma parte de suas tropas levou ao auge o mau humor do marechal, que viera propor um plano que julgava infalível e que vira recusado. Esse plano consistia em contornar a posição antes de atacar os redutos e se estabelecer perpendicularmente à extremidade do inimigo. A manobra era boa mas audaciosa, na medida em que os russos, ao se verem cortados na ponta, e não encontrando nenhuma saída em caso de derrota, podiam levantar acampamento durante a noite pela estrada de Mojaisk, deixando-nos, no dia seguinte, um campo de batalha deserto e redutos vazios. Ora, para Napoleão isso era o mesmo que uma derrota.

Às três e meia, Napoleão saiu uma segunda vez a cavalo para se assegurar que nada mudara. Chegou às colinas de Borodino, e, luneta em punho, recomeçou suas observações. Embora poucas pessoas o acompanhassem, foi reconhecido. Um tiro de canhão, o único disparado nesse dia, partiu das linhas russas, e o projétil veio quicar a alguns passos do imperador.

Às quatro e meia, Napoleão retornou ao acampamento. Ali encontrou De Bausset, que trazia cartas de Maria Luísa e o retrato do rei de Roma pintado por Gérard. O retrato ficou exposto na frente da barraca, e em torno dele formou-se uma roda de marechais, generais e oficiais.

— Retirem esse retrato – disse Napoleão. — É cedo demais para lhe mostrar um campo de batalha.

De volta à sua barraca, ditou as seguintes ordens:

Durante a noite serão construídos dois redutos em frente aos erguidos pelo inimigo e que foram identificados durante o dia.

O reduto da esquerda será armado com quarenta e duas bocas de fogo, e o da direita com setenta e duas.

Ao nascer do dia, o reduto da direita começará a atirar. O da esquerda começará assim que ouvir o da direita.

O vice-rei lançará então na planície uma massa considerável de atiradores, que promoverão uma fuzilaria pesada.

O terceiro e o oitavo corpos de exército, sob as ordens do general Ney, lançarão também alguns atiradores à frente.

O príncipe de Ekmühl permanecerá em posição.

O príncipe Poniatóvski, com o quinto corpo, se porá a caminho antes do nascer do dia, a fim de ter, antes das seis da manhã, irrompido na esquerda do inimigo.

Deslanchada a ação, o imperador dará suas ordens de acordo com as circunstâncias.

Consolidado esse plano, Napoleão dispôs seus contingentes de maneira a não chamar muito a atenção do inimigo. Cada um recebeu suas instruções, os redutos foram erguidos, a artilharia colocou-se em posição. Ao nascer do dia, cento e vinte bocas de fogo iriam semear de projéteis e obuses os dispositivos que a direita estava encarregada de conquistar.

Napoleão mal conseguiu dormir uma hora, e a todo instante mandava perguntar se o inimigo continuava ali. Diferentes movimentos executados fizeram-no acreditar em retirada. Ledo engano: apenas consertava-se o erro sobre o qual Napoleão erguera todo o seu plano de batalha, ordenando que o destacamento inteiro de Tuczkov, que guarnecia todos os pontos fracos, se dirigisse para sua esquerda.

Às quatro horas, Rapp entrou na tenda do imperador e o encontrou com a testa apoiada entre as mãos. Ergueu então a cabeça.

— E então, Rapp? – perguntou.

— Sire, eles continuam lá.

— Será uma batalha terrível! Rapp, acredita na vitória?

— Sim, sire, mas sangrenta.

— Sei disso – respondeu Napoleão. — Mas tenho oitenta mil homens, perderei vinte mil, entrarei com sessenta mil em Moscou. Os retardatários lá se juntarão a nós, depois os batalhões de marcha, e estaremos ainda mais fortes que antes da batalha.

Vemos que, no número de seus combatentes, Napoleão não contou nem sua guarda nem sua cavalaria. A partir daquele momento, sua decisão era de fato ganhar a batalha sem elas: isso seria tarefa da artilharia.

Naquele momento soaram as aclamações, e o grito de "Viva o imperador!" percorreu toda a linha. Aos primeiros raios do dia, foi lida aos soldados a seguinte proclamação, uma das mais belas, francas e concisas de Napoleão:

> Soldados!
>
> Ei-la, esta batalha que tanto desejaram. Agora a vitória só depende de vocês. Ela é necessária. Trará abundância, nos garantirá bons quartéis de inverno e um pronto retorno à pátria. Sejam os homens de Austerlitz, de Friedland, de Vitebsk e de Smolensk, e que a posteridade mais remota diga ao falar de cada um de vocês: "Ele estava naquela grande batalha sob os muros de Moscou!"

Mal os gritos cessaram, Ney, sempre impaciente, pediu permissão para começar o ataque. Logo todos pegaram nas armas preparando-se para a grande cena que iria decidir o destino da Europa; os ajudantes de campo partiam como flechas em todas as direções.

Compans, que tão bem começara a tocaia, deslizaria ao longo do bosque e daria início às operações tomando o reduto que defendia a extrema esquerda dos russos, enquanto Davout o seguiria avançando com cobertura pelo próprio bosque. A divisão Friant permaneceria de reserva. Ney avançaria por etapas a fim de se apoderar de Semionovskoi. Suas divisões tinham sofrido muito em Valutina e contavam apenas com quinze mil combatentes, mas dez mil westfalianos deveriam reforçá-los e formar a segunda linha. A jovem e a velha guardas formariam a terceira e a quarta. Murat dividiria sua cavalaria. À esquerda de Ney, diante do centro inimigo, estaria o regimento de Montbrun. Nansouty e Latour-Maubourg estariam colocados de modo a acompanhar os movimentos de nossa direita. Finalmente, Grouchy seguiria o vice-rei, que, reforçado pelas divisões Morand e Gérard, destacadas de Davout, começaria por conquistar Borodino, ali deixaria a divisão Delzons e, atravessando o Kaluga com as três outras, sobre as três pontes lançadas de madrugada, atacaria o grande reduto do centro situado na margem direita. Meia hora bastou para dar todas essas ordens. Eram cinco e meia da manhã. O reduto da direita abriu fogo, o da esquerda respondeu-lhe, e tudo vibrou, tudo funcionou, tudo se projetou.*

Davout projetou-se com suas duas divisões. A esquerda de Eugênio, composta pela brigada Plausonne, que devia permanecer em observação limitando-se a ocupar Borodino, deixou-se arrastar, apesar dos gritos de seu general, ultrapassou a aldeia e foi se chocar com as colinas de Gorki, onde os russos a esmagaram com um fogo direto e lateral. Então o 92º regimento acorreu por conta própria em socorro do 106º, reconheceu seus destroços e os recolheu, mas destruído pela metade e tendo perdido seu general.

Nesse momento, Napoleão, julgando que Poniatóvski tivera tempo de operar seu movimento, lançou Davout sobre o primeiro reduto. As divisões Compans e Desaix o seguiram, empurrando treze canhões à frente. Toda a linha inimiga pegou fogo como um rastilho de pólvora.

A infantaria marchou sem atirar. Corria para ficar ao alcance do fogo do inimigo e extingui-lo. Compans feriu-se, Rapp veio substituí-lo. Lançando-se a toda velocidade, baioneta em riste,

* O próprio Napoleão fez a crítica desse plano: "Essa primeira disposição era um erro grave", disse ele, "e foi a causa do aspecto pouco decisivo assumido pela batalha. Era preciso ter lançado Davout, com quatro de suas divisões, na garganta, entre o reduto da esquerda e o bosque de Ustiza, mandando Murat segui-lo com sua cavalaria, apoiado por Ney e seus westfalianos, e dirigindo-os para Semionovskoi, enquanto a jovem guarda marcharia por escalões para o centro dos dois ataques, e Poniatóvski, ligado a Davout, irromperia na direita de Tuczkov no bosque de Ustiza. Teríamos contornado e atacado, desde o princípio, a esquerda do inimigo com uma massa irresistível. Assim o forçaríamos a uma mudança de frente paralela à grande estrada de Moscou e ao Moscova, que ele teria pelas costas. Só havia naquela garganta quatro fracos regimentos de caçadores, emboscados na mata, de modo que o êxito era quase certo etc. (Jomini, *Vie politique et militaire de Napoléon*, t.v, p.230ss). (Nota do autor)

caiu atingido por uma bala no momento em que chegava ao reduto. Era seu vigésimo segundo ferimento. Desaix o substituiu, sendo ferido por sua vez. O cavalo de Davout caiu morto por um projétil. O príncipe de Ekmühl rolou na lama, parecendo morto, mas levantou-se e voltou ao cavalo; a contusão era irrisória.

Rapp pediu para ser levado ao imperador.

— Ora, ora, Rapp – disse Napoleão –, de novo ferido?

— Pois é, sire. Vossa Majestade sabe que é meu costume.

— O que está acontecendo lá em cima?

— Maravilhas! Mas seria preciso a guarda para arrematar tudo.

— Em hipótese alguma – replicou Napoleão, com um movimento que pareceu de pavor. — Não quero vê-la destruída. Ganharei a batalha sem ela.

Então Ney, com suas três divisões, lançou-se na planície, e, avançando por escalões, alcançou, à frente da divisão Ledru, aquele reduto fatal que já deixara a divisão Compans viúva de seus três generais. Entrou ali pela esquerda, ao passo que os bravos que começaram o ataque escalavam pela direita.

Ney e Murat lançaram a divisão Razout sobre os dois outros redutos, e ela se encontrava a ponto de tomá-los quando foi atacada pelos couraceiros russos. Houve um momento de incerteza. No entanto, a infantaria parara mas não recuara. A cavalaria de Bruyère veio em sua ajuda. Os couraceiros russos foram repelidos, e Murat e Razout se projetaram: as trincheiras estavam em suas mãos.

Duas horas se passaram nesses ataques. Napoleão começou a estranhar não ouvir o canhão de Poniatóvski e não perceber qualquer movimento que anunciasse uma fenda no inimigo. Durante esse tempo, Kutusov, que descobrira com facilidade os pesados contingentes prontos a irromper em sua esquerda, mandou para ali o efetivo de Bagavut. Uma de suas divisões marchou para Ustiza, a outra precipitou-se para o bosque. Nesse momento, Poniatóvski voltava, não tendo conseguido encontrar passagem na floresta. Napoleão ordenou então que passasse a formar a extrema direita de Davout.

Enquanto isso a esquerda da linha russa tinha sido forçada, e a planície, aberta: os três redutos estavam nas mãos de Ney, Murat e Davout. Bagration, porém, continuava a manter uma atitude ameaçadora, recebendo reforço após reforço. Era preciso correr para o encurralar por trás da ravina de Semionovskoi, caso contrário ele poderia retomar a ofensiva. Tudo o que se podia arrastar de artilharia para os redutos foi para ali levado a fim de apoiar sua operação. Ney adiantou-se, seguido por quinze a vinte mil homens. Bagration foi gravemente ferido, e as tropas russas, privadas de direção por um momento, moveram-se para escapar. Konovnitzin assumiu o comando, levou-as para trás da ravina de Semionovskoi e, protegido por uma artilharia bem colocada, interrompeu o avanço de nossas colunas. Murat e Ney estavam esgotados. Ambos tinham feito esforços sobre-humanos e mandaram pedir reforços a Napoleão. O imperador deu ordens para que a jovem guarda marchasse. Porém, quase imediatamente, ao dirigir o olhar para Borodino e ver alguns regimentos dos soldados de Eugênio derrotados pela cavalaria de Uvarov, julgou que o destacamento inteiro do vice-rei estivesse em retirada e ordenou à jovem guarda que esperasse. Em lugar desta, enviou a Murat toda a artilharia de reserva: cem peças de canhão puseram-se a galope para tomar lugar nas colinas conquistadas.

Eis o que acontecia do lado de Eugênio.

Depois de se manter em suspenso durante aproximadamente uma hora pela escaramuça da brigada Plausonne, o vice-rei atravessou o Kaluga sobre quatro pequenas pontes lançadas pela divisão de engenharia. Mal pôs os pés na outra margem, foi obrigado a embicar para a direita a fim de tomar o grande reduto situado entre Borodino e Semionovskoi, que cobria o centro do inimigo. A divisão Morand chegou primeiro ao planalto, lançou o 30º regimento sobre o reduto e avançou, em colunas profundas, para apoiá-lo. Aqueles que as compunham eram veteranos soldados, serenos sob o fogo como em uma parada militar. Avançaram com as armas nos braços e, sem disparar um único tiro de fuzil, penetraram no reduto, a despeito do fogo terrível da primeira linha de Paschevitch. Mas este previra o acontecimento e se lançou com a segunda linha contra os flancos da coluna. Iermolov avançou, com uma brigada de guardas, para apoiá-lo. Ao ver o socorro que lhe chegava, a primeira linha deu meia-volta, e a divisão Morand foi capturada num triângulo de fogo. Recuou então, deixando no reduto o general Bonami e o 30º regimento. Bonami foi morto, e metade do 3º caiu em torno dele. Nesse momento Napoleão avistou alguns regimentos atravessarem de volta o Kaluga e, julgando sua linha de retirada ameaçada, deteve sua jovem guarda.

Nesse ínterim, Kutusov aproveitava-se do momento de hesitação que percebera em Ney e Murat. Enquanto estes faziam tudo para conservar suas posições, o general inimigo chamava em socorro de sua esquerda todas as suas reservas e até mesmo a guarda russa. Graças a esses reforços, Konovnitzin, que substituíra Bagration, ferido, formou novamente sua linha, apoiando sua direita no grande reduto atacado por Eugênio e estendendo sua esquerda até o bosque. Cinquenta mil homens agruparam-se em bloco e puseram-se em movimento para nos rechaçar. A artilharia russa explodiu, sua fuzilaria crepitou, balas e projéteis rasgaram nossas fileiras. Os soldados de Friant, colocados na primeira linha, atacados por uma chuva de disparos, hesitaram e perturbaram-se. Um coronel se desencorajou e ordenou a retirada. Murat, porém, que estava por toda parte, deteve-o, segurou-o pelo colete e o encarou:

— O que está fazendo? – perguntou.

— O senhor vê que não podemos nos aguentar aqui – respondeu-lhe o coronel, mostrando-lhe a terra coberta com seus homens.

— Ora! F...! Vou ficar aqui – respondeu Murat.

— Está certo – disse o coronel. — Soldados, vamos exibir nossas caras, vamos nos matar.

E retomou, junto com seu regimento, o posto sob a fuzilaria.

Nesse momento nossos redutos se inflamaram, e oitenta novas bocas de fogo ecoaram ao mesmo tempo. O socorro esperado por Murat e Ney chegara. Embora tivesse mudado de natureza, nem por isso deixava de ser menos terrível.

Apesar de tudo, os pesados e numerosos contingentes postos em movimento continuaram a marchar, e começamos a ver nossos projéteis produzirem profundas brechas nas fileiras do inimigo. Ainda assim eles continuaram. Aos obuses sucedeu a fuzilaria. Esmagados sob esse furacão de ferro, eles tentaram formar novamente. A chuva mortal redobrou. Pararam então, não ousando avançar mais, embora não pretendessem dar um único passo atrás. Ou não ouviam mais as ordens de seus generais, ou estes, inábeis na manobra de contingentes tão grandes, tinham perdido a cabeça. De todo modo, quarenta mil homens permaneceram ali, deixando-se fulminar durante duas horas. Era um massacre terrível, uma carnificina sem fim. Vieram dizer a Ney e a Murat que as munições estavam se esgotando. Eram os vitoriosos os primeiros a se cansar.

Ney moveu-se para a frente, estendendo sua linha direita, a fim de contornar a esquerda do inimigo. Murat e Davout acompanharam esse movimento. A baioneta e a fuzilaria destruíram tudo o que escapara à artilharia. A esquerda do exército russo estava arrasada. Os vencedores, ao mesmo tempo que berravam pela vinda da guarda, correram para auxiliar Eugênio. Tudo se dispunha para o ataque do grande reduto.

Montbrun, cujo destacamento estava colocado bem em frente ao centro inimigo, marchou sobre ele ao ritmo dos disparos. Mal fizera um quarto do caminho, foi cortado em dois por um projétil. Caulaincourt o substituiu, pondo-se à frente do 5º regimento de couraceiros, e, precipitando-se sobre o reduto, ao mesmo tempo que as divisões Morand, Gérard e Bourcier, apoiadas pelas legiões do Vístula, atacavam-no simultaneamente de três lados. Assim que ali penetrou, caiu ferido mortalmente. Nesse exato instante, seu bravo regimento, deteriorado pelo fogo da infantaria de Ostermann e da guarda russa, colocadas atrás da fortificação, foi obrigado a recuar, indo formar novamente sob a proteção de nossas colunas. Foi quando Eugênio por sua vez, abordou o reduto à frente de suas três divisões, apoderou-se dele e ali aprisionou o general Lichatchev. Imediatamente, enquanto ali se estabelecia, lançou o corpo de Grouchy sobre os destroços dos batalhões de Doctorov. Os guardas montados e a guarda russa avançaram para a frente dos nossos. Grouchy foi então obrigado a fazer um movimento retrógrado, só que, com essa operação, deu tempo a Belliard de agrupar trinta peças de artilharia, que dispôs imediatamente em bateria dentro do reduto.

Os russos recompuseram-se com a mesma obstinação já demonstrada, e seus generais os reorganizaram. Aproximaram-se então em colunas cerradas para retomar o reduto pelo qual nos tinham feito pagar tão caro. Eugênio deixou-os chegar ao alcance dos fuzis e pôs a descoberto suas trinta peças, que abriram fogo simultaneamente. Os russos desorganizaram-se por um instante e depois formaram mais uma vez, aproximando-se até a boca das peças, que os esmagavam cuspindo fogo. Eugênio, Murat e Ney enviaram mensageiro atrás de mensageiro a Napoleão, pedindo desesperadamente pela guarda. O exército inimigo inteiro seria destruído caso Napoleão a liberasse. Belliard, Daru e Berthier o pressionavam.

— E se houver uma segunda batalha amanhã – respondeu –, com quem eu a lutaria?

A vitória e o campo de batalha estavam em nossas mãos, mas não podíamos perseguir o inimigo, que se retirava sob o nosso fogo sem interromper o seu e que logo se entricheirou numa segunda posição.

Foi a vez de Napoleão montar seu cavalo, avançar para Semionovskoi e percorrer todo o campo de batalha, onde ainda vinham, de tempos em tempos, ricochetear alguns projéteis perdidos. Finalmente, chamando Mortier, ordenou-lhe que mandasse a jovem guarda avançar, mas sem ultrapassar a nova ravina que a separava do inimigo. Depois voltou à sua barraca.

Às dez horas da noite, Murat, que combatia desde às seis da manhã, correu para anunciar que o inimigo atravessava em desordem o Moscova e ia escapar de novo. Insistiu na guarda, que não lhe fora fornecida durante o dia e com a qual pretendia exterminar os russos. Mas Napoleão voltou a recusar, deixando escapar aquele exército que tanta urgência tinha de encontrar. No dia seguinte, ele desapareceria completamente, deixando Napoleão senhor do mais horrível campo de batalha que já existiu. Sessenta mil homens, dos quais um terço nos pertencia, estavam deitados no solo. Tínhamos nove generais mortos e trinta e quatro feridos! Nossas perdas eram imensas e sem resultados compensadores.

Em 14 de setembro, o exército entrou em Moscou. Tudo seria sombrio nessa guerra, inclusive os triunfos. Nossos soldados estavam habituados a entrar em capitais, não em necrópoles. Moscou parecia um imenso túmulo, por toda parte deserta e silenciosa. Napoleão estabeleceu-se no Kremlin, e o exército se espalhou pela cidade. Em seguida, anoiteceu.

No meio da noite, Napoleão foi despertado pelo grito "Fogo!" Clarões cor de sangue penetravam até sua cama. Ele correu à janela: Moscou estava em chamas. Eróstrato sublime, Rostopchin tinha ao mesmo tempo imortalizado seu nome e salvado seu país.

Era preciso escapar àquele oceano de labaredas que subia como um vagalhão. No dia 16, Napoleão, cercado por ruínas, envolvido pelo incêndio, era forçado a deixar o Kremlin e se retirar para o castelo de Peteroskoi. Ali começou a luta com os seus generais, que o aconselhavam a se retirar enquanto ainda era tempo e abandonar sua fatal conquista. A essa linguagem estranha e inabitual, ele hesitou e pousou o olhar alternadamente sobre Paris e sobre São Petersburgo: apenas seiscentos quilômetros o separavam de uma, três mil quilômetros da outra. Marchar sobre São Petersburgo seria ratificar a vitória; recuar para Paris significaria admitir a derrota.

Mas o inverno chegara, inverno que não mais aconselhava, mas sim ordenava. Nos dias 15, 16, 17 e 18 de outubro, os doentes foram evacuados para Mojaisk e Smolensk. Em 22, Napoleão saía de Moscou, e no dia seguinte o Kremlin ia pelos ares. Durante onze dias, a retirada operou-se sem grandes desastres, quando, de repente, em 7 de novembro, o termômetro desceu de 5 graus positivos para 18 negativos. E o vigésimo nono boletim, datado do dia 14, levava a Paris a notícia de desastres até então impensáveis, em que os franceses não acreditariam se não lhes fossem relatados pelo próprio imperador.

A contar desse dia, foi um desastre equivalente a nossas maiores vitórias. Era Cambises envolvido nas areias de Amon, era Xerxes atravessando o Helesponto de volta numa barca, era Varrão regressando a Roma com o que sobrara do exército de Cannes. Daqueles setenta mil cavaleiros que tinham atravessado o Niemen, mal se podiam formar quatro companhias de cento e cinquenta homens cada para servir de escolta a Napoleão. Era o batalhão sagrado: os oficiais ali assumiam a patente de simples soldados, os coronéis eram suboficiais, os generais, capitães. Havia um marechal como coronel, um rei como general. E o tesouro que lhe era confiado, o paládio que ele defendia, era nada menos que um imperador.

Quanto ao restante do exército, querem saber o que se tornou, naquelas vastas estepes destemperadas, entre o céu de neve que pesava sobre sua cabeça e os lagos gelados que se abriam a seus pés?

Ouçam:

Generais, oficiais e soldados, todos usavam roupas iguais e marchavam misturados. O excesso de desgraça fizera desaparecer todas as fileiras: cavalaria, artilharia, infantaria, tudo estava misturado.

A maioria carregava sobre os ombros um alforje cheio de farinha e levava a tiracolo um cantil preso com um cordão. Outros arrastavam pela rédea sombras de cavalos, sobre os quais se amontoavam a parafernália de cozinha e as parcas provisões.

Esses cavalos não passavam de provisão, ainda mais preciosa porque não se era obrigado a transportá-los, e que, quando sucumbiam, serviam de repasto para seus donos. Não se esperava que tivessem expirado para despedaçá-los: assim que caíam, pulava-se em cima deles para se retirar todas as partes carnudas.

Os corpos de exército, em sua maioria, tinham se dissolvido. Formara-se com os seus cacos uma multiplicidade de pequenas corporações, compostas de oito ou dez indivíduos que se reuniam para marchar juntos e que partilhavam todos os recursos.

Alguns desses grupos tinham um cavalo para carregar suas bagagens, o equipamento de cozinha e as provisões. Ou então cada um dos membros estava munido de um embornal destinado a esse uso.

A RETIRADA FRANCESA ATÉ BORISSOV

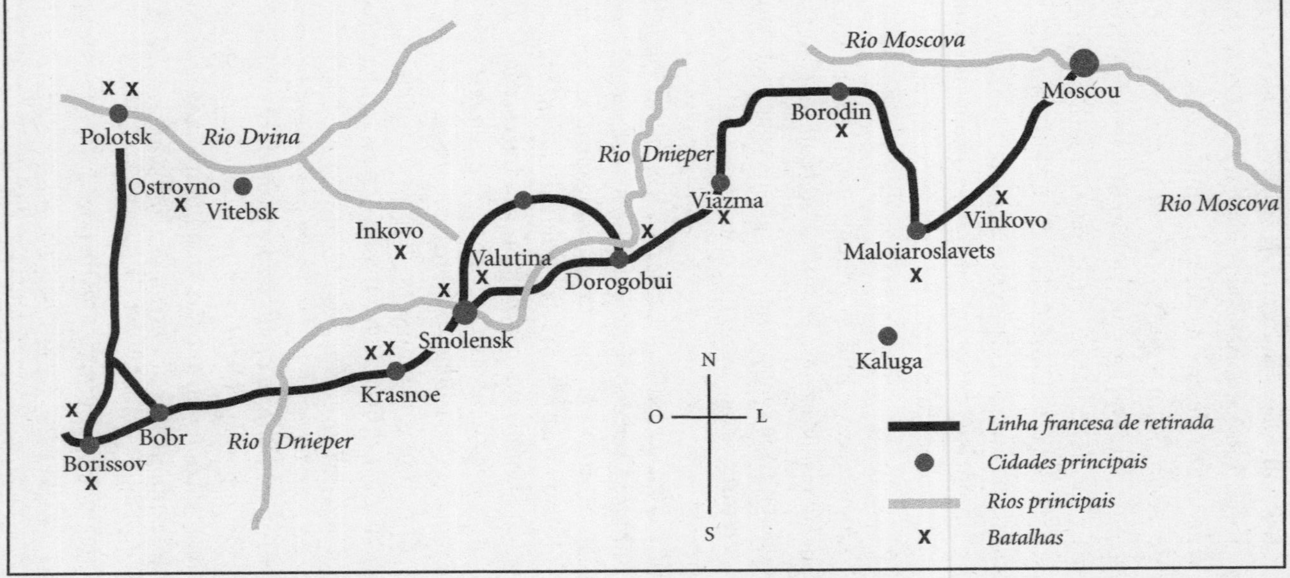

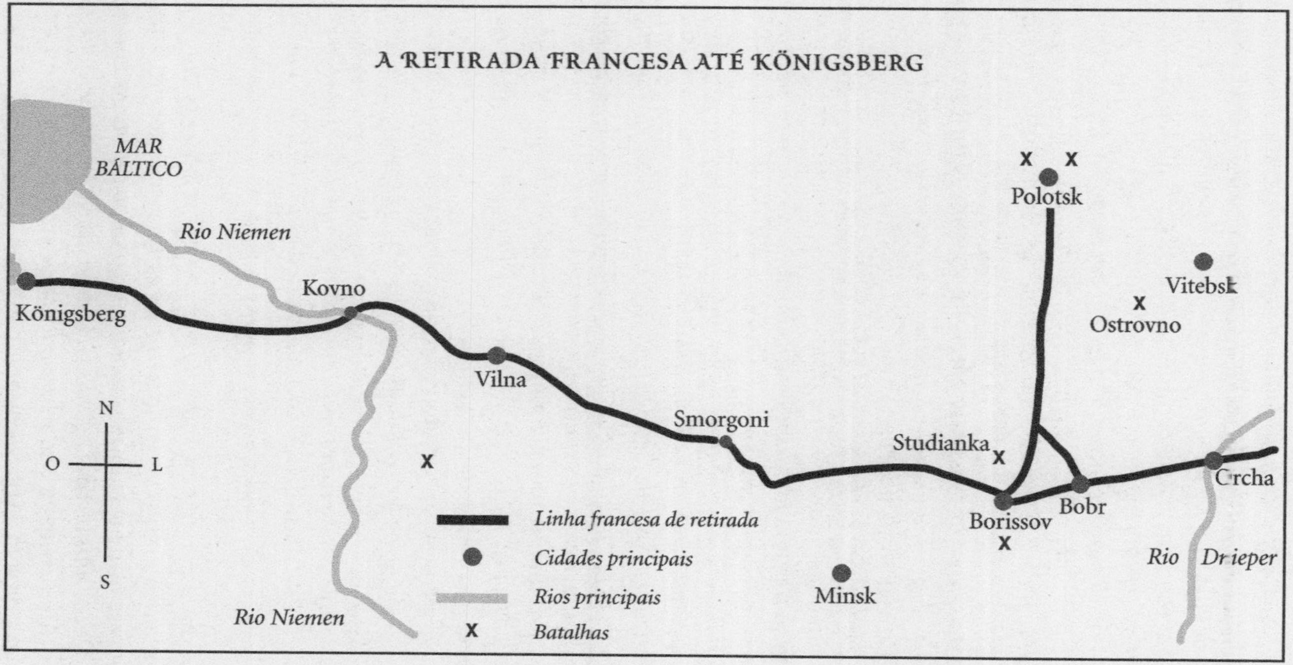
A RETIRADA FRANCESA ATÉ KÖNIGSBERG
MAR BÁLTICO
Rio Niemen
Königsberg
Kovno
Vilna
Smorgoni
Studianka
Borissov
Bobr
Polotsk
Ostrovno
Vitebsk
Orcha
Rio Dnieper
Minsk
Rio Niemen
N
O
L
S
Linha francesa de retirada
Cidades principais
Rios principais
Batalhas

Essas pequenas comunidades, inteiramente separadas da massa geral, tinham um modo de vida isolado, repelindo de seu seio todo aquele que não fizesse parte delas. Todos os indivíduos da família marchavam em grupos cerrados, tomando grande cuidado para não se dividirem no meio da multidão. Desgraçado aquele que perdesse seu grupo; não encontraria ninguém em lugar algum que lhe dedicasse o menor interesse ou lhe desse o mínimo socorro. Por toda parte seria maltratado e perseguido duramente. Era expulso sem piedade de todos os lugares aonde pretendesse se refugiar. Só parava de ser atacado quando conseguia encontrar os seus. Napoleão via passar diante de seus olhos aquela massa, realmente incrível, de homens e fugitivos desorganizados.

Imaginem, se for possível, cem mil desgraçados, nos ombros uma mochila, apoiados em compridos cajados, cobertos com andrajos o mais grotescamente dispostos, formigando de vermes e entregues a todos os horrores da fome. A esses farrapos, indícios da mais pavorosa miséria, acrescentem fisionomias abatidas pelo peso de tantos males; representem esses homens pálidos, cobertos pela terra dos acampamentos, enegrecidos pela fumaça, os olhos cavos e baços, os cabelos desgrenhados, a barba longa e asquerosa – e terão apenas um panorama débil da situação do exército.

Caminhávamos penosamente, abandonados a nós mesmos, no meio da neve, sobre estradas apenas delineadas, através de desertos e imensas florestas de pinheiros.

Desgraçados, minados há muito tempo pela doença e pela fome, enquanto alguns sucumbiam sob o peso das mazelas e expiravam em meio aos tormentos, vítimas do mais violento desespero, os outros atiravam-se com furor sobre aquele que desconfiavam possuir provisões e saqueavam-no, a despeito de sua resistência obstinada e de terríveis imprecações.

De um lado, ouvia-se o barulho provocado pelos cadáveres triturados, já despedaçados, que os cavalos pisoteavam ou as rodas dos carros esmagavam; de outro, os gritos e gemidos das vítimas a quem faltara força, e que, jazendo no caminho e lutando com esforço contra a mais terrível agonia, morriam dez vezes à espera da morte.

Mais ao longe, grupos reunidos em torno do cadáver de um cavalo brigavam entre si para disputar os nacos. Enquanto uns cortavam as partes carnudas externas, os outros iam direto às entranhas para arrancar o coração e o fígado.

De todos os lados, figuras sinistras, apavoradas, mutiladas pelo congelamento; por toda parte, em suma, a consternação, e dor, e fome, e morte.

Para suportar os efeitos dessas terríveis calamidades que pesavam sobre nossas cabeças, era preciso ser dotado de uma alma plena de energia e de uma coragem inquebrantável. Urgia que a força moral crescesse à medida que as circunstâncias tornavam-se mais periclitantes. Deixar-se afetar pelas cenas deploráveis de que se era testemunha significava condenar-se a si próprio. A saída então era trancar o coração a qualquer sentimento de piedade. Os que tiveram sorte para encontrar dentro de si força de reação suficiente para resistir a tantos sacrifícios desenvolveram a mais fria insensibilidade e a firmeza mais imperturbável.

Em meio aos horrores de que se encontravam cercados, podia-se vê-los, calmos e intrépidos, suportarem as vicissitudes, enfrentarem todos os perigos, e, à força de verem a morte apresentar-se à sua frente sob as formas mais hediondas, habituarem-se, por assim dizer, a encará-la impávidos.

Surdos aos gritos de dor que, de todos os lados, reverberavam em seus ouvidos, se algum infeliz sucumbisse sob seus olhos, eles os desviavam friamente e, sem experimentar a menor emoção, prosseguiam seu caminho.

Assim, essas vítimas infelizes ficavam abandonadas na neve, erguendo-se enquanto ainda lhes restavam forças, depois caindo insensivelmente, sem receber de quem quer que fosse uma palavra de consolo, sem que ninguém se sentisse no dever de lhe dirigir o menor amparo. Marchávamos constantemente a grandes passadas, silenciosos, cabisbaixos, e só parávamos na noite fechada.

Exaustos de cansaço e fome, ainda era preciso que cada um de nós buscasse com ardor, se não um alojamento, pelo menos um abrigo contra a fustigação do vento norte. Invadíamos todas as casas, granjas, armazéns e edificações que encontrávamos. Ao cabo de alguns instantes, estávamos tão amontoados que ninguém mais podia entrar nem sair. Aqueles que não conseguiam penetrar estabeleciam-se do lado de fora, atrás das muralhas e nas cercanias. A primeira preocupação era arranjar lenha e palha para o acampamento. Para este fim, escalavam todas as casas dos arredores e retiravam seus telhados; depois, quando estes não mais bastavam, arrancavam as vigas dos celeiros, as divisórias, e terminavam demolindo a construção com todas a suas peças, arrasando-a inteiramente, malgrado a oposição daqueles que ali estavam refugiados e que a defendiam com unhas e dentes. Caso não se fosse enxotado dessa maneira das choupanas onde se buscava asilo, corria-se o risco de ser devorado pelas chamas. Pois, com muita frequência, quando não se conseguia entrar nas casas, nelas ateava-se fogo para fazer com que os que estivessem dentro saíssem. Era sobretudo o que acontecia quando oficiais-generais apoderavam-se delas, depois de terem expulsado os primeiros ocupantes.

Era preciso então montar um acampamento. Assim, em vez de nos alojarmos nas casas, adquirimos o hábito de demoli-las de cima a baixo e de espalhar seus materiais no meio dos campos para construir abrigos isolados. Quando se conseguia lenha, na medida em que as localidades o permitiam, acendia-se uma fogueira, e todos os membros do grupo apressavam-se em providenciar a refeição.

Enquanto uns se ocupavam com o preparo de um caldo, outros assavam um bolo de farinha, que cozinhávamos sob as cinzas. Cada um tirava de sua mochila as fatias de carne de cavalo que tinha guardado e as lançava no carvão a fim de grelhá-las.

O caldo era a alimentação mais comum. Ora, eis em que ele consistia. Como era impossível arranjar água, porque o gelo cobria todas as fontes e todos os charcos, derretia-se numa panela uma quantidade considerável de neve para produzir o volume de água necessário. Em seguida diluía-se nessa água, que era escura e lamacenta, uma porção disponível de farinha mais ou menos espessa e engrossava-se essa mistura até a consistência do caldo. Depois, temperava-se com sal ou, na sua falta, jogavam-se dois ou três cartuchos que, ao lhe imprimir sabor de pólvora, tirava-lhe a extrema insipidez, colorindo-o com uma tinta escura que lembrava bastante o "caldo preto" dos espartanos.

Enquanto aquela sopa era preparada, colocávamos sobre os carvões a carne de cavalo, cortada em filés, sobre a qual também salpicávamos pólvora de canhão. Terminada a refeição, todos adormeciam imediatamente, esgotados de cansaço e abatidos sob o peso de seus achaques, para recomeçar no dia seguinte o mesmo gênero de vida.

Ao nascer do dia, sem que nenhum instrumento militar desse sinal de partida, a massa inteira levantava acampamento espontaneamente e retomava a movimentação ... (Relato do sobrevivente René Bourgeois)

Vinte dias assim se passaram. Nesse período, o exército semeara em seu caminho duzentos mil homens, quinhentas peças de canhão, chegando ao rio Beresina como torrente num abismo.

Em 5 de dezembro, enquanto as sobras do exército agonizavam em Vilna, Napoleão, a instâncias do rei de Nápoles, do vice-rei da Itália e de seus principais capitães, partiu em trenó de Smorgoni rumo à França. O frio atingira vinte e sete graus abaixo de zero.

Na noite do dia 18, Napoleão apresentava-se numa caleche avariada nas Tulherias, cujas portas a princípio negaram-se a lhe abrir. Todos ainda o julgavam em Vilna.

Dois dias depois, os grandes corpos do Estado vieram saudá-lo por sua chegada.

Em 12 de fevereiro de 1813, um *senatus consultus* pôs à disposição do ministro da Guerra trezentos e cinquenta mil alistados. Em 10 de março, chegava a informação da defecção da Prússia. Durante quatro meses a França inteira foi uma praça de armas. Em 15 de abril, Napoleão deixava novamente Paris, à frente de todas as suas jovens legiões.

Em 1º de maio estava em Lutzen, pronto para atacar o exército combinado, russo e prussiano, com duzentos e cinquenta mil homens, dos quais duzentos mil pertenciam à França e cinquenta mil eram saxões, bávaros, westfalianos, wurttemburgueses e do grão-ducado de Berg. Considerado abatido, o gigante se reerguera, Anteu tocara o solo.

Como sempre, seus primeiros golpes foram terríveis e decisivos. Os exércitos combinados deixaram quinze mil homens, mortos ou feridos, no campo de batalha de Lutzen e dois mil prisioneiros nas mãos dos vencedores. Os jovens recrutas tinham se alçado, no primeiro embate, ao nível das velhas tropas. Napoleão se expusera como um subtenente.

No dia seguinte, dirigiu ao seu exército a seguinte proclamação:

> Soldados!
>
> Estou satisfeito com vocês. Vocês corresponderam à minha expectativa. A batalha de Lutzen será colocada acima das batalhas de Austerlitz, Iena, Friedland e do Moscova. Em um único dia vocês desfizeram todos os complôs parricidas de seus inimigos. Rechaçaremos os tártaros para seus climas terríveis, os quais eles não devem transpor. Que permaneçam em seus desertos de gelo, local de escravidão, barbárie, corrupção, onde o homem é depreciado como um igual da besta. Vocês fazem jus a uma Europa civilizada. Soldados, a Itália, a França e a Alemanha lhes oferecem ações de graças.

A vitória de Lutzen reabria para o rei da Saxônia as portas de Dresde. Em 8 de maio, o exército francês ali o precedeu, e, no dia seguinte, o imperador mandou lançar uma ponte sobre o Elba, para além do qual se retirara o inimigo. No dia 20 alcançou-o e empurrou-o para a posição entrincheirada de Bautzene, no 21 deu sequência à vitória da véspera. Nesses dois dias, em que Napoleão desenvolveu as mais perspicazes manobras de estratégia, os russos e prussianos perderam dezoito mil homens, mortos ou feridos, e deixaram três mil prisioneiros.

No dia seguinte, numa operação equivocada da retaguarda, o general Bruyère perdeu as duas pernas, e o general de cavalaria Kirgener e Duroc foram mortos pelo mesmo disparo de canhão.

O exército combinado estava em plena retirada: atravessara o Neisse, o Queiss e o Bober, fustigado ainda pelo combate de Sprotteau, onde Sebastiani lhe tomara vinte e dois canhões, oitenta carros de munições e quinhentos homens. Napoleão o seguiu passo a passo e não lhe deu um momento de trégua. Seus acampamentos da véspera eram os nossos do dia seguinte.

No dia 29, o conde Schuvalov, ajudante de campo do imperador da Rússia, e o general prussiano Kleist apresentaram-se para solicitar um armistício.

No dia seguinte, uma nova conferência realizava-se no castelo de Liegnitz, mas sem resultado.

A Áustria meditava uma reforma de aliança. A fim de permanecer neutra o máximo de tempo possível, propôs-se como mediadora e foi aceita. O resultado dessa mediação foi um armistício firmado em Pleisswitz, em 4 de junho.

Um congresso logo se reuniu em Praga para negociar a paz, que era impossível. As potências confederadas exigiram que o Império se restringisse às suas fronteiras do Reno, dos Alpes e do Meuse. Napoleão julgou tais pretensões um insulto. Tudo foi rompido, a Áustria passou para a coalizão, e a guerra, único meio de esvaziar esse grande processo, recomeçou.

Os adversários apresentaram-se novamente no campo de batalha. Os franceses, com trezentos mil homens, sendo quarenta mil de cavalaria, ocupando o coração da Saxônia, na margem direita do Elba; os soberanos aliados, com quinhentos mil homens, dos quais cem mil de cavalaria, ameaçando nas três direções de Berlim, da Silésia e da Boêmia. Napoleão, sem se deter para calcular essa enorme diferença numérica, retomou a ofensiva com a rapidez peculiar. Dividiu seu exército em três contingentes, dirigiu um para Berlim, onde devia operar contra os prussianos e os suecos, deixou o segundo estacionado em Dresde, a fim de observar o exército russo da Boêmia, e, por último, ocupando pessoalmente a liderança, marchou com o terceiro contra Blücher, deixando uma reserva em Littaw.

Blücher foi alcançado e acuado, porém, em plena caça ao inimigo, Napoleão foi informado de que os sessenta mil franceses que ele deixara em Dresde tinham sido atacados por cento e oitenta mil aliados. Destacou então de seu corpo de exército trinta e cinco mil homens. Enquanto o imaginavam no encalço de Blücher, ele chegava, rápido como o relâmpago, mortal como o raio. Em 29 de agosto, os aliados atacaram Dresde novamente e foram repelidos. No dia seguinte, voltaram à carga com todos os seus contingentes, que foram fraturados, rompidos, aniquilados. Todo aquele exército, que combatia sob os olhos de Alexandre, viu-se por um instante ameaçado de destruição total, e só conseguiu se salvar deixando quarenta mil homens no campo de batalha.

Foi nessa batalha que Moreau perdeu as duas pernas, estilhaçadas por um dos primeiros projéteis disparados pela guarda imperial, e apontado pelo próprio Napoleão. Começou então a reação habitual. No dia seguinte a essa terrível carnificina, um agente da Áustria apresentava-se em Dresde, portador de palavras amistosas. Porém, enquanto se entabulavam as primeiras negociações, chegava a notícia de que o exército da Silésia, que fora deixado na perseguição de Blücher, perdera vinte e cinco mil homens; que o exército que marchava sobre Berlim fora derrotado por Bernadotte; finalmente, que quase todo o destacamento do general Vandamme, que perseguia os russos e os austríacos com um exército três vezes menor que o deles, fora rechaçado por aquela massa, que, ao se deter por um instante em sua fuga, constatara a inferioridade do inimigo.

A essas notícias, as negociações foram rompidas.

Assim, a célebre campanha de 1814, em que Napoleão venceria em todos os lugares onde estivesse presente e perderia em todos onde não estivesse, começou em 1813.

O imperador, recém-recuperado de uma indisposição causada por um suposto envenenamento, logo marchou para Magdeburg. Sua intenção era fazer uma investida sobre Berlim e se apoderar da cidade atravessando o Elba em Wittemberg. Vários contingentes já tinham chegado a essa cidade quando uma carta do rei de Wurttemberg anunciou que a Baviera mudara de lado e, sem declaração de guerra, sem advertência prévia, que os dois exércitos, o austríaco e o bávaro, acantonados nas margens do Inn, tinham-se juntado; que oitenta mil homens, sob as ordens do general Vrède, estavam em marcha em direção ao Reno; finalmente, que Wurttemberg, sempre fiel à aliança porém coagido por tamanha massa, fora forçado a reunir seu contingente ao inimigo. Dentro de quinze dias, cem mil homens iriam sitiar Mainz.

A Áustria dera o exemplo da defecção, e este fora seguido.

O plano de Napoleão, meditado durante dois meses, e para o qual já estava tudo preparado, desde fortalezas e armazéns de abastecimento, mudou em uma hora. Em vez de encurralar os aliados entre o Elba e o Saale, manobrando sob a proteção das praças e dos dispositivos de Torgau, Wittemberg, Magdeburg e Hamburgo, e estabelecer a guerra entre o Elba e o Oder – onde o exército francês dominava Glogau, Custrin e Stettin –, Napoleão decidiu se retirar para o Reno. Mas antes era preciso que derrotasse os aliados para impedir-lhes que o perseguissem em sua retirada. Portanto, marchou em direção a eles em lugar de persegui-los, e, em 16 de outubro, encontrou-os em Leipzig. Os franceses e os aliados viram-se cara a cara, os primeiros com cento e cinquenta e sete mil combatentes e seiscentas peças de canhão, o inimigo com trezentos e cinquenta mil homens e uma artilharia que era o dobro.

No mesmo dia lutou-se durante oito horas. O exército francês saiu vitorioso, mas um regimento esperado de Dresde para consumar a derrota dos inimigos não chegava. Nem por isso deixamos de dormir no campo de batalha.

No dia 17, o exército austro-russo recebia reforços, e no dia seguinte atacou por sua vez.

Durante quatro horas o combate permaneceu equilibrado, porém, repentinamente, trinta mil saxões, que ocupavam uma das posições mais importantes da linha, passaram para o lado inimigo e voltaram para nós sessenta bocas de fogo. Tudo parecia perdido, tão inesperada aquela defecção, tão terrível aquela mudança!

Napoleão acorreu com metade de sua guarda, atacou os saxões, tirou-os de sua frente, recuperou parte de sua artilharia e os fulminou com os canhões por eles próprios carregados. Os aliados fizeram um movimento retrógrado, perdendo nesses dois dias cento e cinquenta mil homens de suas melhores tropas. Nessa noite também dormimos no campo de batalha.

O canhão, se não estabeleceu um perfeito equilíbrio, pelo menos eliminou a grande desproporção, e uma terceira batalha se apresentava com todas as chances favoráveis quando vieram anunciar a Napoleão que só restavam dezesseis mil projéteis nos parques de artilharia. Tinham sido utilizados duzentos e vinte mil durante as últimas batalhas. Era preciso pensar na retirada. O resultado das duas vitórias estava perdido. Foram sacrificados em vão cinquenta mil homens.

Às duas horas da manhã, o movimento retrógrado começou e foi dirigido para Leipzig. O exército se retiraria por trás do Elster a fim de manter comunicação com Erfurt, de onde esperaria as munições que lhe faltavam. Mas essa retirada não foi feita com discrição suficiente para que o exército aliado não despertasse com seu rumor. A princípio acreditando que ia ser atacado, o inimigo pôs-se em alerta. Porém, logo soube da verdade: os franceses vencedores estavam se retirando. Ignorava a causa, mas aproveitou-se dessa retirada. Ao nascer do dia, os aliados atacaram a retaguarda e penetraram em Leipzig em seu encalço. Nossos soldados se voltaram e enfrentaram o inimigo, combatendo cada centímetro para dar tempo ao exército de atravessar a única ponte do Elster sobre a qual se efetuava o recuo. Subitamente uma detonação terrível foi ouvida. Todos se preocuparam, se informaram e tiveram a notícia de que um sargento, sem ter recebido ordens de seu chefe, explodira a ponte. Quarenta mil franceses, perseguidos por duzentos mil russos e austríacos, ficaram separados de seu exército por um rio traiçoeiro. Era se render ou se deixar matar: uma parte se afogou, a outra ficou enterrada sob os escombros do bairro de Ranstad.

No dia 20, o exército francês chegou a Weissenfels e começou a fazer o balanço: o príncipe Poniatóvski, os generais Vial, Dumoutier e Rochambeau, afogados ou mortos; o príncipe do Moscova, o duque de Ragusa, os generais Souham, Compans, Latour-Maubourg e Friedrichs, feridos; o príncipe Émile de Darmstadt, o conde de Hochberg, os generais Lauriston, Delmas, Rozniecki, Krasinski, Valory, Bertrand, Dorsenne, d'Etzko, Colomy, Bronilvski, Sivovitz, Malakóvski, Rautenstrach e Stockhorn, prisioneiros. Deixamos no Elster e nos arredores da cidade dez mil mortos, quinze mil prisioneiros, cento e cinquenta peças de canhões e quinhentos carros.

Quanto ao que ainda restava de tropas da Confederação, estas tinham desertado no trajeto de Leipzig a Valenciennes.

Em Erfurt, onde chegou no dia 23, o exército francês estava reduzido às suas próprias forças, aproximadamente oitenta mil homens.

No dia 28, ao chegar a Schluchtern, Napoleão obteve informações precisas sobre os movimentos do exército austro-bávaro, que, fazendo marchas forçadas, chegara ao rio Mein. No dia 30, o exército francês encontrou-o em formação de batalha às portas de Hanau e interceptando o caminho de Frankfurt. Passou então por ele como um raio, matando seis mil homens, e atravessou o Reno nos dias 5, 6 e 7 de novembro.

No dia 9, Napoleão estava de volta a Paris.

Ali prosseguiram as defecções, que, do exterior estenderam-se para o interior. Depois da Rússia, a Alemanha, depois da Alemanha, a Itália, e depois da Itália, a França.

A batalha de Hanau ensejara novas conferências. O barão de Saint-Aignan, o príncipe de Metternich, o conde Nesselrode e lorde Aberdeen tinham se reunido em Frankfurt. Napoleão obteria a paz abandonando a Confederação do Reno e renunciando à Polônia e aos departamentos do Elba. A França permaneceria dentro de seus limites naturais: os Alpes e o Reno. Depois seria discutida na Itália uma fronteira que nos separasse da Casa da Áustria.

Napoleão subscreveu essas bases, chegando a apresentar as peças relativas às negociações para exame do Senado e do corpo legislativo, e declarando estar disposto a fazer os sacrifícios exigidos. O corpo legislativo, descontente por Napoleão ter-lhe imposto um presidente sem concorrentes, nomeou uma comissão de cinco membros para estudar aqueles papéis. Esses cinco relatores, conhecidos por sua oposição ao sistema imperial, eram Lainé, Gallois, Flauguergues, Raynouard e Maine de Biran, que fizeram um relatório no qual deixavam escapar, pela primeira vez em onze anos, a palavra liberdade. Napoleão rasgou o relatório e dissolveu o corpo legislativo. Enquanto isso, em meio a seus protocolos enganadores, as verdadeiras intenções dos soberanos aliados vinham à luz: estavam apenas, como em Praga, querendo ganhar tempo. Romperam então as conversações e marcaram outra reunião em Châtillon-sur-Seine. Aquilo era ao mesmo tempo um desafio e um insulto. Napoleão aceitou o primeiro e correu para vingar o segundo. Em 25 de janeiro de 1814, partiu de Paris, deixando mulher e filho sob a proteção dos oficiais da guarda nacional.

O Império fora invadido por todos os lados. Os austríacos avançavam na Itália; os ingleses tinham atravessado o Bidassoa e apareceram no alto dos Pireneus; Schwarzenberg, com o grande exército composto por cento e cinquenta mil homens, surgia na Suíça; Blücher entrara em Frankfurt com centro e trinta mil prussianos; Bernadotte invadira a Holanda e penetrara na Bélgica com dez mil suecos e saxões. Setecentos mil homens formados, por suas próprias derrotas, na grande escola napoleônica da guerra avançavam rumo ao coração da França, deixando para trás todas as praças fortes e respondendo uns aos outros com um só grito: "Paris! Paris!"

Napoleão viu-se sozinho contra o mundo inteiro. Mal contava com cento e cinquenta mil homens para opor àqueles imensos contingentes. Recuperou porém, se não a confiança, pelo menos o gênio de seus verdes anos: a campanha de 1814 seria sua obra-prima estratégica.

De um relance enxergou tudo, abraçou tudo e, fazendo o possível ao alcance do poder de um homem, preparou-se para tudo. Maison ficou encarregado de deter Bernadotte na Bélgica; Augereau marcharia ao encontro dos austríacos em Lyon; Soult manteria os ingleses do outro lado do Loire; Eugênio defenderia a Itália. Quanto a ele, iria se encarregar de Blücher e de Schwarzenberg.

Lançou-se no meio dos dois com sessenta mil homens, correu de um exército a outro, esmagou Blücher em Champaubert, Montmirail, Château Thierry e Montereau. Em dez dias Napoleão tinha obtido cinco vitórias, e os aliados perdido noventa mil homens.

Retomaram-se então as negociações em Châtillon-sur-Seine, mas os soberanos aliados, cada vez mais exigentes, propuseram condições inaceitáveis. Não eram mais apenas as conquistas de Napoleão que se tratava de confiscar; eram os limites da República que seria preciso trocar pelos da velha monarquia.

Napoleão respondeu com um daqueles rompantes de leão que lhe eram tão peculiares. Pulou de Méry-sur-Seine para Craonne, de Craonne para Reims e de Reims para Saint-Dizier. Em todos os lugares nos quais topou com o inimigo, perseguiu-o, encurralou-o, esmagou-o. Entretanto, por trás dele, o inimigo se refazia e, sempre vencido, continuava avançando.

É que, nos lugares em que Napoleão não se encontrava, sua estrela estava ausente. Os ingleses haviam entrado em Bordeaux; os austríacos ocupavam Lyon; o exército da Bélgica, reunido às ruínas do exército de Blücher, ressurgia em sua retaguarda. Seus generais estavam vagarosos, indolentes, cansados. Agaloados de condecorações, esmagados por títulos, asfixiados por ouro, não queriam mais saber de combater. Por três vezes os prussianos, que ele acreditara ter à sua mercê, lhe escaparam: a primeira vez, na margem esquerda do Marne, em virtude de uma súbita geada que endurecera a lama onde deviam perecer; a segunda, no Aisne, pela rendição de Soissons, que lhes abriu uma passagem antes do momento em que não poderiam mais recuar; finalmente, em Craonne, por negligência do duque de Ragusa, que permitiu que lhe roubassem seu equipamento durante uma incursão noturna de surpresa por parte do inimigo. Todos esses presságios não escaparam a Napoleão, que sentiu, apesar de seus esforços, que a França lhe fugia das mãos. Sem esperanças de conservar seu trono, queria pelo menos conseguir um túmulo, e, em Arcissur-Aube e Saint-Dizier, fizera tudo, embora em vão, o que podia para se deixar matar – ele tinha um pacto com os projéteis e as balas. Em 29 de março, recebeu em Troyes, onde perseguia Wintzingerode, a notícia de que os prussianos e os russos marchavam em colunas cerradas sobre Paris.

Partiu imediatamente, chegou em 1º de abril a Fontainebleau e soube que Marmont capitulara na véspera, às cinco horas da tarde, e que, desde a manhã, os aliados ocupavam a capital.

Restavam-lhe três opções.

Tinha ainda sob suas ordens cinquenta mil soldados, os mais bravos e devotados do universo. Bastava apenas, para manobrá-los com eficácia, substituir os velhos generais, que tinham tudo a perder, pelos jovens coronéis, que tinham tudo a ganhar. A população ainda podia se insurgir contra sua voz poderosa, mas então Paris seria sacrificada. Os aliados a incendiariam em sua retirada, e há apenas um povo, o russo, capaz de se salvar mediante tal remédio.

A segunda era alcançar a Itália, reunindo os vinte e cinco mil homens de Augereau, os dezoito mil do general Grenier, os quinze mil do marechal Suchet e os quarenta mil do marechal Soult. Mas essa opção não traria nenhum resultado. A França continuaria ocupada pelo inimigo, e grandes infortúnios poderiam resultar para ela dessa ocupação.

Restava a terceira, que era retirar-se para o outro lado do Loire, e fazer a guerra de *partisans*.

Os aliados apenas reforçaram a indecisão do imperador ao declararem que ele era o único obstáculo à paz geral – declaração que lhe deixava apenas dois caminhos: sair da vida à maneira de Aníbal ou descer do trono à maneira de Sila.

Tentou, dizem, o primeiro: o veneno de Cabanis foi inócuo.

Decidiu então recorrer ao segundo e, num pedaço de papel, atualmente perdido, escreveu estas linhas, talvez as mais importantes que um punho mortal já traçou:

> Tendo as potências aliadas proclamado que o imperador Napoleão era o único obstáculo ao restabelecimento da paz na Europa, o imperador Napoleão, fiel a seu juramento, declara que renuncia por ele e seus herdeiros ao trono da França e da Itália, pois não há sacrifício pessoal, incluindo o da vida, que não esteja disposto a fazer pela França.

Durante um ano o mundo pareceu vazio.

V

Napoleão na Ilha de Elba

Napoleão era rei da ilha de Elba.

Ao perder o império do mundo, quis, a princípio, conservar apenas sua desgraça.

— Um pequeno escudo por dia e um cavalo – dissera –, eis tudo de que preciso.

Assim, por insistência daqueles que o cercavam, quando podia ter tomado a Itália, a Toscana ou a Córsega, lançou os olhos para esse pequeno canto de terra onde o reencontramos.

Porém, mesmo ao desprezar seus interesses, debatera por muito tempo os direitos daqueles que o acompanharam. Entre eles, em primeiro lugar os generais Bertrand e Drouot, um, grão-marechal do palácio, o outro, ajudante de campo do imperador; depois, o barão Jermanóvski, major dos lanceiros poloneses, o cavaleiro Malet, os capitães de artilharia Cornuel e Raoul, os capitães de infantaria Loubers, Lamourette, Hureau e Combi; finalmente, os capitães de lanceiros poloneses Balinski e Schultz.

Esses oficiais comandavam quatrocentos homens, escolhidos entre os granadeiros e os caçadores pedestres da velha guarda, que tinham obtido permissão para acompanhar seu ex-imperador no exílio. Em caso de retorno à França, Napoleão estipulara a manutenção de seus direitos de cidadãos.

No dia 13 de maio de 1814, às seis horas da tarde, a fragata *Undaunted* aportava na baía de Portoferraio.

O general Dalesme, que ainda comandava o lugar em nome da França, imediatamente dirigiu-se a bordo para render suas respeitosas homenagens a Napoleão.

O conde Drouot, nomeado governador da ilha, foi à terra para ser credenciado nesse posto e tomar posse dos fortes de Portoferraio. O barão Jermanóvski, nomeado comandante de armas da praça, acompanhou-o, assim como o cavaleiro Baillon, furriel do palácio, a fim de preparar os aposentos de Sua Majestade.

Naquela mesma noite, todas as autoridades, o clérigo e os principais habitantes dirigiram-se em comitiva a bordo da fragata e foram admitidos na presença do imperador.

No dia seguinte, 4, pela manhã, um destacamento de tropas entrou na cidade com a nova bandeira que o imperador adotara, e que era a da ilha, isto é, de prata e banda de goles com três abelhas de ouro na banda. Foi logo hasteada sobre o forte da Estrela, em meio a salvas de artilharia. A fragata inglesa então saudou-a por sua vez, bem como todas as embarcações que estavam no porto.

Por volta de duas horas, Napoleão desceu à terra com todo o seu séquito. No momento em que pôs o pé no solo da ilha, foi saudado por cento e uma salvas de canhão disparadas pela artilharia dos fortes, aos quais a fragata inglesa respondeu com vinte e quatro tiros, gritos e vivas de toda sua tripulação.

O imperador usava o uniforme de coronel dos caçadores montados da guarda, tendo substituído, como barrete, o tricolor pelo vermelho e branco da ilha.

Antes de entrar na cidade, foi recebido pelas autoridades, o clérigo e os notáveis, precedidos pelo prefeito, que lhe entregou as chaves de Portoferraio numa bandeja de prata. As tropas da guarnição estavam em armas e formavam uma barricada. Por trás dela amontoava-se a população inteira não apenas da capital, mas das outras cidades e aldeias, que tinha acorrido de todos os cantos da ilha. Não conseguiam acreditar que tinham como rei, eles, pobres pescadores, o homem cujo poderio, nome e proezas tinham varrido o mundo. Quanto a Napoleão, estava calmo, afável e quase alegre.

Depois de ter respondido ao prefeito, dirigiu-se com seu cortejo para a catedral, onde foi entoado um *Te Deum*. Ao sair da igreja, encaminhou-se para o prédio da Prefeitura, provisoriamente destinado a lhe servir de residência. À noite, a população iluminou espontaneamente a cidade e o porto.

O general Dalesme publicou no mesmo dia a seguinte proclamação, redigida por Napoleão:

> Habitantes da ilha de Elba,
>
> As vicissitudes humanas conduziram a vocês o imperador Napoleão, e sua própria escolha o elege como seu soberano. Antes de entrar em seus muros, o novo monarca dirigiu-me as seguintes palavras, das quais lhes dou conhecimento imediato, pois são o penhor da felicidade futura de vocês.
>
> "General", disse-me o imperador, "sacrifiquei meus interesses ao interesse da pátria, e reservei-me a soberania e a propriedade da ilha de Elba. Todas as potências consentiram nesse arranjo. Ao informar aos habitantes esse estado de coisas, diga-lhes que escolhi essa ilha como refúgio depois de considerar seus hábitos e seu clima. Assegure-lhes que serão objeto constante do meu mais vivo interesse."
>
> Cidadãos de Elba, essas palavras dispensam comentário: elas constituirão seu destino. O imperador viu-os com bons olhos. Devo-lhes essa justiça e a cumpro.
>
> Habitantes da ilha de Elba, logo me afastarei de vocês, e esse afastamento será penoso. Mas a ideia de sua felicidade suaviza o gosto amargo de minha partida, e, onde quer que eu esteja, conservarei sempre a lembrança das virtudes dos habitantes da ilha de Elba.
>
> DALESME

Os quatrocentos granadeiros chegaram em 26 de maio. Dois dias depois, o general Dalesme partiu com a antiga guarnição. A ilha estava inteiramente nas mãos de seu novo soberano.

Napoleão não conseguiu ficar inativo por muito tempo. Depois de dedicar os primeiros dias às obras indispensáveis à sua instalação, montou seu cavalo no dia 18 de maio e visitou a ilha inteira. Queria se certificar pessoalmente da situação da agricultura, conhecer as atividades mais ou menos típicas da ilha, como comércio, pesca, extração de mármore e metais. Visitou com atenção particular as pedreiras e minas, sua principal riqueza.

De volta a Portoferraio, depois de ter visitado até a última aldeia e por toda parte dado prova de solicitude aos habitantes, ocupou-se de organizar sua corte e aplicar os proventos públicos às necessidades mais prementes. Esses proventos compunham-se: das minas de ferro, das quais se podia tirar um milhão por ano; da pesca do atum, que auferia quatrocentos a quinhentos mil francos; das salinas, cuja exploração, concedida a uma firma, era capaz de gerar aproximadamente a mesma soma; enfim, da imposição tributária e alguns direitos alfandegários. Todos esses rendimentos, reunidos aos dois milhões que reservara para si, podiam-lhe proporcionar cerca de quatro milhões e meio de arrecadação.

Napoleão disse muitas vezes que nunca fora tão rico.

Trocara o prédio da Prefeitura por uma bela casa burguesa, que ele pomposamente chamava de seu palácio da cidade. A casa estava situada num rochedo, entre o forte Falcone e o forte da Estrela, num bastião conhecido como "bastião dos Moinhos". Consistia de dois pavilhões e de um prédio que os interligava. De suas janelas dominava-se a cidade e o porto, deitados a seus pés, de modo que nada que surgisse podia escapar ao olho do proprietário.

Quanto a seu palácio campestre, localizava-se em San Martino. Antes de sua chegada, não passava de uma choupana que ele mandara reconstruir e mobiliar com bom gosto. Em todo caso, o imperador nunca dormia ali; era apenas um local de passeio. Situada no sopé de uma montanha bem alta, flanqueada por um ribeirão, cercada por um prado, ela abraçava a cidade disposta em anfiteatro à sua frente, aos pés da cidade o porto e, no horizonte, para além da superfície vaporosa do mar, o litoral da Toscana.

Ao cabo de seis semanas, sua mãe chegou à ilha, e, alguns dias mais tarde, sua irmã, a princesa Paulina. Esta última tinha-se juntado ao imperador em Fréjus, querendo embarcar com ele. Seu grave estado de saúde fez com que o médico se opusesse à viagem, e o capitão inglês se comprometera a mandar buscar a princesa num dia fixado. Como este dia passara e a fragata não aparecera, a princesa usara um navio italiano para fazer a travessia. Nessa primeira viagem, ficou apenas dois dias, partindo em seguida para Nápoles. Porém, em 1º de novembro o brigue *Inconstant* a trazia de volta para não mais deixar o imperador.

Compreende-se que, ao passar de atividade tão febril para repouso tão absoluto, Napoleão tenha tido necessidade de criar ocupações regulares para si. Assim, todas as suas horas eram produtivas. Levantava-se com o dia, fechava-se na biblioteca e trabalhava em suas *Memórias militares* até as oito da manhã. Saía então para inspecionar as obras, parava para interrogar os operários, quase todos soldados de sua guarda. Por volta das onze da manhã tomava um café da manhã frugal. Na época do calor, depois de ter feito longas caminhadas ou trabalhado muito, dormia uma ou duas horas depois do almoço, voltando a sair habitualmente às três, fosse a cavalo, fosse de caleche, acompanhado pelo grão-marechal Bertrand e pelo general Drouot, que, nessas excursões, nunca o deixavam. No caminho, ouvia todas as reclamações que pudessem lhe ser dirigidas e jamais deixava alguém sem resposta. Às sete, voltava, jantava com a irmã, que habitava o primeiro andar de seu palácio da cidade, e admitia à mesa ora o intendente da ilha, sr. de Balbiani, ora o camarista Vantini, ora o prefeito de Portoferraio, ora o coronel da guarda nacional, enfim, algumas vezes, os prefeitos de Porto Longone e de Rio. À noite, subiam para os aposentos da princesa Paulina.

Quanto à *madame mère*, morava numa casa à parte, cedida pelo camarista Vantini.

Enquanto isso, a ilha de Elba tornava-se o ponto de encontro de todos os curiosos da Europa. Logo a afluência de estrangeiros era tão grande que se tornou necessária a adoção de medidas para impedir as desordens, inevitáveis com tantos desconhecidos agrupados, entre os quais se encontrava um bom número de aventureiros em busca de fortuna. Os produtos do solo logo se verificaram insuficientes, sendo preciso abastecer-se no continente. O comércio de Portoferraio ampliou-se, e essa expansão melhorou a situação geral. Assim, mesmo no exílio, a presença de Napoleão era uma fonte de prosperidade para o país que o acolhia.

Sua influência se estendera até as últimas classes da sociedade. Uma nova atmosfera envolvia a ilha.

Entre os estrangeiros, os mais numerosos eram ingleses. Pareciam atribuir grande valor em vê-lo e ouvi-lo. Por sua vez, Napoleão recebia-os com benevolência. Lorde Bentink, lorde Douglas e diversos outros cavalheiros da alta aristocracia levaram para a Inglaterra uma preciosa lembrança da maneira como tinham sido acolhidos.

De todas as visitas recebidas pelo imperador, as mais agradáveis eram as de um grande número de oficiais de todas as nações, italianos, franceses, poloneses, alemães, que iam oferecer seus préstimos. Ele lhes respondia que não havia funções nem patentes a distribuir.

— Ora, então podemos servi-lo como soldados – replicavam.

E, quase sempre, os incorporava como granadeiros. Esse devotamento ao seu nome era o que mais o lisonjeava.

O dia 15 de agosto chegara. Era a festa do imperador, que foi celebrada com indescritível efusão, certamente constituindo para ele, acostumado como era às festas oficiais, um espetáculo inteiramente novo. A cidade ofereceu um baile ao imperador e à guarda. Uma ampla tenda, elegantemente decorada, foi armada na grande praça, e Napoleão ordenou que permanecesse aberta para que todos pudessem participar da festa.

Era inacreditável o ritmo de obras na cidade e na ilha. Dois arquitetos italianos, Bargini e Romain, e Bettarini, toscano, traçavam os planos das construções estipuladas. Porém, quase sempre o imperador mudava as disposições de acordo com suas ideias, tornando-se o único criador e o verdadeiro arquiteto. Assim, mudou o traçado de diversas vias iniciadas, procurou uma fonte cuja água lhe parecia de melhor qualidade do que a bebida em Portoferraio e dirigiu seu curso até a cidade.

Embora provavelmente acompanhasse com seus olhos de águia os acontecimentos europeus, Napoleão estava aparentemente resignado à sua sina. Todos achavam inclusive que ele ia acabar se acostumando àquela vida nova, cercado que estava pelo amor de todos os que dele se aproximavam, quando os próprios soberanos aliados se encarregaram de despertar o leão, que, ao contrário do que se pensava, não estava adormecido.

Napoleão já residia havia vários meses no seu pequeno império, ocupando-se de embelezá-lo a todo custo de acordo com seu gênio inquieto e inventivo, quando foi secretamente avisado de que estavam discutindo seu afastamento. A França, por intermédio de Talleyrand, exigia com veemência essa medida do Congresso de Viena, considerando-a indispensável para sua segurança e apontando incessantemente o perigo, para a dinastia reinante, de Napoleão residir tão próximo da costa da Itália e da Provença. Antes de tudo, chamava a atenção do Congresso para o fato de que, caso se cansasse de seu exílio, o ilustre proscrito podia em quatro dias chegar a Nápoles e, dali, com a ajuda do cunhado Murat, que ainda reinava na cidade, descer à frente de um exército nas províncias já descontentes da alta Itália, sublevá-las ao primeiro grito e renovar assim a luta mortal que mal acabara de terminar.

Para apoiar essa violação do tratado de Fontainebleau, tomava-se como pretexto a correspondência do general Excelmans com o rei de Nápoles, correspondência que acabara de ser apreendida e que sugeria uma conspiração flagrante, cujo centro seria a ilha de Elba e cujas ramificações se estenderiam à Itália e à França. Essas suspeitas logo foram intensificadas por outra conspiração descoberta em Milão, na qual estavam envolvidos diversos oficiais-generais do antigo exército italiano.

A Áustria tampouco via com olhos serenos aquela perigosa vizinhança. A *Gazeta de Augsburg*, seu porta-voz, explicava-se, de resto, abertamente a esse respeito. Liam-se textualmente as seguintes palavras.

> Por mais preocupantes que sejam os acontecimentos de Milão, devemos nos tranquilizar, esperando que talvez eles possam contribuir para afastar o mais cedo possível um homem que, sobre o rochedo da ilha de Elba, segurava nas mãos os fios dessas tramas urdidas por seu ouro, e que, enquanto permanecer na proximidade da costa da Itália, não permitirá que os soberanos dessas regiões desfrutem tranquilamente de suas possessões.

Enquanto isso, o Congresso, apesar da convicção geral, não ousava, com provas tão fracas, tomar uma decisão que se achava em contradição manifesta com os princípios da moderação, tão faustosamente advogados pelos soberanos aliados. Foi portanto decidido, por não parecer violar os tratados vigentes, que se tentaria convencer Napoleão a deixar voluntariamente a ilha de Elba; caso se recusasse, usariam de violência. Passaram imediatamente à escolha de outra residência. Malta foi mencionada, mas a Inglaterra vira inconvenientes na alternativa, já que, de prisioneiro, Napoleão podia se tornar um grão-senhor. Propôs então Santa Helena.

Napoleão logo conjeturou terem sido aqueles rumores espalhados por seus próprios inimigos a fim de levá-lo a algum ato de desespero que lhes permitisse violar as promessas feitas. Na mesma hora enviou um agente discreto, hábil e fiel para Viena, com o intuito de descobrir que grau de confiança podia depositar naquelas advertências. Esse homem era recomendado ao príncipe Eugênio Beauharnais, que, encontrando-se então em Viena e sendo íntimo do imperador Alexandre, devia saber o que estava acontecendo no Congresso. O agente colheu rapidamente as informações necessárias e as fez chegar ao imperador. Além disso, organizou uma correspondência ativa e segura, pela qual Napoleão devia ser posto a par do que acontecia.

Além dessa correspondência com Viena, Napoleão mantivera comunicações com Paris, e cada notícia que dali chegava lhe sugeria uma reação poderosa contra os Bourbon.

Foi então que, nessa dupla posição, ocorreram-lhe as primeiras ideias do gigantesco projeto que logo pôs em execução.

Napoleão agiu com a França como fizera no caso de Viena. Enviou emissários munidos de instruções secretas para se informar da verdade efetiva e entabular, se houvesse chance, uma conspiração com os amigos fiéis e com os comandantes militares que, vendo-se maltratados, deviam ser os mais descontentes.

Os emissários, ao retornarem, confirmaram a veracidade das notícias em que Napoleão se negava a acreditar. Deram-lhe ao mesmo tempo a certeza de que uma surda fermentação reinava entre o povo e no exército, que todos os descontentes, e seu número era imenso, voltavam os olhos para ele e imploravam sua volta. Finalmente, que uma explosão era inevitável e que se tornava impossível aos Bourbon lutarem ainda por muito tempo contra a oposição levantada pela imperícia e imprevisão de seu governo.

Portanto, não restava mais dúvida: de um lado, o perigo; de outro, a esperança. Uma prisão eterna sobre um rochedo no meio do oceano ou o império do mundo.

Napoleão tomou sua decisão com a rapidez habitual. Em menos de oito dias tudo fora decidido em seu espírito. Tratava-se apenas de se empenhar nos preparativos da iniciativa sem despertar as suspeitas do comissário inglês encarregado de vir, de tempos em tempos, visitar a ilha de Elba, e sob cuja vigilância indireta haviam colocado todos os passos de Napoleão.

Esse comissário era o coronel Campbell, que acompanhara o imperador por ocasião de sua chegada. Tinha à sua disposição uma fragata inglesa, na qual ia incessantemente de Portoferraio a Gênova, de Gênova a Livorno, e de Livorno a Portoferraio. Sua passagem por esta última baía durava em geral cerca de vinte dias, durante os quais o coronel descia à terra e ia fazer, aparentemente, sua corte a Napoleão.

Era preciso enganar também os agentes secretos que podiam estar na ilha, desviar a instintiva e clarividente sagacidade dos habitantes; enfim, mascarar completamente suas intenções.

Com esse fim, Napoleão deu prosseguimento às obras iniciadas e desenhou diversas novas estradas, que sugeria abrir em todos os sentidos, através e em torno da ilha. Mandou consertar e pavimentar a que ligava Portoferraio a Porto Longone e, como as árvores eram muito raras na ilha, ordenou que viesse do continente uma grande quantidade de amoreiras, que plantou dos dois lados do caminho. Depois ocupou-se ativamente de terminar sua pequena casa de San Martino, cujas obras estavam atrasadas. Encomendou na Itália estátuas e vasos, e comprou laranjeiras e plantas raras. Finalmente, fingiu dedicar toda sua atenção a isso, como se aquela fosse uma moradia duradoura.

Em Portoferraio, mandou demolir os velhos casebres que cercavam seu palácio e remanejar uma comprida construção que servia de alojamento para os oficiais até a altura de um aterro, cujas dimensões foram ampliadas de maneira a fazer dele uma praça de armas e ali ele poder passar em revista dois batalhões. Uma antiga igreja abandonada foi doada aos habitantes para a construção de um teatro onde deviam representar os melhores atores da Itália. Todas as ruas foram reparadas. A porta de Terre só era praticável com mulas; foi então alargada, e, com a ajuda de um aterro, a estrada tornou-se apta para o transporte de todo tipo de carretos.

Enquanto isso, e para facilitar ainda mais a execução de seu projeto, determinou que o brigue *Inconstant*, que reservara como sua propriedade, e o veleiro *Étoile*, que construíra, fizessem frequentes viagens a Gênova, Livorno e Nápoles, à costa da Barbaria e até à França, a fim de habituar os cruzadores ingleses e franceses à sua vista. Com efeito, esses navios percorreram sucessivamente, em todos os sentidos e várias vezes, o litoral do Mediterrâneo com o pavilhão de Elba, sem serem incomodados. Era o que Napoleão queria.

Foi então que se ocupou seriamente com os preparativos da partida. Ordenou que levassem, à noite e no maior sigilo, para bordo do *Inconstant* uma grande quantidade de armas e munições. Mandou renovar os uniformes de sua guarda, a roupa de baixo e os calçados. Convocou os poloneses, que estavam destacados em Porto Longone e na pequena ilha de Pianosa, onde guarneciam o forte. Acelerou a organização e a instrução do batalhão de caçadores, que formou com homens recrutados apenas na Córsega e na Itália. Finalmente, nos primeiros dias de fevereiro, tudo estava pronto para a primeira ocasião favorável, em que se trouxessem as notícias esperadas da França.

Essas notícias afinal chegaram, trazidas por um coronel do antigo exército – que imediatamente regressou a Nápoles.

Infelizmente, o coronel Campbell e sua fragata estavam no porto naquele momento. Foi preciso esperar, sem mostrar a menor impaciência, cercando-o das amabilidades de praxe, até que o tempo de sua escala habitual se esgotasse. Finalmente, na tarde de 24 de fevereiro, Campbell pediu permissão para apresentar suas homenagens ao imperador, despedir-se dele e saber de suas encomendas para Livorno. Napoleão levou-o até a porta, e os empregados puderam escutar estas últimas palavras dirigidas a ele:

— Adeus, senhor coronel, desejo-lhe uma boa viagem. Até mais ver.

Mal o coronel saiu, Napoleão mandou chamar o grão-marechal. Passou parte do dia e da noite fechado com ele, deitou-se às três da manhã e levantou-se ao nascer do dia.

Ao primeiro olhar que lançou sobre o porto, avistou a fragata inglesa aparelhando. A partir daí, como se um poder mágico tivesse acorrentado seu olhar àquela embarcação, não a abandonou mais com os olhos. Viu suas velas serem desfraldadas, levantarem sua âncora, pôr-se em marcha, e, sob um bom vento sudeste, deixar o porto e singrar para Livorno.

Subiu então ao terraço com uma luneta e continuou a seguir a rota da embarcação que se afastava. Por volta do meio-dia, a fragata era apenas um ponto branco no mar; à uma, desaparecera completamente.

De pronto Napoleão deu suas ordens. Uma das principais disposições foi um embargo de três dias, imposto a todas as embarcações que estavam no porto. Até os barcos pequenos foram submetidos a essa medida, executada sem demora.

Como o *Inconstant* e o *Étoile* não eram suficientes para o transporte, foram contratados três ou quatro navios mercantes escolhidos entre os melhores veleiros. Naquela mesma noite, tudo foi carregado, e os barcos ficaram à disposição do imperador.

Na noite de 25 para 26, isto é, de sábado para domingo, Napoleão convocou as principais autoridades e os mais notáveis habitantes da ilha, com os quais formou uma espécie de conselho de regência. Depois, nomeando comandante o coronel da guarda nacional Lapi, confiou a defesa do país a seus habitantes, recomendando-lhes sua mãe e sua irmã. Enfim, sem indicar precisamente o objetivo da expedição que ia encetar, tranquilizou com antecedência aqueles a quem se dirigia sobre o sucesso que devia obter, prometendo, em caso de guerra, enviar ajuda para defender a ilha e determinando que só se rendessem a uma grande potência sob uma ordem dele emanada.

Pela manhã providenciou alguns detalhes referentes à sua casa, despediu-se da família e ordenou o embarque.

Ao meio-dia, a generala soou.

Às duas horas, o repique a sucedeu. Só então Napoleão anunciou a seus velhos companheiros de armas a que novos destinos estavam sendo chamados. Em nome da França, na esperança de um retorno próximo à pátria, um grito de entusiasmo ecoou, lágrimas correram. Os soldados romperam suas fileiras jogando-se nos braços uns dos outros, correndo como malucos e atirando-se de joelhos diante de Napoleão como diante de um deus.

Das janelas do palácio, sua mãe e a princesa Paulina presenciavam a cena chorando.

Às sete horas, o embarque foi concluído.

Às oito horas, embarcou numa canoa. Alguns minutos depois estava a bordo do *Inconstant*. No momento em que nele pôs o pé, uma salva de canhão foi disparada: era o sinal da partida.

Logo a pequena flotilha aparelhou, e, sob um vento sul-sudeste bem frio, saiu da baía, depois do golfo, dirigindo-se para noroeste e acompanhando a certa distância a costa da Itália.

No exato momento em que as velas se enfunavam, emissários partiam para Nápoles e Milão, enquanto um oficial superior dirigia-se para a Córsega, a fim de tentar uma rebelião que preparasse um refúgio para o imperador em caso de malogro na França.

No dia 27, ao nascer do dia, todos subiram ao tombadilho para verificar a rota percorrida à noite. O espanto foi grande e cruel ao perceberem que não haviam feito mais que vinte e quatro quilômetros. Mal tinham dobrado o cabo Santo André, o vento amainara, e uma calmaria desesperante lhe sucedera.

Quando o sol iluminou o horizonte, avistaram na direção oeste, no litoral da Córsega, as fragatas francesas *Fleur de Lis* e *Melpomène*.

Essa visão espalhou o alarme em todos os barcos. Este foi tão grande no brigue *Inconstant*, que levava o imperador – a posição era tão crítica, o perigo tão iminente –, que se levantou a hipótese de retornar a Portoferraio e ali esperar um vento favorável. Mas o imperador na mesma hora desprezou o conselho e a indecisão, e ordenou que se prosseguisse a rota, garantindo que a calmaria ia cessar. De fato, como se o vento estivesse às suas ordens, esfriou por volta das onze horas, e, às quatro, estavam na altura de Livorno, entre Capraia e a Górgona.

Foi quando um novo alarme, mais grave que o primeiro, propagou-se por toda a flotilha: descobrira-se de repente ao norte, sob o vento, a cerca de vinte quilômetros, uma fragata; outra surgira ao mesmo tempo no litoral da Córsega; finalmente, ao longe, despontou um outro navio de guerra a todo pano na direção da flotilha.

Não havia mais o que tergiversar, era preciso tomar uma decisão imediata. A noite ia cair, o que possibilitava escapar das fragatas na escuridão. Mas o navio de guerra continuava a avançar e não tardou a ser reconhecido como um brigue francês. A primeira ideia que ocorreu a todos foi que a iniciativa tinha sido descoberta ou vendida, e que se anunciava um embate com forças superiores. O imperador susteve que apenas o acaso reunira aquelas três embarcações, estranhas uma à outra, numa posição que parecia hostil. Estava convicto de que uma expedição preparada com tanto sigilo não poderia ter sido desmascarada em tempo hábil de colocarem uma esquadra inteira em seu encalço.

Apesar dessa convicção, deu ordens para retirarem os portalós e decidiu que, em caso de ataque, partiriam para a abordagem, certo de que, com sua tripulação de velhos soldados, arrasaria o brigue, podendo depois prosseguir tranquilamente sua rota, esquivando-se da perseguição das fragatas por uma contramanobra noturna. Entretanto, sempre na esperança de que apenas o acaso reunira naquele ponto as três embarcações avistadas, ordenou aos soldados e a todas as pessoas que pudessem despertar suspeitas que saíssem do tombadilho. Sinais transmitiram as mesmas ordens para os outros navios. Tomadas essas medidas, aguardou-se o acontecimento.

Às seis da tarde, as duas embarcações aproximaram-se a uma distância ao alcance da voz. Embora a noite começasse a cair com rapidez, reconheceram o brigue francês *Zéphir*, comandado pelo capitão Andrieux. De resto, era fácil perceber por sua manobra que ele se apresentava com intenções das mais pacíficas. Comprovaram-se assim as previsões do imperador.

Ao se reconhecerem, os dois brigues fizeram as saudações de praxe e, ao mesmo tempo que prosseguiam sua rota, trocaram algumas palavras. Os dois capitães perguntaram-se reciprocamente qual era o local de sua destinação. O capitão Andrieux respondeu que ia para Livorno; a resposta do *Inconstant* foi que ia para Gênova e se encarregaria de bom grado de mensagens para aquela região. O capitão Andrieux agradeceu e perguntou sobre o imperador. A essa pergunta, Napoleão não resistiu ao desejo de se misturar a conversa tão interessante sobre sua pessoa, tomou o porta-voz do capitão Chotard e respondeu:

— Às mil maravilhas!

Em seguida, trocadas essas gentilezas, os dois brigues prosseguiram suas rotas, perdendo-se na noite.

Continuaram a todo pano e sob um tempo bastante frio, de modo que, no dia seguinte, 28, o cabo Corso foi dobrado. Nesse mesmo dia avistaram uma embarcação de guerra de 1774, ao largo, dirigindo-se para Bastia. Mas esta não causou qualquer preocupação.

Antes de deixar a ilha de Elba, Napoleão redigira duas proclamações. Porém, ao passá-las a limpo, ninguém, nem mesmo ele, conseguiu decifrá-las. Jogou-as então ao mar e ditou imediatamente duas outras, uma dirigida ao exército, outra ao povo francês. Todos os que sabiam escrever logo foram transformados em secretários, tudo virou escrivaninha – tambores, bancos, chapéus –, e todos puseram mãos à obra. No meio desse trabalho, avistaram a costa de Antibes, saudada com gritos de entusiasmo.

VI

Os Cem Dias

No dia 1º de março, às três horas, a flotilha fundeou o golfo Juan. Às cinco, Napoleão pôs os pés em terra, e o acampamento foi montado num bosque de oliveiras, onde ainda hoje exibe-se aquela sob a qual se sentou o imperador. Vinte e cinco granadeiros e um oficial da guarda foram imediatamente enviados a Antibes para tentar anexar a guarnição local. Porém, arrebatados pelo entusiasmo, entraram na cidade gritando: "Viva o imperador!". Como o desembarque de Napoleão ainda era ignorado, foram tomados por loucos. O comandante mandou levantar a ponte, e os vinte e cinco bravos foram feitos prisioneiros.

Fracassada a iniciativa, alguns oficiais sugeriram a Napoleão que marchassem sobre Antibes e a tomassem a força a fim de prevenir o efeito nefasto que a resistência dessa praça pudesse produzir na opinião pública. Napoleão respondeu que era sobre Paris que cabia marchar e, juntando ação às palavras, levantou acampamento quando a lua despontou.

O pequeno exército chegou a Cannes no meio da noite, atravessou Grasse por volta das seis da manhã e fez alto sobre uma colina que domina a cidade. Mal se estabeleceu ali, Napoleão foi cercado pela população dos arredores, onde o rumor de seu milagroso desembarque já se espalhara. Recebeu-a como teria feito nas Tulherias: ouvindo as queixas, acolhendo as petições, prometendo fazer justiça. O imperador esperava encontrar em Grasse uma estrada que mandara construir em 1813, mas a obra não tinha sido executada. Foi obrigado a deixar na cidade seu carro e as quatro pequenas peças de artilharia que trouxera de Elba. Tomaram então atalhos montanhosos ainda cobertos de neve e, à noite, foram dormir, depois de terem feito oitenta quilômetros até a aldeia de Cérénon. No dia 3 de março chegaram em Barême; no dia 4 em Digne, e no dia seguinte em Gap. Nesta cidade, permaneceram o tempo necessário para a impressão das proclamações que, a partir do dia seguinte, seriam distribuídas aos milhares pela estrada.

Entretanto, o imperador não deixava de estar preocupado. Até então lidara apenas com a população, e o entusiasmo dela era previsível. Mas nenhum soldado se apresentara, nenhum corpo organizado se juntara ao pequeno exército, e eram acima de tudo os regimentos enviados a seu encontro que Napoleão desejava cooptar. O momento tão temido e esperado chegou finalmente entre Mure e Vizille: o general Cambronne, marchando na linha de frente com quarenta granadeiros, deu com um batalhão enviado de Grenoble para fechar a estrada. O comandante do destacamento recusou-se a reconhecer o general Cambronne, e este mandou prevenir o imperador quanto ao ocorrido.

Napoleão prosseguia seu caminho, num coche de viagem improvisado que haviam arranjado em Gap, quando recebeu a notícia. Logo mandou buscar seu cavalo, montou-o e avançou a galope até a distância de cem passos dos soldados que faziam a barreira, sem que um único grito ou aclamação saudasse sua pessoa.

O momento de perder ou ganhar a partida chegara. A disposição do terreno não permitia recuar. À esquerda da estrada, uma montanha íngreme; à direita, uma pequena pradaria, com cerca de trinta passos de largura apenas, margeada por um precipício; à frente, o batalhão armado, estendendo-se do precipício à montanha.

Napoleão parou sobre um montículo a dez passos do ribeirão que atravessava a pradaria. Em seguida, voltando-se para o general Bertrand e jogando as rédeas do cavalo em suas mãos:

— Fui enganado – disse-lhe. — Mas pouco importa, avante!

A essas palavras apeou, atravessou o ribeirão, caminhou em direção ao batalhão, que permanecia imóvel; e deteve-se a vinte passos da linha, no momento em que o ajudante de campo do general Marchand desembainhava sua espada e ordenava fogo:

— Ora, meus amigos – disse-lhes –, não estão me reconhecendo? Sou seu imperador. Se há entre vocês um único soldado que queira matar seu general, pode fazê-lo, aqui estou.

Mal essas palavras foram pronunciadas, o grito de "Viva o imperador!" brotou de todas as bocas. O ajudante de campo ordenou uma segunda vez que abrissem fogo, mas sua voz foi abafada pelos clamores. Ao mesmo tempo, e enquanto quatro lanceiros poloneses punham-se em seu encalço, os soldados debandaram e lançaram-se para a frente rodeando Napoleão, caindo a seus pés, beijando-lhe as mãos, arrancando o barrete branco e substituindo-o pelo tricolor. Tudo isso com gritos e aclamações, num delírio que levou às lágrimas seu antigo general. Logo este se lembrou de que não havia um instante a perder, ordenou que fizessem meia-volta à direita, tomou a frente da coluna e, precedido por Cambronne e seus quarenta granadeiros, seguido pelo batalhão enviado para lhe fechar a passagem, alcançou o cume da montanha de Vizille, de onde avistou, dois quilômetros abaixo, o ajudante de campo – ainda perseguido pelos quatro lanceiros, aos quais se adiantou, graças a seu cavalo novo – atravessar a cidade e escapar a seus perseguidores tomando um caminho diagonal, onde os cavalos deles, esgotados de cansaço, não o poderiam seguir.

Entretanto, aquele homem que fugia e seus quatro perseguidores, passando como um raio pelas ruas de Vizille, já diziam tudo sobre o que acontecera. Pela manhã tinham visto passar o ajudante de campo à frente de seu batalhão, e ei-lo agora que voltava sozinho e perseguido. O rumor era verdadeiro: Napoleão então avançava, cercado pelo amor do povo e dos soldados. Todos saíram às ruas, interrogando-se, excitados. De repente percebeu-se o cortejo no meio da costa de Mure. Homens, mulheres e crianças lançaram-se em sua direção, a cidade inteira assediava-o antes que chegasse às suas portas, ao passo que os camponeses desciam das montanhas, pulando como camelos e fazendo ecoar de pedra em pedra o grito de "Viva o imperador!".

Napoleão fez uma parada em Vizille. Aquele era o berço da liberdade francesa, e 1814 não traía 1789. O imperador foi recebido por uma população inebriada de alegria. Mas era apenas uma cidade sem portas, sem muralhas, sem guarnição. Era preciso marchar para Grenoble, e uma parte dos habitantes seguiu Napoleão.

A quatro quilômetros de Vizille, surgiu na estrada um oficial de infantaria, que acorreu, coberto de poeira. Como o grego de Maratona, estava prestes a morrer de cansaço. Trazia grandes notícias.

Por volta das duas da tarde, o 7º regimento de infantaria, comandado pelo coronel Labédoyère, partira de Grenoble para avançar contra o imperador. Porém, a dois quilômetros da cidade, o coronel, que estava a cavalo à frente de seu batalhão, deu súbita meia-volta e ordenou uma parada. Logo um tambor aproximou-se do coronel, apresentando-lhe sua caixa. O coronel mergulhou ali sua mão, retirou uma águia e, erguendo-se sobre seus estribos a fim de que todos pudessem vê-lo:

— Soldados – bradou –, eis o sinal glorioso que os guiava em suas imortais jornadas. Aquele que nos levou a tantas vitórias vem ao nosso encontro para vingar nossa humilhação e nossos reveses. É hora de voar sob sua bandeira, que nunca deixou de ser a nossa. Aqueles que me amam sigam-me! Viva o imperador!

O regimento inteiro o seguiu.

O oficial quis ser o primeiro a trazer a notícia ao imperador, e para isso tomara a frente – mas o regimento todo vinha atrás dele.

Napoleão esporeou seu cavalo e adiantou-se. Todo o seu pequeno exército o acompanhou, gritando e correndo. Chegando no alto de uma colina, avistou o regimento de Labédoyère, que avançava a passo acelerado. Assim que foi percebido, soaram os gritos de "Viva o imperador!". Esses clamores foram ouvidos pelos bravos da ilha de Elba, que a eles responderam. Daí em diante ninguém manteve-se mais nas fileiras, todos se precipitaram. Napoleão projetou-se em meio ao reforço que lhe chegava; Labédoyère atirou-se de seu cavalo para beijar os joelhos de Napoleão, mas este o recebeu com um forte abraço.

— Coronel – disse-lhe o imperador –, é o senhor quem me substitui no trono.

Labédoyère ficou louco de alegria. Aquele abraço lhe custaria a vida, mas e daí? O som de tais palavras valem meio século de vida.

Logo puseram-se novamente a caminho, pois Napoleão não ficaria tranquilo enquanto não chegasse a Grenoble. A cidade tinha uma guarnição que, diziam, devia resistir. Em vão os soldados falavam em nome de seus colegas ao imperador. Este, fingindo estar convencido como eles, ordenou que se marchasse sobre a cidade.

Napoleão chegou às oito da noite sob os muros de Grenoble. As ameias estavam cobertas pelo 3º regimento, composto por dois mil soldados, pelo 4º regimento de artilharia de linha, no qual Napoleão servira, por dois batalhões do 5º de linha e pelos hussardos do 4º. De resto, a marcha do imperador fora tão rápida que desarmara todas as medidas. Não houvera tempo para obstruir as pontes, mas as portas estavam fechadas, e o comandante recusou-se a abri-las.

Napoleão compreendeu que um momento de hesitação poria tudo a perder, pois a noite arrebataria o prestígio de sua presença. Todos os olhos decerto o buscavam, mas ninguém conseguia vê-lo. Ordenou a Labédoyère que dirigisse uma arenga aos artilheiros. O coronel então subiu numa colina e gritou bem alto:

— Soldados, estamos lhes devolvendo o herói seguido por vocês em tantas batalhas. Cabe-lhes recebê-lo e repetir conosco o velho brado de companheirismo dos vencedores da Europa: "Viva o imperador!"

De fato, esse grito mágico foi instantaneamente repetido não apenas sobre as muralhas, mas também em todos os recantos da cidade. Então todos se precipitaram para as portas, mas elas estavam fechadas, e apenas o comandante tinha as chaves. Por sua vez, os soldados que acompanhavam Napoleão se aproximaram. Falava-se, respondia-se, era possível darem-se as mãos através das portinholas, mas nada de abri-las. O imperador fremia de impaciência, preocupado.

De repente ouviram-se os gritos "Abram caminho! Abram caminho!": era a população inteira do bairro de Très-Cloître que avançava com duas vigas para arrombar as portas. Todos se prepararam; os aríetes começaram seu trabalho. As portas rangeram, oscilaram, abriram-se: seis mil homens escoaram por elas ao mesmo tempo.

Não era mais entusiasmo: era furor, paixão. Aqueles homens precipitavam-se sobre Napoleão como se fossem despedaçá-lo. Num instante foi apeado de seu cavalo, arrastado, carregado em meio a gritos frenéticos. Em nenhuma batalha correra perigo semelhante. Todos tremiam por ele, pois apenas ele podia compreender que a onda que o carregava era toda feita de amor.

Finalmente, pararam num hotel. Seu estado-maior o alcançou e rodeou. Mal começava-se a respirar quando se ouviu um novo tumulto: eram os habitantes da cidade que, não podendo entregar-lhe as chaves, vinham lhe oferecer as portas.

A noite foi uma longa festa na qual soldados, burgueses e camponeses confraternizaram. Napoleão aproveitou a pausa para reimprimir suas proclamações. No dia 8, pela manhã, elas foram afixadas e espalhadas por toda parte. Emissários saíram da cidade e as levaram a todos os pontos, anunciando a tomada da capital do Dauphiné e a iminente intervenção da Áustria e do rei de Nápoles. Foi somente em Grenoble que Napoleão teve certeza de que chegaria a Paris.

No dia seguinte, o clero, o estado-maior, a corte, os tribunais e todas as autoridades civis e militares vieram oferecer seus respeitos ao imperador. Encerrada a audiência, ele passou em revista a guarnição, composta por seis mil homens, e dirigiu-se imediatamente para Lyon.

No dia 10, depois de ter redigido três decretos que anunciavam o retorno do poder imperial às suas mãos, pôs-se novamente a caminho e dormiu em Bourgoin. A multidão e o entusiasmo iam crescendo. Dir-se-ia que a França inteira o acompanhava e avançava com ele para a capital.

Na estrada de Bourgoin para Lyon, Napoleão foi informado de que o duque de Orléans, o conde de Artois e o marechal Macdonald pretendiam defender a cidade e iriam derrubar a ponte Morand e a ponte da Guillotière. Riu dessas disposições, nas quais não acreditava, pois conhecia o patriotismo dos lioneses. Ordenou então ao 4º regimento de hussardos que fizesse um reconhecimento até a Guillotière. O regimento foi recebido aos gritos de "Viva o imperador!", saudações que chegaram até Napoleão, que seguia a tropa a uma distância de aproximadamente um quilômetro. Pôs seu cavalo a galope e chegou sozinho, apostando no momento em que menos o esperavam, no meio da população, que passou da exaltação à loucura diante de sua presença.

No mesmo instante, soldados de ambos os lados lançaram-se sobre as barricadas que os separavam e começaram a destruí-las. Um quarto de hora depois, estavam nos braços uns dos outros. O duque de Orléans e o general Macdonald foram obrigados a bater em retirada; o conde d'Artois fugiu, tendo como escolta um único voluntário realista que não o abandonara.

Às cinco horas da tarde, a guarnição inteira postou-se diante do imperador.

Uma hora depois o exército tomava a cidade.

Às oito da noite, Napoleão fez sua entrada na segunda capital do reino.

Permaneceu ali por quatro dias, tendo sempre vinte mil almas sob suas janelas.

No dia 13, o imperador partiu de Lyon e passou a noite em Mâcon. O entusiasmo continuou num crescendo. Não eram mais apenas alguns indivíduos isolados, eram os magistrados que vinham recebê-lo às portas das cidades.

No dia 17, foi um prefeito que o acolheu em Auxerre: era a primeira autoridade superior que se atrevia a demonstração desse tipo.

No fim da tarde, anunciaram o marechal Ney, que vinha, envergonhado por sua frieza em 1814 e por seus juramentos a Luís XVIII, solicitar um lugar na ala dos granadeiros. Napoleão abriu-lhe os braços, chamando-o de "o bravo dos bravos", e tudo foi esquecido.

Mais um abraço mortal.

No dia 20 de março, às duas da tarde, Napoleão chegava a Fontainebleau, castelo de terríveis recordações: num de seus quartos, pensara em se matar; no outro, perdera o Império. Fez uma pausa de apenas um instante e continuou sua marcha triunfal sobre Paris.

Chegou à noite, como em Grenoble, como em Lyon, ao cabo de uma longa jornada e à frente das tropas que protegiam os arredores da cidade. Se quisesse, poderia ter entrado ali com dois milhões de homens.

Às oito e meia penetrou no pátio das Tulherias. Ali, foi ovacionado como em Grenoble: mil braços se estenderam, pegaram-no, carregaram-no com gritos e num delírio indescritível. A multidão era tamanha que não houve meios de dominá-la. Era uma correnteza que devia seguir seu curso. Napoleão conseguiu apenas dizer estas palavras:

— Meus amigos, vocês estão me sufocando!

Nos aposentos, o imperador encontrou outra massa, massa condecorada e respeitosa, massa de cortesãos, generais e marechais. Estes não sufocaram Napoleão, curvaram-se à sua presença.

— Senhores – disse-lhes o imperador –, foram as pessoas desinteressadas que me trouxeram de volta à capital; foram os subtenentes e os soldados que fizeram tudo. É ao povo, ao exército que devo tudo.

Naquela mesma noite, Napoleão tratou de reorganizar o governo. Cambacérès foi nomeado para a Justiça, o duque de Vicence para as Relações Exteriores, o marechal Davout para a Guerra, o duque de Gaëte para as Finanças, Decrès para a Marinha, Fouché para a Polícia, Carnot para o Interior. O duque de Bassano foi reconduzido à Secretaria de Estado; o conde Mollien voltou para o Tesouro; o duque de Rovigo foi nomeado comandante-geral da Gendarmerie; Montalivet tornou-se intendente da Lista Civil; Letort e Labédoyère foram promovidos a generais; Bertrand e Drouot mantiveram-se em suas funções respectivas de grão-marechal do palácio e de major-general da guarda. Enfim, todos os camaristas, escudeiros, mestres de cerimônia de 1814 foram convocados.

Em 26 de março, convidaram-se todos os grandes corpos do Império a expressar o apoio da França a Napoleão.

Em 27 de março, já se dizia que os Bourbon nunca haviam existido; toda a nação acreditava ter vivido um sonho.

Com efeito, aquela revolução terminara em um dia e não derramara uma gota de sangue. Desta vez ninguém tinha pai, irmão ou amigo mortos por causa de Napoleão. A única mudança visível tinham sido as cores que flutuavam sobre nossas cidades e os gritos de "Viva o imperador!" que ecoavam de uma ponta a outra da França.

Enquanto isso, a nação estava orgulhosa do grande ato de espontaneidade que acabava de se realizar. A grandeza daquele projeto parecia apagar, com seu gigantesco resultado, os reveses dos últimos três anos, e ela mostrava-se grata ao imperador por voltar a ocupar o trono.

Napoleão examinava sua posição, estudando-a. Dois caminhos abriam-se à sua frente: tentar tudo pela paz, preparando-se para a guerra; ou começar a guerra por um desses movimentos imprevistos, por um desses raios repentinos, que tinham feito dele o Júpiter da Europa.

Ambas as alternativas apresentavam inconvenientes. Tentar tudo pela paz era dar tempo para os aliados se recomporem. Eles contariam os seus soldados e os nossos e teriam tantos exércitos quantas divisões tínhamos: estaríamos a um contra cinco. E daí? Já vencêramos algumas vezes assim.

Começar a guerra era dar razão aos que diziam que Napoleão não queria a paz. Depois, o imperador só dispunha de quarenta mil homens. Era o bastante, é verdade, para reconquistar a Bélgica e entrar em Bruxelas, porém, uma vez em Bruxelas, ele se veria fechado num anel de praças-fortes que teriam de ser tomadas uma depois da outra, e Maestricht, Luxemburgo e Antuérpia não eram acampamentos que se atacavam com um mero tabefe. Aliás, a Vendeia hesitava, o duque de Angoulême marchara sobre Lyon, e os marselheses sobre Grenoble. Cumpria dominar aquela inflamação intestina que atormentava a França a fim de que ela se apresentasse perante o inimigo em todo o seu poderio e força.

Napoleão decidiu-se pela primeira alternativa. A paz, que recusara a Châtillon em 1814, depois da invasão da França, poderia ser aceita em 1815, depois do regresso da ilha de Elba. É possível parar ao subir, nunca ao descer.

A fim de mostrar sua boa vontade à nação, escreveu então esta circular aos reis da Europa:

Senhor meu irmão,

O senhor soube, ao longo do mês passado, de meu retorno à costa da França, de minha entrada em Paris e da partida da família dos Bourbon. A verdadeira natureza desses acontecimentos agora deve ser do conhecimento de Sua Majestade. São obra de um poder irresistível, iniciativa e vontade unânime de uma grande nação que conhece seus deveres e seus direitos. A expectativa que me decidira ao maior dos sacrifícios foi iludida: vim, e a partir do momento em que coloquei os pés em terra, o amor de meus súditos me carregou até a capital. A primeira necessidade de meu coração é pagar tanta afeição com uma honrosa tranquilidade. O restabelecimento do trono imperial sendo necessário à felicidade dos franceses, meu mais doce pensamento é torná-lo igualmente útil à consolidação do repouso da Europa. Glória suficiente ilustrou alternadamente as bandeiras das diversas nações; as vicissitudes do destino fizeram suceder grandes reveses a grandes sucessos. Uma bela arena encontra-se aberta atualmente para os soberanos, e sou o primeiro a nela pisar. Depois de ter apresentado ao mundo o espetáculo dos grandes combates, seria mais agradável não conhecer doravante outra rivalidade senão a das vantagens da paz, outra luta senão a luta sagrada pela felicidade dos povos. A França tem a honra de proclamar com franqueza esse nobre objetivo do fundo de seu coração. Ciosa de sua independência, o princípio invariável de sua política será o respeito absoluto pela independência das outras nações. Se tais são, como tenho grande confiança, os sentimentos pessoais de Sua Majestade, a calma geral estará assegurada por muito tempo, e a justiça, consolidada nos confins dos Estados, bastará para proteger suas fronteiras.

Essa carta, que propunha uma paz cujo resultado seria o respeito mais absoluto pela independência das outras nações, encontrou os soberanos aliados em vias de partilhar a Europa. Nesse grande tráfico de brancos, nessa hasta pública das almas, a Rússia ficaria com o grão-ducado de Varsóvia; a Prússia devoraria uma parte do reino da Saxônia, uma parte da Polônia, da Westfália, da Francônia e, como uma imensa serpente cuja cauda tocava em Memel, esperava esticar sua cabeça, seguindo a margem esquerda do Reno até Thionville; a Áustria reclamava a Itália tal como era antes do tratado de Campoformio, bem como tudo o que a águia bicéfala deixara escapar de suas garras depois dos sucessivos tratados de Lunéville, de Pressburg e de Viena; o Stathouder da Holanda, promovido à patente de rei, pedia que se confirmasse a anexação de seus Estados hereditários, da Bélgica, da região de Liège e do ducado de Luxemburgo; enfim, o rei da Sardenha reivindicava a reunião de Gênova a seu Estado continental, de onde estava ausente há quinze anos. Cada grande potência queria, como um leão de mármore, manter sob suas garras, em lugar de um adorno arquitetônico, um pequeno reino. A Rússia teria a Polônia, a Prússia teria a Saxônia, a Espanha teria Portugal, a Áustria teria a Itália. Quanto à Inglaterra, que financiava todas essas revoluções, teria dois reinos, em vez de um: a Holanda e Hanover.

O momento era, como vemos, mal escolhido. No entanto, aquela abertura do imperador talvez pudesse ter algum resultado se o Congresso fosse dissolvido e se pudesse tratar com os soberanos aliados um a um. Porém, colocados como estavam uns à frente dos outros, o amor-próprio deles exaltou-se, e Napoleão não recebeu resposta à sua carta.

O imperador não ficou nem um pouco surpreso com aquele silêncio. Ele o previra, e não perdeu tempo para tomar as medidas militares cabíveis. Quanto mais penetrava no exame de seus recursos ofensivos, mais se felicitava por não ter cedido ao primeiro impulso. Tudo estava desorganizado na França, não restando mais que uma semente de exército. Quanto ao material militar, pólvora, fuzis, canhões – tudo parecia ter evaporado.

Durante três meses Napoleão trabalhou dezesseis horas por dia. À sua voz, a França cobriu-se de manufaturas, oficinas, fundições, e os únicos armeiros da capital passaram a fornecer até três mil fuzis diários, enquanto os alfaiates confeccionavam, no mesmo período, mil e quinhentos e até mil e oitocentos uniformes. Ao mesmo tempo, os quadros dos regimentos de linha aumentaram de dois batalhões para cinco; os da cavalaria foram reforçados por dois esquadrões; organizaram-se duzentos batalhões de guardas nacionais; vinte regimentos de marinha e quarenta regimentos de jovens guardas foram colocados em alerta; os antigos soldados licenciados foram convocados às armas; suspenderam-se as conscrições de 1814 e 1815. Os soldados e oficiais na reserva foram estimulados a voltar. Formaram-se seis exércitos, denominados exércitos do Norte, do Mosela, do Reno, do Jura, dos Alpes e dos Pireneus, enquanto um sétimo, de reserva, reunia-se sob os muros de Paris e de Lyon, que seriam fortificados.

De fato, toda grande capital deve permanecer ao abrigo de um ataque, e mais de uma vez a velha Lutécia deveu sua salvação às muralhas. Se em 1805 Viena estivesse protegida, a batalha de Ulm não teria decidido a guerra; se em 1805 Berlim estivesse fortificada, o exército batido em Iena teria se recomposto, e o exército russo se juntado a ele; se em 1808 Madri estivesse em estado de defesa, o exército francês não teria, mesmo depois das vitórias de Espinosa, Tudela, Burgos e Somma Sierra, ousado marchar sobre essa capital, deixando para trás os exércitos inglês e espanhol; enfim, se em 1814 Paris tivesse resistido apenas oito dias, o exército aliado teria sufocado entre suas muralhas, permitindo a chegada dos oitenta mil homens que Napoleão reunira em Fontainebleau.

O general de engenharia Haxo ficou encarregado dessa grande obra: fortificaria Paris. O general Léry ficaria responsável por Lyon.

Portanto, se os soberanos aliados nos deixassem em paz apenas até 1º de junho, o efetivo de nosso exército alcançaria de duzentos a quatrocentos mil homens; e se tal situação permanecesse até 1º de setembro, não apenas esse efetivo seria dobrado, como todas as cidades se fortificariam até o centro da França, passando a servir, de certo modo, como redutos avançados. Assim, 1815 rivalizava com 1793, e Napoleão obtinha o mesmo resultado que o Comitê de Salvação Pública, sem precisar pressioná-lo com as doze guilhotinas que faziam parte das bagagens do exército revolucionário.

É que também não havia um instante a perder: os aliados, que disputavam a Saxônia e a Cracóvia, permaneciam de armas em punho e mecha acesa. Quatro ordens foram expedidas, e a Europa marchou novamente contra a França. Wellington e Blücher reuniram entre Liège e Courtray duzentos e vinte mil ingleses, prussianos, hanovrianos, belgas e de Brunswick; os bávaros, os de Baden e os de Wurttemberg amontoavam-se no Palatinado e na Floresta Negra; os austríacos avançaram velozmente para se reunir a eles; os russos atravessaram a Francônia e a Saxônia e, em menos de dois meses, alcançariam as margens do Reno a partir da Polônia. Novecentos mil homens estavam prontos; trezentos mil outros se preparavam. A coalizão tinha o segredo de Cadmo: à sua voz, os soldados brotavam da terra.

Entretanto, à medida que via os exércitos inimigos engrossarem, Napoleão sentia cada vez mais necessidade de se apoiar naquele povo que lhe faltara em 1814. Por um instante hesitou se não deveria deixar a coroa imperial para retomar a espada de primeiro-cônsul. Porém, nascido em meio às revoluções, Napoleão tinha medo delas. Temia a efusão popular, pois sabia que nada era capaz de domá-la. A nação queixara-se de falta de liberdade, ele lhe daria o ato adicional. Mil setecentos e noventa teve sua federação, 1815 teria o seu Campo de Maio. Talvez a França tivesse se enganado. Napoleão passou em revista os federados e, em 1º de junho, sobre o altar do Campo de Marte, prestou juramento de fidelidade à nova Constituição. No mesmo dia, abriu as Câmaras.

Depois, livre de toda aquela comédia política que representava à revelia, recuperou seu verdadeiro papel e voltou a ser general. Tinha cento e oitenta mil homens disponíveis para começar a campanha. O que faria? Marcharia ao encontro dos anglo-prussianos para encontrá-los em Bruxelas ou em Namur? Esperaria os aliados sob os muros de Paris ou de Lyon? Seria Aníbal ou Fábio?

Caso aguardasse os aliados, Napoleão ganharia até o mês de agosto, e então teria completado seus recrutamentos, terminado seus preparativos, organizado o material bélico. Combateria com todos os seus recursos um exército enfraquecido em dois terços pelos contingentes de observação que seria forçado a deixar atrás de si.

Porém, metade da França, entregue ao inimigo, não compreenderia a prudência de tal manobra. Pode-se imitar Fábio quando se tem, como Alexandre, um império que cobre a sétima parte do globo, ou quando, como Wellington, manobra-se sobre o império dos outros. Aliás, todas aquelas contemporizações não faziam parte do caráter de Napoleão.

Ao contrário, se transferisse as hostilidades para a Bélgica, surpreenderia o inimigo, que o julgava sem condições de entrar em campanha, e Wellington e Blücher poderiam ser derrotados, dispersados, aniquilados, antes que o restante das tropas aliadas tivesse tempo de se juntar a eles. Então, Bruxelas se declararia, as margens do Reno retomariam as armas, e a Itália, a Polônia e a Saxônia se sublevariam. Assim, desde o começo da campanha, o primeiro golpe, bem aplicado, poderia dissolver a coalizão.

Também era verdade que, em caso de fracasso, o inimigo seria atraído para a França a partir do começo de julho, isto é, dois meses mais cedo do que se viesse por conta própria. Mas será que, depois de sua marcha triunfal do golfo Juan até Paris, Napoleão podia duvidar de seu exército e prever uma derrota?

Daqueles cento e oitenta mil homens, o imperador deveria reservar um quarto para guarnecer Bordeaux, Toulouse, Chambéry, Béfort, Estrasburgo e sufocar a Vendeia, velho câncer político mal extirpado por Hoche e Kléber. Restavam portanto cento e vinte e cinco mil homens, que ele concentrou de Philippeville a Maubeuge. Tinha duzentos mil homens à sua frente, é verdade, mas se conseguisse mais apenas três semanas, teria a Europa inteira em seus braços. Em 12 de junho, partiu de Paris; dois dias depois, estabeleceu seu quartel-general em Beaumont, onde acampou em meio a sessenta mil homens, lançando à sua direita dezesseis mil sobre Philippeville e à esquerda quarenta mil na direção de Solre-sur-Sambre. Nessa posição Napoleão tinha diante de si o rio Sambre, à direita o Meuse e, à esquerda e atrás dele, os bosques de Avesne, de Chimay e de Gedine.

Por sua vez, o inimigo, postado entre o Sambre e o Escaut, escalonava-se num espaço de aproximadamente quarenta quilômetros.

O exército prussiano-saxão, cujo comandante em chefe era Blücher, formava a dianteira. Compunha-se de cento e vinte mil homens e trezentas bocas de fogo. Dividia-se em quatro grandes corpos: o primeiro, comandado pelo general Ziethen, que tinha seu quartel general em Charleroi e Fleurus e formava o ponto de concentração; o segundo, comandado pelo general Pirsch, acantonado nos arredores de Namur; o terceiro, comandado pelo general Thielmann, flanqueava o Meuse nas cercanias de Dinant; o quarto, comandado pelo general Bülow, postado atrás dos três primeiros, estabelecera seu quartel-general em Liège. Assim disposto, o exército prussiano-saxão tinha a forma de uma ferradura cujas duas pontas avançavam, de um lado, como dissemos, até Charleroi, e de outro até Dinant, ficando afastadas, uma, cerca de doze quilômetros, outra, apenas seis quilômetros de nossos postos avançados.

O exército anglo-holandês tinha Wellington como comandante em chefe e compreendia cento e quatro mil e duzentos homens formando duas divisões. Estas distribuíam-se em dois grandes corpos de infantaria e um corpo de cavalaria. O primeiro corpo de infantaria era comandado pelo príncipe de Orange, cujo quartel-general localizava-se em Braine-le-Comte; o segundo, pelo tenente-general Hill, cujo quartel-general localizava-se em Bruxelas; finalmente, a cavalaria, estacionada ao redor de Grammont, era comandada por lorde Uxbridge. Quanto ao grande parque de artilharia, estava acantonado em Gand.

O segundo exército apresentava a mesma disposição das linhas que o primeiro, salvo que a ferradura estava invertida, e, em lugar das pontas, era o centro que se achava mais perto de nossa frente de batalha, da qual estava inteiramente separado pelo exército prussiano-saxão.

No fim do dia 14, Napoleão chegara a oito quilômetros dos inimigos sem que estes tivessem tido conhecimento de sua marcha. Passou parte da noite debruçado sobre um grande mapa dos arredores e cercado de espiões, que lhe traziam informações precisas sobre as diferentes posições do inimigo. Assim que tomou ciência delas, calculou com a rapidez habitual que eles haviam estendido suas linhas de tal maneira que precisariam de, no mínimo, três dias para reuni-las. Atacando-as de surpresa, poderia dividir os dois exércitos e derrotá-los separadamente. A primeira coisa que fez foi concentrar vinte mil cavalos em um único destacamento. Seria o sabre dessa cavalaria que iria rasgar pelo meio a serpente, cujos pedaços separados ele esmagaria em seguida.

O plano de batalha estava traçado. Napoleão expediu diversas ordens e continuou a examinar o terreno e a interrogar os espiões. Tudo confirmava a ideia de que conhecia perfeitamente a posição do inimigo, e que este, ao contrário, ignorava completamente a sua, quando de repente um ajudante de campo do general Gérard chegou a galope trazendo a notícia de que o tenente-general Bourmont, os coronéis Clouet e Willoutrey, do quarto corpo, tinham debandado para o lado inimigo. Napoleão ouviu-o com a tranquilidade de um homem habituado às traições; depois, voltando-se para Ney, que estava de pé a seu lado:

— O senhor está vendo, general. Era seu protegido, que eu não queria, pelo qual o senhor respondeu e que só nomeei em consideração ao senhor: ei-lo do lado inimigo.

— Sire – respondeu-lhe o marechal –, perdoe-me, mas eu o julgava tão devotado que teria respondido por ele como por mim mesmo.

— Senhor marechal – replicou Napoleão levantando-se e apoiando a mão sobre seu braço –, os que são azuis permanecem azuis, os que são brancos permanecem brancos.

Voltou a se sentar e na mesma hora fez em seu plano de ataque as mudanças que aquela defecção impunha.

Ao nascer do dia, suas colunas se poriam em movimento. A linha de frente da esquerda, formada pela divisão de infantaria do general Jerônimo Bonaparte, rechaçaria a vanguarda do corpo prussiano do general Ziethen e se apoderaria da ponte de Marchienne; a direita, comandada pelo general Gérard, surpreenderia bem cedinho a ponte de Châtelet, enquanto a cavalaria ligeira do general Pajol, formando a vanguarda do centro, avançaria, coberta pelo terceiro corpo de infantaria, e conquistaria a ponte de Charleroi. Às dez horas, o exército francês teria atravessado o Sambre e estaria sobre território inimigo.

Tudo foi executado como Napoleão ordenara. Jerônimo encurralou Ziethen e fez quinhentos prisioneiros; Gérard tomou a ponte de Châtelet e rechaçou o inimigo mais de quatro quilômetros para além do rio. Apenas Vandamme estava atrasado e, às seis da manhã, ainda não deixara seu acampamento.

— Ele vai se juntar a nós – disse Napoleão. — Pajol, ataque com sua cavalaria ligeira. Vou segui-lo com a minha guarda.

Pajol partiu e esmagou tudo o que se apresentara à sua frente. Um quadrado de infantaria queria resistir, mas o general Desmichels partiu para cima dele à frente dos 4º e 9º regimentos de caçadores, penetrou em suas fileiras, despedaçou-o, retalhou-o e fez centenas de prisioneiros. Pajol surgiu, a golpes de sabre, diante de Charleroi e ali entrou a galope. Napoleão o seguiu. Às três horas, Vandamme chegava. Um algarismo garatujado fora a causa de seu atraso: tomara um quatro por um seis. Foi o primeiro punido por seu erro, pois não combateu. Naquela mesma noite, todo o exército francês atravessou o Sambre. Com isso, o exército de Blücher bateu em retirada na direção de Fleurus, deixando entre si e o exército anglo-holandês um vazio de dezesseis quilômetros.

Napoleão percebeu aquele erro e não tardou em aproveitá-lo, ordenando a Ney que partisse com quarenta e dois mil homens pela estrada de Bruxelas a Charleroi, e só parasse na aldeia de Quatre-Bras, ponto importante situado na interseção das estradas de Bruxelas, Nivelles, Charleroi e Namur. Ali ele conteria os ingleses, enquanto Napoleão derrotaria os prussianos com os setenta e dois mil homens que lhe restavam. O marechal partiu imediatamente.

Julgando suas ordens executadas, Napoleão pôs-se novamente em marcha na manhã de 16 de junho, descobrindo o exército prussiano formado para batalha entre Saint-Amand e Sombref, de frente para o Sambre. Era composto por três corpos que estavam acantonados em Charleroi, Namur e Dinant – posição péssima para o inimigo, pois oferecia seu flanco direito a Ney, que, caso seguisse as instruções recebidas, devia estar àquela hora em Quatre-Bras, isto é, a oito quilômetros de sua retaguarda. Napoleão tomou suas decisões com base nesse pressuposto, dispondo seu exército na mesma linha que o de Blücher, para atacá-lo de frente, e mandando um oficial de confiança a Ney para lhe ordenar que deixasse um destacamento como observador em Quatre-Bras e corresse em disparada para Bry a fim de cair sobre a retaguarda dos prussianos. Outro oficial partiu ao mesmo tempo para deter o regimento do conde d'Erlon, que formava a linha de frente e, por conseguinte, ainda não devia ter chegado a Villers-Perruin. Ele o desviaria para a direita e o empurraria em direção a Bry. Essa nova instrução antecipava as providências em uma hora e redobrava as chances de êxito, de vez que, se um faltasse, o outro não faltaria, e que, se ambos chegassem à distância que deviam manter um do outro, o exército prussiano inteiro estaria perdido. Os primeiros disparos de canhão que Napoleão ouvisse para o lado de Bry ou de Vagnelée seriam o sinal do ataque de frente. Tomadas essas disposições, ele deu ordem de alto e esperou.

O tempo passava, e Napoleão nada ouvia. Duas, três, quatro horas da tarde: o mesmo silêncio. No entanto, o tempo era precioso demais para ser perdido daquela maneira. O dia seguinte podia trazer uma reunião de tropas, o que acarretaria novo plano e outras possibilidades. Napoleão deu ordem de ataque. Com isso, a batalha ocuparia os prussianos, e eles dariam menos atenção a Ney, que provavelmente chegaria na base da canhonada.

Napoleão abriu o combate com um vasto ataque sobre a esquerda. Esperava assim atrair para aquele lado a maior parte das forças do inimigo e afastá-la de sua linha de retirada para o momento em que Ney chegasse pela antiga estrada Brunehaut, que é o caminho de Gembloux. Em seguida dispôs tudo para penetrar até o centro e rasgá-lo assim em dois, protegendo a parte mais forte do exército no triângulo de ferro que organizara desde a véspera. O combate foi travado e durou duas horas, sem que se recebesse notícia alguma de Ney ou de d'Erlon. Entretanto, ambos deviam ter sido prevenidos às dez horas da manhã, e um tinha oito quilômetros e o outro dez a percorrer. Napoleão seria obrigado a vencer sozinho. Convocou então suas reservas para operar sobre o núcleo do movimento que devia decidir o êxito da jornada. Naquele instante anunciaram-lhe que uma forte coluna inimiga mostrava-se na planície de Heppignies ameaçando sua ala esquerda. Como essa coluna passara entre Ney e d'Erlon? Como Blücher executara a manobra que ele, Napoleão, tinha sonhado? Era o que não conseguia entender. Paciência, usaria suas reservas para enfrentar aquele novo ataque, suspendendo o movimento sobre o centro.

Um quarto de hora mais tarde, ficou sabendo que aquela coluna era o efetivo de d'Erlon, que pegara a estrada de Saint-Amand em lugar da de Bry. Retomou então sua manobra interrompida, marchou sobre Ligny, conquistou-a num átimo e fez o inimigo bater em retirada. Anoitecera, e, se por um lado o exército inteiro de Blücher desfilava por Bry, que deveria ter sido ocupada por Ney e seus vinte mil homens, por outro o dia estava ganho: quarenta peças de canhão tinham caído em nosso poder; vinte mil homens estavam fora de combate, e o exército prussiano encontrava-se de tal forma desmoralizado que, dos setenta mil homens de que se compunha, à meia-noite os generais mal tinham conseguido reagrupar trinta mil.* O próprio Blücher foi derrubado da montaria, só escapando no cavalo de um dragão, coberto de ferimentos, graças à escuridão.

Durante a noite, Napoleão recebeu notícias de Ney. Os erros de 1814 repetiam-se em 1815. Em vez de ter marchado ao alvorecer, de acordo com a ordem que recebera, sobre a aldeia de Quatre-Bras, ocupada apenas por dez mil holandeses, e a conquistado, Ney só partira de Gosselies ao meio-dia. Com isso, como Quatre-Bras estava destinada por Wellington para o encontro sucessivo dos diferentes corpos de exército, estes tinham chegado ali de meio-dia às três da tarde, e, assim, Ney encontrara trinta mil homens em lugar de dez

* "O que teria sido feito do exército deles", diz o próprio Napoleão em suas *Memórias*, "se os tivesse atacado durante a noite como eles haviam feito comigo na noite do dia 18? Eu dei-lhes várias lições, mas eles me ensinaram que uma perseguição noturna, por mais perigosa que pareça ao vencedor, também tem suas vantagens." (Nota do autor)

mil. O marechal, que diante do perigo sempre recobrava sua energia habitual, e que por sinal julgava-se seguido pelos vinte mil homens de d'Erlon, não hesitara por um instante em atacar. Portanto seu espanto foi grande ao perceber que o destacamento com que contava não vinha em seu socorro, e que, rechaçado por forças superiores, não encontrava sua reserva estendendo-lhe a mão no lado onde devia estar. Assim, correu atrás dela e deu-lhe ordens para retornar. Foi quando recebeu pessoalmente a advertência de Napoleão. Era tarde demais: o combate estava sendo travado, era preciso sustentá-lo. Mesmo assim, voou até o conde d'Erlon para autorizá-lo a prosseguir seu caminho rumo a Bry e voltou-se contra o inimigo com ânimo renovado. Nesse instante, um novo reforço de doze mil ingleses chegara, liderado por Wellington, e Ney foi obrigado a bater em retirada para Frasne, enquanto o corpo de exército do conde d'Erlon, usando seu dia em marchas e contramarchas, ficou passeando entre dois canhoneios num raio de doze quilômetros, sem utilidade alguma para Ney ou para Napoleão.

Todavia, se a vitória era menos decisiva do que poderia ter sido, nem por isso deixava de ser uma vitória. O exército prussiano, em plena retirada, ao recuar pela esquerda, deixara a descoberto o exército inglês, então mais avançado. Napoleão, para impedi-los de se juntar, destacou para isso Grouchy, com trinta e cinco mil homens, ordenando-lhe que o pressionasse até que cedesse. Mas Grouchy, por sua vez, iria cometer o mesmo erro de Ney. Só que as consequências seriam terríveis...

Por mais habituado que estivesse o general em chefe inglês com a rapidez dos golpes de Napoleão, acreditava ter chegado a tempo a Quatre-Bras para juntar-se a Blücher. De fato, no dia 15, às sete da noite, lorde Wellington recebia em Bruxelas um correio do feldmarechal anunciando-lhe que todo o exército francês estava em movimento e as hostilidades haviam começado. Quatro horas depois, quando ia subir em seu cavalo, soube que os franceses eram senhores de Charleroi, e que nosso exército, composto por cento e cinquenta mil homens, marchava precedido por bandeiras para Bruxelas, cobrindo todo o espaço que se estendia entre Marchienne, Charleroi e Châtelet. Pôs-se imediatamente a caminho, ordenando a todas as suas tropas que levantassem seus acantonamentos e se concentrassem em Quatre-Bras, onde chegou às seis horas, como dissemos, para constatar que o exército prussiano fora batido. Se o marechal Ney tivesse seguido as instruções recebidas, saberia que o inimigo fora destruído.*

Em todo caso, a morte fizera uma terrível troca: o duque de Brunswick fora morto em Quatre-Bras, e o general Letort em Fleurus.

Eis a posição respectiva dos três exércitos durante a noite de 16 para 17. Napoleão se estabelecera no campo de batalha; o terceiro corpo, à frente de Saint-Amand; o quarto, à frente de Vichy; a cavalaria do marechal Grouchy, em Sombref; a guarda, nas colinas de Bry; o sexto corpo, por trás de Ligny; e a cavalaria ligeira, na estrada de Namur, em que tinha seus postos avançados.

Blücher, pressionado debilmente por Grouchy, que, depois de uma hora de perseguição, o perdera de vista, fizera sua retirada em duas colunas e se detivera por trás de Gembloux, onde se reunira ao quarto corpo, comandado pelo general Bülow, que chegava de Liège.

Wellington permanecera em Quatre-Bras, onde as diferentes divisões de seu exército tinham sucessivamente se reagrupado, esgotadas de cansaço, depois de marchar a noite de 15 para 16, o dia 16 e quase a noite toda de 16 para 17.

Por volta das duas da manhã, Napoleão enviou um ajudante de campo ao marechal Ney. O imperador supunha que o exército anglo-holandês seguiria o movimento retrógrado do exército

---

* "Em outras campanhas", diz Napoleão em suas *Memórias*, "às seis horas da manhã Ney teria ocupado a posição à frente de Quatre-Bras, derrotado e tomado toda a divisão belga e contornado todo o exército prussiano, mandando escapar pelo caminho de Namur um destacamento que tivesse caído sobre as retaguardas da linha de batalha; ou, dirigindo-se com rapidez para o caminho de Jemmapes, teria surpreendido em marcha a divisão de Brunswick e a 5ª divisão inglesa, que vinham de Bruxelas, e dali marchado ao encontro da primeira e da terceira divisões inglesas que chegavam pelo caminho de Nivelles, ambas sem cavalaria nem artilharia e assediadas pelo cansaço." (Nota do autor)

prussiano-saxão, e ordenou ao marechal que reiniciasse seu ataque a Quatre-Bras. O general Lobau – que se dirigira para o caminho de Namur com duas divisões do sexto corpo, sua cavalaria ligeira e os couraceiros do general Milhaud – apoiou-o nesse ataque, após o qual, assim protegido, deveria ficar bastante forte, pois todas as probabilidades indicavam que enfrentaria apenas a retaguarda do exército.

Ao nascer do dia, o exército francês pôs-se em marcha em formação de duas colunas, uma com sessenta e oito mil homens, comandada por Napoleão, que iria atrás dos ingleses; a outra, com trinta e quatro mil homens, comandada por Grouchy, que perseguiria os prussianos.

Ney continuava atrasado, e foi Napoleão o primeiro a avistar o lugarejo de Quatre-Bras, onde percebeu um corpo de cavalaria inglesa. Lançou para reconhecer terreno um destacamento de cem hussardos, que regressou vigorosamente rechaçado pelo regimento inimigo. Então o exército francês se deteve e assumiu formação de batalha. Os couraceiros do general Milhaud estenderam-se pela direita, a cavalaria ligeira postou-se à esquerda, a infantaria no centro; em segunda linha, a artilharia aproveitava os acidentes do terreno para se colocar em posição.

Ney ainda não aparecera. Napoleão, que temia perdê-lo como na véspera, não queria começar nada sem ele. Quinhentos hussardos foram lançados na direção de Frasne, onde Ney devia estar, para se comunicar com ele. Ao chegar ao bosque Delhutte, que ficava entre o caminho de Namur e o de Charleroi, esse destacamento confundiu um regimento de lanceiros vermelhos, pertencentes à divisão de Lefèvre-Desnouettes, com um efetivo de ingleses, e começou uma fuzilaria. Ao cabo de um quarto de hora, reconheceram-se e explicaram-se. Ney estava em Frasne, como pensara Napoleão. Dois oficiais foram destacados para pressioná-lo a se dirigir a Quatre-Bras. Os hussardos retornaram para ocupar sua posição à esquerda do exército francês; os lanceiros vermelhos permaneceram em seu posto. Napoleão, para não perder tempo, mandou dispor em bateria doze peças de canhão, que abriram fogo. Apenas duas lhe responderam, o que lhe dava novo indício de que o inimigo evacuara Quatre-Bras durante a noite, deixando apenas uma retaguarda para proteger sua retirada. Nada podia ser feito, de resto, a não ser por instinto ou estimativa, pois a chuva que caía torrencialmente limitava a visão a um horizonte bem restrito. Depois de uma hora de canhoneio, durante a qual manteve os olhos voltados para o lado de Frasne, Napoleão, percebendo que o marechal continuava atrasado, passou a ditar ordens atrás de ordens. Vieram então dizer-lhe que o conde d'Erlon finalmente estava surgindo com seu corpo de exército. Como este ainda não chegara nem a Quatre-Bras nem a Ligny, Napoleão ordenou-lhe que perseguisse o inimigo. Tomou imediatamente a frente da coluna e marchou a toda velocidade para Quatre-Bras. Atrás dele despontava o segundo corpo. Napoleão esporeou seu cavalo, atravessou com apenas trinta homens o espaço que se estendia entre os dois caminhos e alcançou o marechal Ney, a quem criticou não apenas pela lentidão da véspera, mas também pela daquele dia, que lhe fizera perder duas horas preciosas, durante as quais, pressionando intensamente, talvez tivesse transformado a retirada do exército inimigo em debandada. Depois, sem sequer ouvir as desculpas do marechal, dirigiu-se para a frente do exército, onde encontrou soldados marchando com lama até os joelhos, e aqueles que os seguiam atolados até os tornozelos. Julgou que o exército anglo-holandês enfrentava o mesmo inconveniente, além de ter de lidar com o incômodo de uma retirada. Ordenou então à artilharia volante que tomasse a dianteira pelo caminho, onde podia deslizar com facilidade, e não interrompesse o fogo sequer por um instante, nem que fosse para indicar sua posição e a do inimigo. Os dois exércitos continuaram a marchar naquele charco, em meio à bruma, arrastando-se no lodo à semelhança de dois imensos dragões antediluvianos, como sonharam Brogniart e Cuvier, expelindo chamas e fumaça um em direção ao outro.

Por volta das seis da tarde, o canhoneio se consolidou e aumentou, com o inimigo expondo uma bateria de quinze peças. Napoleão adivinhou que a retaguarda aliada se reforçara; e que Wellington, que devia estar próximo à floresta de Soignes, iria tomar posição à frente dela para passar a noite. O imperador, para se assegurar disso, mandou os couraceiros do general Milhaud formarem e fingirem atacar, sob a proteção de quatro baterias de artilharia ligeira. O inimigo então expôs quarenta peças, que abriram fogo simultaneamente. Não restava mais dúvida: o exército inteiro estava ali. Era o que Napoleão queria saber. Chamou seus couraceiros, de que precisaria no dia seguinte, tomou posição à frente de Planchenoit, estabeleceu seu quartel-general na fazenda do Caillou e ordenou que durante a noite se erguesse um observatório do qual pudesse, na manhã seguinte, descortinar toda a planície. Tudo indicava que Wellington aceitara a batalha.

À noitinha, diversos oficiais da cavalaria inglesa, feitos prisioneiros durante o dia, foram levados a Napoleão, que nenhuma informação conseguiu arrancar deles.

Às dez horas, julgando que Grouchy estivesse em Wavre, enviou-lhe um oficial para anunciar que tinha diante de si todo o exército anglo-holandês postado antes da floresta de Soignes, com a esquerda apoiada na aldeia de La Haie, e que, segundo toda probabilidade, a batalha começaria no dia seguinte. Ordenou-lhe, portanto, que destacasse de seu acampamento, duas horas antes do nascer do dia, uma divisão de sete mil homens com sete peças de artilharia e a encaminhasse para Saint-Lambert a fim de que pudesse se comunicar com a direita do grande exército e manobrar sobre a esquerda do exército anglo-holandês. Quanto a ele, assim que estivesse seguro de que a força prussiano-saxã evacuara Wavre – fosse para se dirigir para Bruxelas, fosse para seguir outra direção –, marcharia com o grosso de suas tropas no mesmo rumo da divisão que lhe servia de linha de frente e trataria de chegar com toda sua força por volta das duas da tarde, momento em que sua presença seria decisiva. De resto, para não atrair os prussianos com seu canhoneio, Napoleão só desfecharia a ação bem antes do nascer do dia.

Mal essa mensagem foi expedida, um ajudante de campo do marechal Grouchy chegou com um relatório feito às cinco da tarde e datado de Gembloux. O marechal perdera o rastro do inimigo, ignorando se este rumara para Bruxelas ou Liège. Por conseguinte, estabeleceu postos avançados em cada uma dessas estradas. Como Napoleão estava inspecionando as tropas, só encontrou a mensagem ao retornar. Enviou imediatamente outra ordem semelhante à que mandara para Wavre. Assim que o oficial mensageiro saiu, chegou um segundo ajudante de campo portador de um outro relatório escrito às duas horas da manhã e igualmente datado de Gembloux. Grouchy soubera, por volta das seis da tarde, que Blücher se dirigira para Wavre com todas as suas forças. Sua primeira intenção foi segui-lo na mesma hora, mas suas tropas já tinham montado acampamento e preparavam a sopa; só partiria portanto no dia seguinte. Sem entender aquela indolência de seus generais, que haviam descansado o ano inteiro de 1814 para 1815, Napoleão enviou a Grouchy uma terceira mensagem, ainda mais incisiva que as primeiras.

Assim, durante a noite de 17 para 18, as posições dos quatro exércitos eram as seguintes:

Napoleão, com o primeiro, o segundo e o sexto corpos de infantaria, a divisão de cavalaria ligeira do general Subervie, os couraceiros e os dragões de Milhaud e de Kellermann, e, por fim, a guarda imperial – ou seja, com sessenta e oito mil homens e duzentos e quarenta peças de canhão –, acampara antes e depois de Planchenoit, no meio da grande estrada de Bruxelas a Charleroi.

Wellington, com todo o exército anglo-holandês, composto por mais de oitenta mil homens e duzentos e cinquenta bocas de fogo, tinha seu quartel-general em Waterloo, e estendia-se sobre a crista de uma saliência que ia de Braine-Laleud até La Haie.

Blücher estava em Wavre, onde reunira setenta e cinco mil homens, com os quais estava pronto para se dirigir aonde quer que o chamasse o canhão.

Enfim, Grouchy estava em Gembloux, onde descansava, depois de ter feito meros doze quilômetros em dois dias.

A noite transcorreu, e todos pressentiam que estavam às vésperas de Zama, mas ignorava-se ainda quem seria Cipião, quem seria Aníbal.

Ao nascer do dia, Napoleão deixou sua tenda preocupado, pois não esperava mais encontrar Wellington na posição da véspera. Julgava que o general inglês e o general prussiano tinham aproveitado a noite para se reunir diante de Bruxelas, e que o aguardavam na saída dos desfiladeiros da floresta de Soignes. Ao primeiro vislumbre, porém, tranquilizou-se: as tropas anglo-holandesas continuavam coroando a linha das colinas onde tinham-se detido na véspera. Em caso de derrota, sua retirada seria impossível. Napoleão apenas passou os olhos por aquelas disposições. Depois, virando-se para os que o acompanhavam:

— O dia está nas mãos de Grouchy. Se ele seguiu as ordens que recebeu, temos noventa chances contra uma.

Às oito horas da manhã, o tempo clareou, e os oficiais da artilharia, a quem Napoleão mandara examinar a planície, voltaram para lhe anunciar que as terras estavam começando a secar e, dentro de uma hora, a artilharia poderia começar as manobras. Imediatamente Napoleão, que apeara apenas para almoçar, montou novamente seu cavalo, dirigiu-se para a fazenda Belle Alliance e reconheceu a linha inimiga. Porém, ainda duvidando de si próprio, encarregou o general Haxo de se aproximar o mais perto possível para se assegurar de que o inimigo não se protegera em algum reduto construído durante a noite. Meia hora depois o general estava de volta: não percebera fortificação alguma e o inimigo só estava defendido pela natureza do terreno. Os soldados receberam ordens para se prepararem e secarem suas armas.

Napoleão a princípio pensara em começar o ataque pela direita. No entanto, por volta de onze da manhã, Ney, que se encarregara de examinar aquela parte do terreno, veio informar-lhe que um ribeirão que atravessava a ravina tinha se tornado, com a chuva da véspera, uma torrente lamacenta impossível de atravessar com a infantaria e que se veria forçado a sair da aldeia em filas. Napoleão então alterou seu plano: evitaria aquela dificuldade local, subiria até o início da ravina, penetraria no exército inimigo pelo centro, lançando a cavalaria e a artilharia sobre a estrada de Bruxelas. Assim, os dois corpos de exército, cortados ao meio, teriam sustada qualquer possibilidade de retirada: uma, por Grouchy, que não podia deixar de chegar lá por volta das duas ou três horas; a outra, pela cavalaria e a artilharia, encarregadas de defender o caminho de Bruxelas. Portanto, o imperador dirigiu todas as suas reservas para o centro.

Depois, como cada um permanecia em seu posto esperando apenas ordens de marchar, Napoleão pôs seu cavalo a galope e percorreu a linha, despertando por onde passava os sons da música militar e os gritos dos soldados, manobra que sempre dava ao começo de suas batalhas um ar de festa, em contraste com a frieza dos exércitos inimigos, nos quais ninguém, entre os generais que comandavam, suscitava confiança ou simpatia suficientes para gerar tal entusiasmo. Wellington, luneta na mão, apoiado contra uma árvore do pequeno caminho diagonal em frente ao qual seus soldados estavam dispostos em linha, assistia ao espetáculo imponente de um exército inteiro que jurava vencer ou morrer.

Napoleão saltou do cavalo sobre as colinas de Rossomme, de onde podia descortinar todo o campo de batalha. Atrás dele, os gritos e a música ainda soavam, semelhantes à chama de um rastilho de pólvora. Em seguida, tudo entrou naquele silêncio solene que sempre paira sobre dois exércitos prestes a combater.

Logo aquele silêncio seria rompido por uma fuzilaria detonada por nossa extrema esquerda, cuja fumaça foi percebida acima do bosque do Goumont. Eram os atiradores de Jerônimo, que tinham recebido ordens de abrir fogo a fim de atrair a atenção dos ingleses para aquele lado. De fato, o inimigo expôs sua artilharia, e o trovão dos canhões passou a prevalecer sobre o crepitar da fuzilaria. O general Reille mandou avançar a bateria da divisão Foy, e Kellermann projetou suas doze peças de artilharia ligeira. Ao mesmo tempo, no meio da imobilidade geral do resto da linha, a divisão Foy se moveu e avançou em socorro de Jerônimo.

No momento em que Napoleão observava aquele primeiro movimento, um ajudante de campo enviado pelo marechal Ney, encarregado de dirigir o ataque do centro sobre a fazenda de La

Haie-Sainte pelo caminho de Bruxelas, chegou a galope e anunciou que tudo estava pronto. Ney só esperava o sinal. Com efeito, Napoleão avistou as tropas designadas para o ataque escalonadas em massas profundas à sua frente, e ia dar a ordem quando de repente, ao lançar um último olhar sobre o conjunto do campo de batalha, percebeu no meio da névoa uma espécie de lufada que avançava na direção de Saint-Lambert. Voltou-se para o duque da Dalmácia, que, na qualidade de major-general, estava junto a ele, e perguntou-lhe o que pensava daquela aparição. Todas as lunetas do estado-maior apontaram para o mesmo lado: uns sustentavam que eram árvores, outros, que eram homens. Napoleão reconhecera primeiro uma coluna: seria Grouchy, seria Blücher? Ninguém sabia. O marechal Soult inclinava-se por Grouchy. Napoleão, porém, como por pressentimento, ainda duvidava. Mandou chamar o general Domon e ordenou-lhe que se dirigisse a Saint-Lambert com sua divisão de cavalaria ligeira e a do general Subervie, a fim de abrir sua direita, comunicar-se prontamente com os corpos que chegavam, operar sua reunião com eles, caso se tratasse do destacamento de Grouchy, e contê-los, caso fosse a linha de frente de Blücher.

Assim que a ordem foi dada, executou-se a operação. Três mil homens de cavalaria fizeram um à-direita por quatro e se desdobraram como imensa fita, serpenteando por um instante nas linhas do exército. Depois, escapando por nossa extrema direita, dirigiram-se rapidamente e formaram como em parada militar a aproximadamente seis quilômetros da ponta.

Mal operaram esse movimento – que por sua precisão e elegância desviou por um instante a atenção dos bosques do Goumont, onde a artilharia continuava a rugir –, quando um oficial de caçadores trouxe até Napoleão um hussardo prussiano que acabara de ser detido entre Wavre e Planchenoit por uma patrulha volante. Era portador de uma carta do general Bülow anunciando a Wellington que chegaria por Saint-Lambert e pedia-lhe as ordens. Além dessa explicação, que deixava diversas dúvidas em relação aos contingentes avistados, o prisioneiro deu novas informações, todas inacreditáveis. Segundo ele, os três destacamentos prussiano-saxões estavam em Wavre, onde Grouchy sequer os incomodara; depois, não havia francês algum diante deles, uma vez que uma patrulha de seu próprio regimento fizera naquela mesma noite um reconhecimento até oito quilômetros de Wavre sem nada encontrar.

Napoleão virou-se para o marechal Soult.

— Esta manhã – disse-lhe –, tínhamos noventa chances do nosso lado. A chegada de Bülow nos fez perder trinta. Mas ainda temos sessenta contra quarenta, e, se Grouchy reparar o horrível erro que cometeu ontem, ao ficar se divertindo em Gembloux, e enviar seu destacamento, a vitória será ainda mais decisiva, pois o efetivo de Bülow estará completamente perdido. Mande vir um oficial.

Logo adiantou-se um oficial do estado-maior, encarregado de levar a Grouchy a carta destinada a Bülow e de apressá-lo. Segundo o que ele próprio dissera, Grouchy devia estar àquela hora diante de Wavre. O oficial faria um desvio e o encontraria pela retaguarda, a cerca de vinte quilômetros de excelentes caminhos. O mensageiro, que tinha boa montaria, prometeu estar lá em uma hora e meia. Naquele mesmo instante, o general Domon enviou um ajudante de campo que confirmara a notícia: eram os prussianos que tinha diante de si. Tomou então a iniciativa de lançar várias patrulhas de elite para se comunicar com o marechal Grouchy.

Por sua vez, o imperador ordenou ao general Lobau que atravessasse com duas divisões a grande estrada de Charleroi e se dirigisse para a extrema direita a fim de apoiar a cavalaria ligeira. Deveria escolher uma boa posição de onde pudesse, com dez mil homens, deter trinta mil. Estas foram as ordens que Napoleão deu quando soube a quem endereçá-las. O movimento foi executado incontinente, o imperador voltou os olhos para o campo de batalha.

Os atiradores tinham acabado de abrir fogo sobre toda a linha, porém, à exceção do combate que prosseguia encarniçado no bosque do Goumont, nada ainda era muito grave. Salvo uma divisão que o exército inglês destacara de seu centro e fizera marchar em socorro dos guardas, toda a linha anglo-holandesa permanecia imóvel.

À sua extrema esquerda, as tropas de Bülow descansavam e formavam à espera da artilharia, ainda atarefada no desfiladeiro. Naquele momento, Napoleão enviou ao marechal Ney ordens para abrir fogo com suas baterias, marchar sobre Haie-Sainte, conquistá-la à base da baioneta, deixar ali uma divisão de infantaria, correr imediatamente para as duas fazendas de Papelotte e La Haie e desalojar o inimigo a fim de separar o exército anglo-holandês dos efetivos de Bülow. O ajudante de campo portador dessa mensagem atravessou a pequena planície que separava Napoleão do marechal e se perdeu nas fileiras cerradas das colunas que esperavam o sinal. Ao cabo de alguns minutos, oitenta canhões abriram fogo ao mesmo tempo, anunciando que a ordem suprema do chefe iria ser executada.

O conde d'Erlon avançava com suas três divisões, apoiado por aquele fogo terrível que começara a esburacar as linhas inglesas, quando repentinamente, ao atravessar um declive, a artilharia atolou. Wellington, que de sua linha de colinas presenciara o acidente, dele aproveitou-se para lançar uma brigada de cavalaria, que se dividiu em dois corpos e atacou com a rapidez de um raio, parte sobre a divisão Marcognet, parte sobre as peças distantes de qualquer socorro, que, incapazes de manobrar, não apenas cessaram de atacar, como também ficaram impossibilitadas de se defender. A infantaria, mais do que pressionada, tinha sido batida, e duas águias foram tomadas. A artilharia fora destruída a sabre; as trações dos canhões e os jarretes dos cavalos haviam sido destroçados. Sete peças de canhão já estavam inutilizadas quando Napoleão percebeu o tumulto e ordenou aos couraceiros do general Milhaud que corressem em socorro de seus irmãos. A muralha de ferro pôs-se em movimento, apoiada pelo 4º regimento de lanceiros. A brigada inglesa, surpreendida em flagrante delito, desapareceu sob um choque terrível, esmagada, mutilada, despedaçada. Dois regimentos de dragões, entre outros, evaporaram completamente, os canhões foram recuperados, e a divisão Marcognet viu-se livre.

Essa ordem, tão admiravelmente executada, foi liderada pelo próprio Napoleão, que se projetou à frente de uma linha, desafiando as mesmas balas e projéteis que mataram a seu lado o general Devaux e feriram o general Lallemand.

Entretanto, Ney, mesmo privado de artilharia, nem por isso deixou de avançar. E enquanto aquele fracasso tão fatal, a despeito de tão prontamente reparado, ocorria na direita do caminho de Charleroi para Bruxelas, ele mandou avançar, pela grande estrada e nas terras à esquerda, uma outra coluna que finalmente alcançou Haie-Sainte.

Ali, sob o fogo de toda a artilharia inglesa, à qual agora a nossa só podia responder debilmente, concentrara-se todo o combate. Durante três horas Ney, que redescobrira toda a força de seus belos anos, aferrou-se àquela posição, que acabou por conquistar e encontrou enxameada de cadáveres inimigos. Três regimentos escoceses estavam deitados lado a lado na mesma fileira, mortos em pleno combate, e a segunda divisão belga e a quinta e sexta divisões inglesas ali deixaram um terço de seus homens. Napoleão lançou no encalço dos fugitivos os infatigáveis couraceiros de Milhaud, que os perseguiram, com os sabres em seus calcanhares até o miolo das fileiras do exército inglês, que conseguiram desbaratar. Da colina onde estava postado, o imperador enxergou carroças, reservas e víveres ingleses se afastarem do combate e se precipitarem para a estrada de Bruxelas. O dia seria nosso – se Grouchy aparecesse.

Os olhos de Napoleão permaneciam voltados para o lado de Saint-Lambert, onde os prussianos finalmente entraram em combate e onde, apesar da superioridade em número, foram contidos pelos dois mil e quinhentos cavaleiros de Domon e de Subervie, e pelos sete mil homens de Lobau – que lhe seriam úteis nessa hora para apoiar o ataque do centro, para o qual o imperador dirigia o olhar, não ouvindo nada, não vendo nada que lhe anunciasse a tão aguardada chegada de Grouchy.

Napoleão enviou uma ordem para o marechal sustentar a todo custo sua posição. Ele precisava estudar por um instante a disposição de seu tabuleiro.

À extrema esquerda, Jerônimo se apoderara de uma parte do bosque e do castelo de Goumont, do qual restavam apenas os quatro muros, depois de todos os telhados terem sido destruídos pelos obuses. Porém, os ingleses continuavam a resistir no caminho esburacado que margeava o pomar. Daquele lado, portanto, tinha apenas meia-vitória.

Na frente, e em direção ao centro, o marechal se apoderara de Haie-Sainte e ali resistia, a despeito da artilharia de Wellington e de seus ataques de cavalaria, que vinham se chocar contra o fogo terrível de nossa mosquetaria. Aqui havia vitória completa.

À direita do caminho, o general Durutte estava às voltas com as fazendas de Papelotte e de La Haie. Ali havia chance de vitória.

Finalmente, à extrema esquerda, os prussianos de Bülow, que acabaram entrando na batalha, vieram se estabelecer perpendicularmente à nossa direita. Trinta mil homens e sessenta bocas de fogo marcharam contra os dez mil homens dos generais Domon, Subervie e Lobau. Era portanto naquele ponto que por ora residia o verdadeiro perigo.

O risco aumentava à medida que as notícias chegavam: as patrulhas do general Domon tinham retornado sem avistarem Grouchy. Pouco depois recebia-se um despacho do próprio marechal. Em vez de partir de Gembloux ao despontar do dia, como prometera fazer em sua carta da véspera, só partira às nove e meia da manhã. Entretanto, eram quatro e meia da tarde, e o canhão rugia desde às cinco da manhã. Napoleão ainda esperava que, obedecendo à primeira lei da guerra, Grouchy se voltasse em direção da canhonada e estivesse no campo de batalha às sete e meia. Até lá era preciso redobrar os esforços e, sobretudo, deter os avanços dos trinta mil homens de Bülow, que, se Grouchy finalmente chegasse, estariam àquela hora presos entre dois fogos.

Napoleão ordenou ao general Duhesme, que comandava as duas divisões da jovem guarda, que se dirigisse a Planchenoit, para onde Lobau, pressionado pelos prussianos, executava sua retirada em tabuleiro. Duhesme partira com oito mil homens e vinte e quatro canhões, que chegaram desabaladamente, puseram-se em formação de bateria e abriram fogo no momento em que a artilharia prussiana pulverizava com sua fuzilaria o caminho de Bruxelas. Aquele reforço interrompeu o movimento progressivo dos prussianos, parecendo mesmo fazê-los recuar por um instante. Napoleão aproveitou aquela pausa para ordenar a Ney que voasse para o centro do exército anglo-holandês e o esmagasse, e convocou os couraceiros de Milhaud, que atacaram a linha de frente para abrir a brecha. O marechal seguiu-os e logo coroou o platô com suas tropas. Toda a linha inglesa se inflamou e vomitou morte à queima-roupa. Wellington lançara tudo o que restava de cavalaria contra Ney, enquanto sua infantaria formava em quadrado. Napoleão viu a necessidade de apoiar o movimento e determinou ao conde de Valmy que se dirigisse ao platô com suas duas divisões de couraceiros a fim de apoiar as divisões de Milhaud e Lefèvre-Desnouettes. No mesmo instante, o marechal Ney mandou avançar a cavalaria compacta do general Guyot. As divisões Milhaud e Lefèvre-Desnouettes foram alcançadas por ela e voltaram à carga. Três mil couraceiros e três mil dragões da guarda, isto é, os primeiros soldados do mundo, avançaram a toda brida em seus cavalos, foram se chocar com os quadrados ingleses, que se abriram, despejaram sua fuzilaria e voltaram a se fechar. Mas nada detinha a terrível investida de nossos soldados. A cavalaria inglesa rechaçada, tendo a longa espada dos couraceiros e dos dragões em seus calcanhares, voltou a atravessar as brechas e foi recompor-se na retaguarda, sob a proteção de sua artilharia. Imediatamente couraceiros e dragões se precipitaram sobre os quadrados, alguns dos quais foram finalmente entreabertos, o que custou diversas vidas. Começou então uma terrível carnificina, interrompida de tempos em tempos por ataques desesperados de cavalaria e durante a qual os quadrados ingleses respiravam e se recompunham para serem novamente rompidos. Wellington, perseguido de quadrado em quadrado, chorou de raiva ao ver serem trespassados sob seus olhos doze mil homens de suas melhores tropas. Mas sabia que não recuariam uma polegada e, calculando o tempo que devia decorrer antes de consumada a destruição e sacando de seu relógio, disse aos que o rodeavam:

— Isso ainda vai demorar duas horas, e antes de uma hora a noite ou Blücher terão chegado.

A situação não mudou nos quarenta e cinco minutos seguintes. Foi então que, da coluna de onde dominava o campo de batalha, Napoleão viu chegar um grande contingente pelo caminho de Wavre... Finalmente Grouchy, o esperado, chegava, tarde, é verdade, mas ainda a tempo de consumar a vitória. À visão daquele reforço, Napoleão enviou ajudantes de campo para espalharem em todas as direções que Grouchy aparecera e ia entrar na linha – o que fez com que sucessivos efetivos se desdobrassem e entrassem na batalha. O ardor de nossos soldados duplicara, pois julgavam que tinham apenas mais um ataque a empreender. De repente, uma incrível artilharia troou da linha de frente dos recém-chegados, e os projéteis, em vez de se dirigirem contra os prussianos, eliminaram fileiras inteiras nossas. Todos ao redor de Napoleão olhavam-se estupefatos. O imperador bateu na testa: não era Grouchy, era Blücher!

Ao primeiro relance, Napoleão constatou sua posição: era terrível! Sessenta mil homens de tropas descansadas, com as quais não contava, caíram sucessivamente sobre as suas, esgotadas por oito horas de luta. A vantagem para ele mantinha-se no centro, mas não possuía mais qualquer ala direita. Teimar em cortar o inimigo em dois naquele momento seria coisa inútil e mesmo perigosa. O imperador então concebeu e ordenou uma das mais belas manobras por ele imaginadas, entre todas as suas audazes articulações estratégicas: uma grande mudança de frente oblíqua sobre o centro, com a ajuda da qual enfrentaria os dois exércitos. Por sinal, o tempo passava, e a noite, que devia chegar para os ingleses, também chegou para ele.

Deu então ordens para sua esquerda deixar atrás de si o bosque do Goumont e os poucos ingleses que ainda resistiam ao abrigo dos muros crenelados do castelo e viesse substituir o primeiro e o segundo corpos, que tinham sofrido muito; com isso, ela ao mesmo tempo aliviaria a cavalaria de Kellermann e de Milhaud, com muito trabalho no platô de Mont Saint-Jean. Em seguida, ordenou a Lobau e a Duhesme que prosseguissem a retirada, voltando a se postar em linha acima de Planchenoit, e ao general Pelet que resistisse bravamente nessa aldeia a fim de apoiar o movimento; o centro giraria sobre si mesmo. Simultaneamente, um ajudante de campo recebia ordens para percorrer a linha e anunciar a chegada do marechal Grouchy.

A essa notícia, o entusiasmo renasceu. Tudo estremeceu sobre a imensa linha. Ney, cinco vezes apeado, pegou de sua espada; Napoleão tomou a frente de sua reserva e avançou pessoalmente pela estrada. O inimigo continuava a ceder ao centro. A primeira linha fora fendida. A guarda atravessou-a e tomou uma bateria desatrelada. Porém, nesse momento, deu com uma segunda linha, composta por um terrível contingente. Eram os restos dos regimentos destroçados pela cavalaria francesa duas horas antes e que haviam se recomposto: as brigadas das guardas inglesas, o regimento belga de Chassé e a divisão de Brunswick. Nada grave, a coluna continuava se desdobrando como uma manobra. Porém, de repente, dez peças em bateria surgiram a alguns metros e destruíram a frente inteira, ao passo que vinte outras bocas de fogo tomavam a diagonal e mergulhavam nos contingentes reunidos em torno da fazenda Belle Alliance, que aquele movimento acabara de expor. O general Friant estava ferido; os generais Michel, Jamin e Mallet, mortos; os majores Augelet, Cardinal e Agnes, idem; o general Guyot, ao reconduzir pela oitava vez sua pesada cavalaria ao ataque, recebera dois tiros; Ney tinha o uniforme e o chapéu crivados de bala. Um momento de hesitação perpassou toda a linha.

Naquele momento Blücher chegava à aldeia de La Haie, desalojando do local os dois regimentos que a defendiam, os quais, depois de resistirem meia hora contra dez mil homens, bateram em retirada. Porém Blücher anexara ao seu efetivo seis mil homens da cavalaria inglesa que protegiam a esquerda de Wellington e haviam-se tornado inúteis, depois que a posição fora ocupada pelos prussianos. Esses seis mil homens, que chegaram misturados àqueles que os perseguiam, atingiram em cheio o exército francês. Cambronne lançou-se então, com o segundo batalhão do 1º regimento de caçadores, entre a cavalaria inglesa e os fugitivos, formou em quadrado e apoiou a retirada dos outros batalhões da guarda. Esse batalhão atraiu para si o choque, sendo cercado, pressionado e atacado de todos os lados... Foi quando, compelido a se render, Cambronne respondeu, não com a frase floreada que lhe atribuíram, mas com uma única palavra, uma palavra de corpo de guarda, é verdade, mas à qual a energia nada rouba de sublimidade, e quase imediatamente desabou de seu cavalo, derrubado por um estilhaço de obus que lhe atingiu a cabeça.

No mesmo instante, Wellington mandou avançar toda a sua extrema direita – da qual podia dispor, uma vez que, com o nosso movimento, não estava mais represada – e, retomando a ofensiva, lançou-a como uma torrente das colinas do platô. Girando em torno dos quadrados da guarda, que não ousava atacar, essa cavalaria depois executou um à-direita e voltou para rasgar nosso centro abaixo de Haie-Sainte. Soubemos então que Bülow atravessava nossa extrema direita, que o general Duhesme estava ferido gravemente, que Grouchy, afinal, com quem se contava, não iria mais chegar. A fuzilaria e os canhões cuspiam fogo a um quilômetro de nossas retaguardas: Bülow nos atropelava. "Salve-se quem puder!", a desorientação instalara-se. Os batalhões que ainda resistiam viam-se desorganizados pelos fugitivos. Napoleão, prestes a ser envolvido, dirigiu-se para o quadrado de Cambronne com Ney, Soult, Bertrand, Drouot, Corbineau, Flahaut, Gourgaud e Labédoyère, que estavam sem tropas. A cavalaria multiplicou os ataques. A artilharia inglesa, da crista de suas colinas, varria toda a planície; a nossa, que não tinha mais homens para servi-la, permanecia muda. Não era mais um combate, era uma carnificina.

Nesse momento as nuvens se abriram. Blücher e Wellington, que tinham se reunido na fazenda da Belle Alliance, aproveitaram-se daquele socorro dos céus para porem sua cavalaria no encalço de nossas tropas. As molas que faziam aquele corpo gigantesco se mover tinham sido rompidas, o exército, dispersado. Apenas alguns batalhões da guarda resistiram e morreram...

Napoleão tentava em vão interromper a desordem. Ao lançar-se no meio da confusão, encontrara um regimento da guarda e duas baterias de reserva atrás de Planchenoit e tentou agrupar os fugitivos. Infelizmente, a noite impediu que fosse visto, o tumulto, que fosse ouvido. Desceu então do cavalo e investiu, espada na mão, no meio de um quadrado. Jerônimo o seguiu, dizendo:

— Você tem razão, irmão, aqui deve cair tudo o que leva o nome de Bonaparte.

Mas logo foi detido por seus generais e oficiais de estado-maior, rechaçado por seus granadeiros, que decerto queriam morrer, mas não que seu imperador morresse com eles. Colocaram-no de novo sobre o cavalo, um oficial pegou a rédea e arrastou-o a galope. Passou assim no meio dos prussianos, que o perseguiram ao longo de aproximadamente dois quilômetros. Balas ou projéteis não o quiseram. Finalmente chegou a Jemmapes e parou por um instante a fim de renovar suas tentativas de reagrupamento, que a confusão, a debandada geral, a aglomeração e, mais que tudo, a perseguição feroz dos prussianos ainda impediam. Logo, convencido de que, depois de Moscou, tudo terminara pela segunda vez, e que apenas de Paris poderia reunir o exército e salvar a França, continuou seu caminho, fez uma parada em Philippeville e chegou dia 20 a Laon.

Aquele que escreve estas linhas viu Napoleão apenas duas vezes na vida, com oito dias de intervalo, e isso durante o breve momento de uma escala de viagem. A primeira, quando ele se dirigia para Ligny, a segunda, quando voltava de Waterloo; a primeira vez, à luz do sol, a segunda, à luz de uma lamparina; a primeira, aclamado por uma multidão, a segunda, sob o silêncio de toda uma população.

Ambas as vezes, Napoleão estava sentado no mesmo coche, no mesmo lugar, vestido com as mesmas roupas; ambas as vezes, era o mesmo olhar vago e perdido; ambas as vezes, era a mesma cabeça calma e impassível. Apenas, ao voltar, tinha a testa um pouco mais inclinada para o peito que na ida.

A EUROPA DO CONGRESSO DE VIENA
Confederação Germânica
MAR DO NORTE
OCEANO ATLÂNTICO
MAR MEDITERRÂNEO
REINO UNIDO
Edimburgo
Belfast
Londres
Rio Tâmisa
DINAMARCA
Lübeck
Hamburgo
POMERÂNIA
HANÔVER
Berlim
Hanôver
Amsterdã
PAÍSES BAIXOS
WESTFÁLIA
Reno
Colônia
Leipzig
SAXÔNIA
Calais
Antuérpia
Lille
Bruxelas
Renânia
Weimar
Dresde
Frankfurt
PALATINADO
FRANCÔNIA
BAVIERA
Cheburgo
Brest
Rouen
Rio Sena
Paris
Orléans
Rio Loire
Tours
Estrasburgo
ALSÁCIA
Dijon
FRANÇA
Zurique
Viena
ÁUSTRIA
Berna
SUÍÇA
Lyon
LOMBARDIA
SABÓIA
PIEMONTE
Milão
Turim
Rio Pó
VENÉCIA
Veneza
Rio Dordogne
Bordeaux
Rio Garonne
Bayonne
Toulouse
Rio Ródano
Gênova
Parma
Módena
Bolonha
DALMÁCIA
Nice
Marselha
Toulon
Florença
ESTADOS PONTIFÍCIOS
Rio Minho
Porto
Rio Douro
PORTUGAL
Rio Tejo
Madri
Lisboa
Toledo
Rio Guadiana
Barcelona
Ajaccio
CÓRSEGA
Rio Tibre
Roma
Nápoles
SARDENHA
Rio Guadalquivir
Sevilha
Cádiz
Gibraltar
DUAS SICÍLIAS

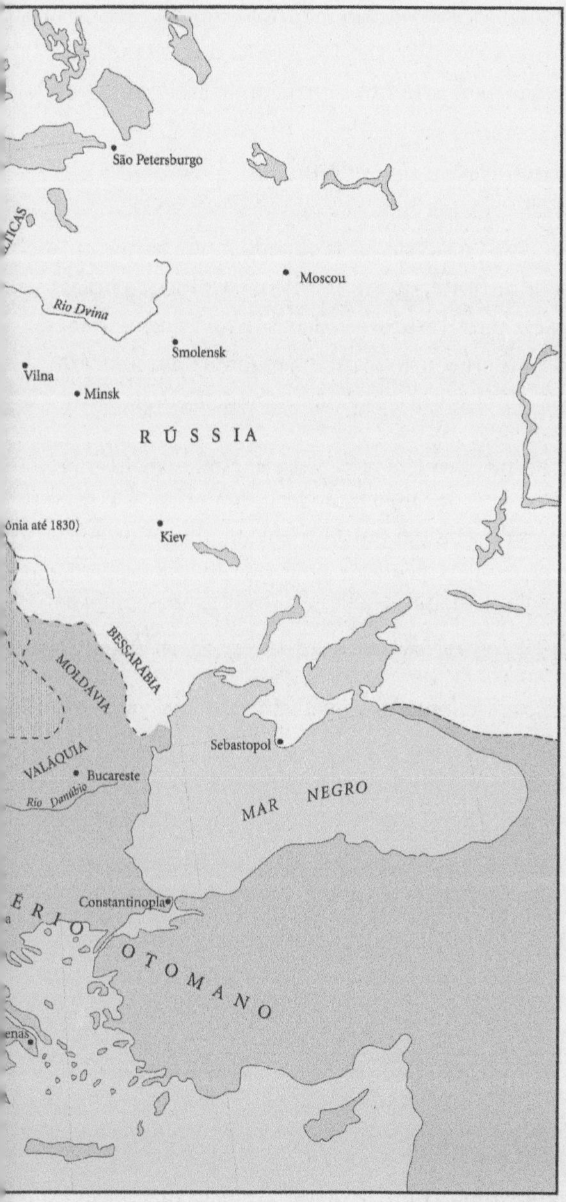

A EUROPA DO CONGRESSO DE VIENA

O Congresso de Viena (1814-15) representou, para a França, a perda de todos os territórios por ela anexados após 1792. Além disso, a Bélgica foi reunida à Holanda, formando os Países Baixos; a Áustria obteve o Norte da Itália; a Sardenha recebeu Gênova; a Suécia, a Noruega. A Rússia abriu mão de parte do grão-ducado de Varsóvia; a Prússia ficou com um terço da Saxônia; a Inglaterra garantiu a posse da maioria das colônias francesas, espanholas e holandesas conquistadas.

Estaria aborrecido por não conseguir dormir ou sofrendo por ter perdido o mundo?

No dia 22, a Câmara dos Pares e a Câmara dos Deputados declararam-se em sessão permanente e proclamaram traidor da pátria aquele que pretendesse suspendê-las ou dissolvê-las.

No mesmo dia Napoleão abdicava em favor de seu filho.

Em 8 de julho, Luís XVIII voltava a Paris.

No dia 14, Napoleão, depois de ter recusado a oferta do capitão Baudin, hoje vice-almirante, que lhe propôs escoltá-lo para os Estados Unidos, passou para bordo do *Bellérophon*, comandado pelo capitão Maitland, e escreveu ao príncipe regente da Inglaterra:

> Alteza real,
>
> Diante das facções que dividem meu país e à inimizade das grandes potências da Europa, consumei minha carreira política. Venho, como Temístocles, pedir asilo ao povo britânico. Coloco-me sob a proteção de suas leis, as quais reivindico de Vossa Alteza real, como o mais poderoso, o mais constante, o mais generoso de meus inimigos.
>
> NAPOLEÃO

Dois dias depois, o *Bellérophon* desfraldava suas velas em direção à Inglaterra.

No dia 24, fundeou em Torbay, onde Napoleão soube que o general Gourgaud, portador de sua carta, não conseguira se comunicar com terra e tinha sido forçado a desistir de sua missão.

Na noite do dia 26, o *Bellérophon* entrava na baía de Plymouth. Ali, espalharam-se os primeiros rumores da deportação para Santa Helena: Napoleão não quis acreditar.

No dia 30, um comissário transmitiu a Napoleão o desígnio relativo à sua deportação para Santa Helena. Indignado, Napoleão pegou da pena e escreveu:

> Protesto aqui solenemente, perante o céu e os homens, contra a violência de que fui vítima, contra a ofensa de meus direitos mais sagrados, ao disporem pela força de minha pessoa e minha liberdade.

Vim livremente para bordo do *Bellérophon*. Não sou prisioneiro, sou hóspede da Inglaterra. Vim para cá por instigação do próprio capitão, que disse ter ordens do governo para me receber e conduzir à Inglaterra com o meu séquito, se porventura isso me fosse agradável. Apresentei-me de boa-fé, vindo colocar-me sob a proteção das leis inglesas. Instalado a bordo do *Bellérophon*, esperava encontrar-me no lar do povo britânico. Se o governo, ao dar ordens ao capitão do *Bellérophon* para me receber, assim como a meu séquito, quis apenas lançar uma armadilha, infringiu a honra e manchou seu pavilhão.

Se tal ato se consumar, será em vão que os ingleses doravante falarão de sua lealdade, de suas leis e de sua liberdade. A fé britânica se verá perdida na hospitalidade do *Bellérophon*.

Apelo à história: ela dirá que um inimigo, que guerreou por muito tempo o povo inglês, veio livremente, em seu infortúnio, buscar asilo sob suas leis. Que maior prova podia dar-lhe de sua estima e confiança? Mas como se responde, na Inglaterra, a tal magnanimidade? Finge-se estender uma mão hospitaleira a esse inimigo, e, depois que ele se entrega de boa-fé, é imolado!

NAPOLEÃO,
a bordo do *Bellérophon*, ao mar

Em 7 de agosto, apesar desse protesto, Napoleão foi forçado a se transferir do *Bellérophon* para bordo do *Northumberland*. Embora a ordem ministerial mandasse retirar sua espada, o almirante Keith sentiu-se envergonhado por tal determinação e não a executou.

Nessa mesma segunda-feira, o *Northumberland* aparelhou rumo a Santa Helena.

Em 16 de outubro, setenta dias depois de sua partida da Inglaterra e cento e dez depois de ter deixado a França, Napoleão tocou o rochedo do qual faria um pedestal.

Quanto à Inglaterra, aceitou plenamente a vergonha de sua traição, e, a contar de 16 de outubro de 1815, os reis tiveram seu Cristo, e os povos, seu Judas.

VII

Napoleão em Santa Helena

O imperador dormiu aquela mesma noite num albergue, onde se sentiu muito mal. No dia seguinte, às seis da manhã, partiu a cavalo, com o grão-marechal Bertrand e o almirante Keith, para Longwood, casa que este último requisitara para sua residência como a mais confortável da ilha. Ao voltar, o imperador deteve-se no pequeno pavilhão anexo a uma casa de campo pertencente a um negociante da ilha chamado Balcombe. Seria seu alojamento temporário, onde permaneceria até que Longwood estivesse em condições de recebê-lo. Tinha se sentido tão mal na véspera que, embora o pavilhão estivesse praticamente desguarnecido, não quis voltar à cidade.

À noite, quando foi se deitar, Napoleão percebeu que uma janela sem vidraças, persianas ou cortinas dava para sua cama. O sr. de Las Cases e seu filho vedaram-na o melhor que puderam e foram para a mansarda, onde se deitaram cada qual sobre um colchão. Os camaristas, envolvidos em seus casacos, deitaram-se atravessados na porta.

No dia seguinte, Napoleão almoçou sem toalha de mesa nem guardanapo o que sobrara do jantar da véspera.

Isso tudo não passava do prelúdio da miséria e das privações que o aguardavam em Longwood.

Entretanto, pouco a pouco, a situação melhorou, pois mandaram vir do *Northumberland* a roupa de cama e a prataria. O coronel do 53º oferecera uma barraca, que foi armada em prolongamento ao quarto do imperador. Assim, com sua regularidade rotineira, Napoleão pensou em colocar um pouco de ordem em seus dias.

Às dez horas, o imperador mandava chamar Las Cases para almoçar com ele. Terminada a refeição, e depois de meia hora de conversa, o convidado relia o que lhe fora ditado na véspera. Concluída essa leitura, Napoleão continuava a ditar até as quatro horas. A essa hora vestia-se e saía, para que pudessem arrumar seu quarto, descendo ao jardim, que apreciava bastante e em cuja extremidade uma espécie de caramanchão coberto por uma lona, como uma barraca, lhe oferecia proteção contra o sol. Sentava-se geralmente sob esse caramanchão, para onde haviam trazido mesa e cadeiras, e ali ditava, àquele de seus companheiros que chegava da cidade para essa tarefa, até a hora do jantar, fixado às sete horas. O resto da noite, lia-se Racine ou Molière, pois não havia Corneille. Napoleão chamava aquilo de ir à comédia ou à tragédia. Finalmente, deitava-se o mais tarde possível, visto que, quando ia para cama muito cedo, despertava no meio da noite e não conseguia mais conciliar o sono.

Com efeito, qual dos amaldiçoados de Dante preferiria trocar seu suplício pelas insônias de Napoleão?

Ao fim de alguns dias, viu-se doente e cansado. Tinham colocado três cavalos à sua disposição, e, pensando que um passeio lhe faria bem, combinou com o general Gourgaud e o general Montholon uma cavalgada para o dia seguinte. Porém, logo soube que um oficial inglês tinha ordens para não o perder de vista. Dispensou os cavalos, dizendo que tudo era cálculo na vida, e que, como o mal que sentia à visão de seu carcereiro era maior que o bem que lhe podia proporcionar o exercício, ficar em casa resultava num ganho claríssimo.

O imperador substituiu essa distração por passeios noturnos que às vezes se prolongavam até as duas da manhã.

Finalmente, no domingo 10 de dezembro, o almirante mandou avisar a Napoleão que sua casa de Longwood estava pronta. No mesmo dia o imperador para lá se dirigiu a cavalo. O objeto que lhe propiciou mais prazer, em seu novo mobiliário, foi uma banheira em madeira, que o almirante conseguira mandar executar, de acordo com disposições dele próprio, por um carpinteiro da cidade. Uma banheira era um utensílio desconhecido em Long-wood. No mesmo dia Napoleão serviu-se dela.

No dia seguinte, o serviço do imperador começou a se organizar. Dividia-se em três séries, quarto, libré e refeições, e compunha-se de onze pessoas.

Quanto ao cerimonial, tudo foi organizado como na ilha de Elba: o grão-marechal Bertrand conservou o comando e a vigilância geral, Montholon foi encarregado dos detalhes domésticos, o general Gourgaud teve a direção da estrebaria, e Las Cases cuidava da administração interna.

Quanto à divisão do dia, era praticamente a mesma que em Briars. Às dez horas o imperador tomava o café da manhã em seu quarto sobre uma mesa pé de galo, enquanto o grão-marechal e seus companheiros comiam numa mesa de serviço, para onde tinham a liberdade de fazer convites particulares. Como não havia hora fixa para o passeio, e o calor era muito forte durante o dia, a umidade constante e intensa à noite – e como os cavalos de sela e o coche, que tinham que vir sempre do Cabo, nunca chegavam –, o imperador trabalhava uma parte do dia com Las Cases, ou com os generais Gourgaud ou Montholon. De oito às nove, jantava-se rapidamente, pois a sala de refeições ficara impregnada por um cheiro de tinta insuportável para o imperador. Depois passava-se ao salão, onde era preparada a sobremesa. Ali, lia-se Racine, Molière ou Voltaire, sentindo-se cada vez mais a falta de Corneille. Enfim, às dez da noite, acomodavam-se numa mesa de *reversis*, jogo favorito do imperador, e ali ficavam geralmente até uma hora da manhã.

Toda a pequena colônia estava alojada em Longwood, à exceção do marechal Bertrand e sua família, que habitavam Hut's Gate, casinha precária situada no caminho para a cidade.

O apartamento do imperador compunha-se de dois quartos, cada qual de quatro metros e meio de comprimento, três e meio de largura e cerca de dois metros de altura. Peças de nanquim, estendidas à guisa de papel, forravam suas paredes; um tapete puído cobria o chão.

No quarto de dormir ficavam a pequena cama de campanha onde dormia o imperador; um canapé sobre o qual ele repousava a maior parte do dia em meio aos livros de que vivia cercado; e, ao lado, uma mesinha sobre a qual almoçava e jantava e que à noite exibia um candelabro de três velas encimado por um grande abajur.

Entre as duas janelas, e do lado oposto à porta, havia uma cômoda contendo a roupa branca do imperador, sobre a qual ficava o seu grande *nécessaire*.

A lareira, com um pequeno espelho no alto, era decorada com vários quadros: à direita, o retrato do rei de Roma montado num carneiro; à esquerda, para equilibrar, um outro retrato do rei de Roma sentado sobre uma almofada e experimentando uma pantufa. No meio da chaminé, um busto em mármore da mesma criança real. Dois candelabros, duas garrafas e duas taças de prata tiradas do *nécessaire* do imperador complementavam a guarnição da lareira.

Finalmente, junto ao canapé e bem à frente do imperador quando descansava estendido, o que acontecia durante grande parte do dia, ficava o retrato de Maria Luísa com o filho entre os braços, pintado por Isabey.

Além disso, sobre o lado esquerdo da lareira, afora os retratos, descansava o grande relógio de prata de Frederico, o Grande, espécie de despertador conquistado em Potsdam; e, em frente, o próprio relógio do imperador, o que soara a hora de Marengo e Austerlitz, folheado a ouro dos dois lados e ostentando a letra B.

O segundo aposento, que servia de gabinete, a princípio tinha como mobiliário apenas tábuas brutas colocadas sobre simples cavaletes, suportando um bom número de livros esparsos e os diversos capítulos escritos por um dos generais ou secretários sob ditado do imperador. Depois, entre as duas janelas, um armário em forma de estante. Do lado oposto, uma cama semelhante à primeira e sobre a qual o imperador repousava às vezes durante o dia e tentava dormir à noite, após ter deixado o primeiro recinto em suas frequentes e longas insônias. Finalmente, no centro, ficava a mesa de trabalho, com a indicação dos lugares habitualmente ocupados pelo imperador, quando ditava, e por Montholon, Gourgaud ou Las Cases, quando escreviam.

Estes eram a vida e o palácio do homem que residira sucessivamente nas Tulherias, no Kremlin e no Escorial.

Não obstante o calor do dia, a umidade da noite e a ausência das coisas mais necessárias à vida cotidiana, o imperador teria suportado pacientemente todas aquelas privações se não tivessem tomado a providência de cercá-lo e tratá-lo não apenas como prisioneiro na ilha, mas também como prisioneiro em sua casa. Fora determinado, como dissemos, que, quando Napoleão montasse a cavalo, um oficial sempre o acompanharia, o que o fez decidir a não sair mais. Como sua obstinação cansara os carcereiros, a ordem foi suspensa sob a condição de que permanecesse dentro de certos limites. Porém, dentro dessa área, ele via-se cercado por uma roda de sentinelas. Certo dia, uma delas apontou a arma para seu rosto, e o general Gourgaud lhe arrancou o fuzil no momento em que provavelmente ia disparar. Esse cordão não permitia, de resto, senão meia hora de passeio, e, como o imperador não queria ultrapassá-la a fim de se poupar da companhia de seu guardião, prolongava seu passeio descendo por atalhos precários, por ravinas profundas, nas quais é inacreditável que não tivesse caído dez vezes.

Apesar dessa mudança em seus hábitos, o imperador manteve-se bem saudável durante os seis primeiros meses.

Porém, no inverno seguinte, o tempo se tornara constantemente ruim, e, como a umidade e a chuva haviam invadido os apartamentos que habitava, começou a sentir frequentes indisposições. Em todo caso, Napoleão não ignorava que o ar era dos mais insalubres e que era bem raro encontrar na ilha alguém que tivesse atingido cinquenta anos de idade.

Nesse ínterim, um novo governador chegou e foi apresentado ao imperador pelo almirante. Era um homem de cerca de quarenta e cinco anos, de estatura comum, franzino, magro, seco, vermelho no rosto e na cabeleira, cheio de manchas, com os olhos oblíquos, mirando de modo furtivo, só raramente encarando de frente, e coberto por sobrancelhas de um louro brilhante, grossas e bem proeminentes. Chamava-se Hudson Lowe.

A partir do dia em que chegou, começaram os novos vexames, que se tornaram cada vez mais intoleráveis. Sua estreia consistiu em enviar ao imperador dois panfletos contra ele. Depois fez com que todos os empregados domésticos passassem por um interrogatório para saber se era de livre e espontânea vontade que permaneciam junto ao imperador. Aquelas novas contrariedades logo provocaram em Napoleão uma daquelas indisposições que o vitimavam cada vez mais frequentemente. Foram cinco dias durante os quais não saiu, continuando mesmo assim a ditar sua campanha da Itália.

Logo os despautérios impostos pelo governo inglês aumentaram, chegando ao cúmulo das inconveniências, como convidar para jantar o "general Buonaparte" a fim de apresentá-lo a uma inglesa distinta que fizera escala em Santa Helena. Napoleão sequer respondeu ao convite. As perseguições redobraram.

Ninguém agora podia escrever sem ter previamente comunicado a carta ao governador. Todas as cartas que atribuíssem a Napoleão o título de imperador eram confiscadas.

Mandaram dizer ao "general Buonaparte" que suas despesas estavam pesadas demais, que o governo pretendia lhe conceder apenas alimentação diária para quatro pessoas no máximo, uma garrafa de vinho por dia para cada pessoa e um jantar com convidados por semana. Se houvesse despesas excedentes, o "general Buonaparte" e as pessoas de seu séquito deviam pagá-las.

O imperador mandou desmembrar sua prataria e enviou-a para a cidade, mas o governo determinou que só fosse vendida ao comprador por ele designado. Este ofereceu seis mil francos no primeiro lance: mal chegava a dois terços do valor da prataria avaliada a peso.

O imperador tomava banho todos os dias. Disseram-lhe para se contentar com um banho por semana, pois a água era escassa em Longwood. Ali havia algumas árvores sob as quais às vezes ele ia andar e que davam a única sombra disponível dentro dos limites delineados para seus passeios. O governador mandou derrubá-las e, como o imperador queixara-se da crueldade, ele respondeu que ignorava que aquelas árvores fossem agradáveis ao "general Buonaparte", mas que, já que lamentava, "plantariam outras".

Napoleão tinha nesses instantes movimentos de irritação sublime. A resposta acima provocou um deles:

— O pior procedimento dos ministros ingleses – exclamou – agora não é mais terem-me enviado para cá, mas terem-me colocado nas mãos do senhor. Eu me queixava do almirante, mas pelo menos ele tinha coração. Já o senhor desonra sua nação, e seu nome permanecerá como um estigma.

Finalmente, pela qualidade da carne, percebeu-se que estavam fornecendo animais mortos, e não abatidos, para a mesa do imperador. Pediram então para que os mandassem vivos. O pedido foi recusado.

A partir desse momento a existência de Napoleão não passou de uma lenta e penosa agonia, que ainda iria durar cinco anos. Nos cinco anos seguintes, o moderno Prometeu permaneceu acorrentado ao rochedo em que Hudson Lowe lhe roía o coração. Finalmente, em 20 de março de 1821, dia do glorioso aniversário da volta de Napoleão a Paris, o imperador sentiu, desde a manhã, uma forte opressão no estômago e uma espécie de sufocação fatigante no peito. Logo uma dor aguda foi sentida no epigastro, no hipocôndrio esquerdo, estendendo-se para o lado do tórax até o ombro correspondente. A despeito dos primeiros medicamentos, a febre continuou, o abdome tornou-se dolorido ao tato, e o estômago se enrijeceu. Por volta das cinco da tarde, houve uma piora, acompanhada de um frio glacial, sobretudo nas extremidades inferiores, e o doente se queixou de cãibras. Nesse momento, como a sra. Bertrand viera lhe fazer uma visita, Napoleão tentou parecer menos abatido, chegando a afetar um pouco de alegria; porém, logo sua disposição melancólica prevaleceu:

— Devemos nos preparar para a sentença fatal: você, Hortence e eu estamos destinados a recebê-la neste rochedo maldito. Eu irei primeiro, você irá depois e Hortence a seguirá. Mas nos encontraremos os três lá em cima.

Depois acrescentou estes quatro versos de *Zaïre*:

Mas rever Paris não devo mais pretender:
Vês que ao túmulo estou prestes a descer.
Vou ao reis dos reis indagar e inquirir
O preço de todos os males que por ele sofri.

A noite que se seguiu foi agitada, os sintomas tornaram-se cada vez mais graves. Uma beberagem emetizada os fez desaparecer momentaneamente, mas logo voltaram a surgir. Providenciou-se uma consulta, quase à revelia do imperador, entre o doutor Antomarchi e o doutor Arnott, cirurgião do 20º regimento da guarnição da ilha. Esses senhores reconheceram a necessidade de aplicar um amplo vesicatório sobre a região abdominal, administrar um purgativo e pingar de hora em hora vinagre sobre a testa do enfermo. A doença nem por isso deixou de fazer progressos rápidos.

Uma noite, um empregado de Longwood afirmou ter visto um cometa. Napoleão ouviu, e o presságio lhe veio:

— Um cometa! – exclamou. — Este foi o sinal precursor da morte de César.

Em 11 de abril, o frio nos pés tornou-se excessivo. O doutor tentou fomentações para dissipá-lo.

— Tudo isto é inútil – disse-lhe Napoleão. — Não é absolutamente no estômago que está o mal, mas no fígado. Vocês não têm remédio contra a ardência que me queima, nenhum preparado, qualquer remédio para aplacar o fogo pelo qual estou sendo devorado.

Em 15 de abril, começou a redigir seu testamento, e, nesse dia, a entrada em seu quarto foi proibida a todos, exceto a Marchand e ao general Montholon, que ficaram com ele de uma e meia às seis da tarde.

Às seis horas, o doutor entrou. Napoleão mostrou-lhe seu testamento começado e todas as peças de seu *nécessaire* etiquetadas com o nome da pessoa a quem estavam destinadas.

— O senhor está vendo – disse-lhe –, sei do que se trata e estou resignado.

O dia 19 trouxe uma melhora sensível que devolveu a esperança a todos, exceto a Napoleão. Todos se felicitavam por aquela mudança; o imperador deixou-os falar e, depois, sorrindo:

— Vocês não estão enganados, eu hoje estou melhor, mas não deixo de sentir a aproximação do meu fim. Quando eu morrer, todos vocês terão o doce consolo de retornar à Europa. Alguns irão rever seus parentes, outros, seus amigos. Já eu reencontrarei meus bravos no céu... Sim, sim –acrescentou animando-se e erguendo a voz num tom inspirado. — Sim, Kléber, Desaix, Bessières, Duroc, Ney, Murat, Masséna, Berthier virão ao meu encontro. Vão falar-me do que fizemos juntos, vou contar-lhes os últimos acontecimentos de minha vida. Ao me reverem, vão ficar todos novamente embriagados de entusiasmo e de glória. Conversaremos sobre nossas guerras com Cipião, César, Aníbal, e teremos prazer nisso... A menos – continuou, sorrindo – que se assustem lá em cima ao verem tantos guerreiros juntos!

Alguns dias depois, mandou vir seu capelão Vignali.

— Nasci na religião católica – disse-lhe –, quero cumprir os deveres que ela impõe e receber os sacramentos que administra. Todos os dias o senhor dirá a missa na capela vizinha e exporá o Santo Sacramento durante quarenta horas. Assim que eu morrer, o senhor disporá Seu altar à minha cabeceira, na minha câmara ardente, depois continuará a celebrar a missa. O senhor realizará todas as cerimônias de praxe, e só cessará quando eu estiver enterrado.

Depois do padre, foi a vez do médico:

— Meu caro doutor – disse-lhe –, depois da minha morte, que não pode estar distante, quero que proceda à abertura de meu cadáver. Mas exijo que nenhum médico inglês ponha a mão nele. Desejo que o senhor pegue meu coração, coloque-o no álcool e leve-o à minha querida Maria Luísa. O senhor lhe dirá que a amei ternamente e que nunca a deixei de amar. O senhor lhe contará tudo o que sofri, lhe dirá tudo o que viu, entrará em todos os detalhes acerca de minha morte. Recomendo-lhe sobretudo examinar bem meu estômago e fazer um relatório preciso e detalhado, que deve remeter ao meu filho. Depois, de Viena, o senhor se dirigirá a Roma para encontrar minha mãe e minha família, e lhes contará o que observou relativamente à minha situação. Dirá a eles que Napoleão, o mesmo que o mundo denominou Grande, como Carlos Magno e como Pompeu, morreu no estado mais deplorável, privado de tudo, abandonado a si mesmo e à sua glória. Dirá que, ao expirar, ele lega a todas as famílias reinantes o horror e o opróbrio de seus derradeiros momentos.

Em 2 de maio, a febre chegou ao mais alto grau de intensidade já atingido. O pulso bateu até cem pulsações por minuto, e o imperador começou a delirar. Era o início da agonia. Mas essa agonia ainda teve alguns momentos de trégua. Nesses curtos instantes de lucidez, Napoleão voltava sem cessar à recomendação que fizera ao doutor Antomarchi:

— Faça minuciosamente – dizia-lhe –, o exame anatômico de meu corpo, sobretudo do estômago. Os médicos de Montpellier me disseram que a doença do piloro seria hereditária em minha família. O relatório deles está nas mãos de Luís. Peça-lhe, compare-o com o que o senhor mesmo observou. Que pelo menos eu salve meu filho dessa cruel doença!

A noite foi bastante boa, mas na manhã do dia seguinte o delírio reapareceu com força redobrada, perdendo um pouco de intensidade por volta das oito horas. Às três horas, o doente recobrou a razão. Aproveitou para chamar os testamenteiros e lhes recomendou, no caso de vir a perder completamente a consciência, que não deixassem nenhum médico inglês, salvo o doutor Arnott, aproximar-se dele. Depois acrescentou, em toda a plenitude de sua razão e toda a pujança de seu gênio:

— Vou morrer. Vocês vão regressar à Europa. Devo-lhes alguns conselhos sobre a conduta que deverão adotar. Vocês partilharam meu exílio, serão fiéis à minha memória, não farão nada que a possa ferir. Eu sancionei todos os princípios, infundi-os em minhas leis, em meus atos. Não há um único que eu não tenha consagrado. Infelizmente, as circunstâncias eram graves. Fui obrigado a usar de severidade, a reprovar. Os reveses chegaram, não consegui evitá-los, e a França ficou privada das instituições liberais que lhe destinei. Ela me julga com indulgência, sabe de minhas intenções, zela pelo meu nome, minhas vitórias: imitem-na. Sejam fiéis às opiniões que defenderam, à glória que conquistamos. Afora isso, restam apenas vergonha e confusão...

No dia 5 pela manhã, a doença chegou ao ápice. A vida no enfermo era uma mera vegetação ofegante e dorida. A respiração tornava-se cada vez mais insensível. Os olhos, abertos em toda sua grandeza, estavam fixos e átonos. Algumas palavras vagas, última ebulição de um cérebro em delírio, vinham de tempos em tempos morrer em seus lábios. As últimas palavras que se ouviram foram "cabeça" e "exército". Quando a voz se extinguiu, toda inteligência pareceu morta, e o próprio doutor acreditou que o princípio da vida se apagara. Entretanto, por volta das oito, o pulso subiu, a mola mortal que fechava a boca do moribundo pareceu se distender, e alguns suspiros profundos exalaram de seu peito. Às dez e meia o pulso estava parado. Alguns minutos depois das onze o imperador deixara de viver...

Vinte horas depois da morte de seu ilustre doente, o doutor Antomarchi procedeu à abertura do cadáver, como Napoleão tanto lhe havia recomendado. Em seguida, retirou o coração, que colocou, segundo as instruções recebidas, em álcool, a fim de entregá-lo a Maria Luísa. Porém, naquele momento, os testamenteiros chegaram com a notícia da recusa de sir Hudson Lowe de deixar sair de Santa Helena não apenas o corpo, mas qualquer parte do corpo. Ele devia permanecer na ilha. O cadáver estava pregado ao patíbulo.

Como local da sepultura do imperador foi escolhido um recanto que Napoleão vira apenas uma vez, mas de que falava sempre com satisfação. Sir Hudson Lowe consentiu que o túmulo fosse cavado naquele lugar.

Concluída a autópsia, o doutor Antomarchi costurou com uma sutura as partes separadas, lavou o corpo e o deixou aos cuidados do valete, que o vestiu com o traje que o imperador costumava usar, isto é, um culote de casimira branca, meias de seda branca, longas botas com pequenas esporas, colete branco, gravata branca recoberta por uma gravata preta afivelada, grande cordão da Legião de Honra, casaco de coronel dos caçadores da guarda, condecorado com as ordens da Legião de Honra e da Coroa de Ferro, e finalmente o chapéu de três pontas. Assim vestido, Napoleão foi levado, no dia 6 de maio, às cinco horas e quarenta e cinco minutos, e exposto no pequeno quarto de dormir, que fora convertido em capela ardente. O cadáver tinha as mãos livres, estava estendido sobre seu leito de campanha, espada ao lado, um crucifixo repousando ao peito e o casaco azul de Marengo jogado sobre os pés. Permaneceu assim exposto durante dois dias.

No dia 8 pela manhã, o corpo do imperador, que devia repousar num vale, e o coração, que devia ser enviado a Maria Luísa, foram depositados numa caixa metálica, guarnecida por uma espécie de colchão e um travesseiro forrados em cetim branco. O chapéu, não podendo, por falta de espaço, permanecer na cabeça do morto, foi colocado a seus pés. Em torno dele foram semeadas águias e exemplares de todas as moedas cunhadas com sua efígie ao longo de seu reinado. Também depositaram-se ali seus talheres, sua faca e uma bandeja com suas armas. Esta primeira caixa foi fechada dentro de uma segunda, em acaju, colocada por sua vez em uma terceira, de chumbo, a qual foi enfim embutida numa quarta, em acaju, semelhante à segunda mas de maiores dimensões. Depois o caixão foi colocado no mesmo lugar onde se expusera o corpo.

Ao meio-dia e meia, o caixão foi transportado pelos soldados da guarnição para a grande aleia do jardim, onde o coche fúnebre o esperava. Foi coberto por um veludo púrpura, sobre o qual depositou-se o casaco de Marengo, e o cortejo pôs-se em marcha na seguinte ordem: o abade Vignali, com os ornamentos sacerdotais, tendo a seu lado o jovem Henri Bertrand, que levava um aspersório de prata; os doutores Antomarchi e Arnott; as pessoas encarregadas de vigiar o carro fúnebre, arrastado por quatro cavalos conduzidos por palafreneiros e escoltado de cada lado por doze granadeiros sem armas, os quais deviam carregar o caixão sobre os ombros quando o mau estado do caminho impedisse o carro de avançar; o jovem Napoléon Bertrand e Marchand, ambos a pé e ao lado do coche fúnebre; os condes Bertrand e Montholon, a cavalo, imediatamente atrás do carro; uma parte do séquito do imperador; a condessa Bertrand, com sua filha Hortênsia, numa caleche atrelada a dois cavalos conduzidos pela rédea por empregados, que andavam ao lado do precipício; o cavalo do imperador, conduzido por seu tratador Archambault; os oficiais da marinha, a pé e a cavalo; os oficiais do estado-maior, a cavalo; o general Coffin e o marquês de Monchenu, a cavalo; o contra-almirante e o governador, a cavalo; os habitantes da ilha; as tropas da guarnição.

O túmulo fora cavado a cerca de quinhentos metros depois de Hut's Gate. O coche parou perto do fosso, e o canhão começou a disparar cinco salvas por minuto.

O corpo foi descido ao túmulo enquanto o abade Vignali dizia as preces: os pés, voltados para o Oriente, que ele conquistara; a cabeça, para o Ocidente, onde reinara.

Em seguida, uma imensa pedra, que deveria ser a nova casa do imperador, selou sua derradeira morada, e Napoleão saiu do tempo para entrar na eternidade.

Trouxeram então uma placa de bronze, na qual estava gravada a seguinte inscrição:

NAPOLEÃO,
NASCIDO EM AJACCIO EM 15 DE AGOSTO DE 1769
MORTO EM SANTA HELENA EM 5 DE MAIO DE 1821

Porém, no momento em que ia ser afixada na lápide, sir Hudson Lowe deu um passo à frente e declarou, em nome de seu governo, que só se podia colocar no túmulo a inscrição:

O GENERAL BONAPARTE

Anexo

O testamento de Napoleão

Neste dia, 15 de abril de 1821,
em Longwood, ilha de Santa Helena

Eis o meu testamento, ou ato de minha última vontade

I

1º Morro na religião católica apostólica romana, no seio da qual nasci há mais de cinquenta anos.

2º Desejo que minhas cinzas repousem às margens do Sena, junto a esse povo francês a quem tanto amei.

3º Nunca deixei de me gratificar por minha caríssima esposa Maria Luísa. Dedico-lhe até o último instante os mais ternos sentimentos. Peço-lhe que zele para proteger meu filho das emboscadas que ainda rondam sua infância.

4º Recomendo ao meu filho que nunca se esqueça de que nasceu príncipe francês e jamais se preste a ser um instrumento nas mãos dos triúnviros que oprimem os povos da Europa. Ele tampouco deve combater ou prejudicar a França por qualquer outro meio. Deve adotar a minha divisa: *Tudo pelo povo francês!*

5º Morro prematuramente, assassinado pela oligarquia inglesa e seu sicário; o povo inglês não tardará a me vingar.

6º As duas infelizes tentativas de invasão da França, quando ela ainda dispunha de tantos recursos, foram fruto das traições de Marmont, Augereau, Talleyrand e La Fayette. Eu os perdoo; possa a posteridade francesa perdoá-los como eu.

7º Sou grato à minha boa e excelentíssima mãe, ao cardeal e aos meus irmãos José, Luciano, Jerônimo, Paulina, Carolina, Júlia, Hortênsia, Catarina e Eugênio pelo interesse que me dedicaram; perdoo Luís pelo libelo que publicou em 1820, eivado de afirmativas falsas e peças forjadas.

8º Desautorizo o *Manuscrito de Santa Helena* e outras obras intituladas *Máximas*, *Sentenças* etc., que vêm sendo publicadas há seis anos. Não foram estas as regras que pautaram minha vida. Mandei prender e julgar o duque d'Enghien, pois isto era necessário à segurança, ao interesse e à honra do povo francês, quando o duque mantinha flagrantemente sessenta assassinos em Paris. Se tudo viesse a acontecer novamente, eu agiria da mesma forma.

II

1º Lego ao meu filho as caixas, ordens e outros objetos, como prataria, leito de campanha, armas, selas, esporas, vasos de minha capela, livros, roupa branca que usei em meu corpo, de acordo com a lista anexa, lado A. Desejo que esse débil legado lhe seja caro, como se retraçasse para ele a lembrança de um pai cujo universo irá entretê-lo.

2º Lego a lady Holland o camafeu antigo com que o papa Pio VI me presenteou em Tolentino.

3º Lego ao conde Montholon dois milhões de francos como prova de minha satisfação pelos cuidados filiais que me vem dispensando há seis anos e para indenizá-lo pelas perdas causadas por sua temporada em Santa Helena.

4º Lego ao conde Bertrand quinhentos mil francos.

5º Lego a Marchand, meu primeiro valete de câmara, quatrocentos mil francos. Os serviços que ele prestou foram os de um amigo. Desejo que se case com uma viúva, irmã ou filha de oficial ou soldado de minha velha guarda.

6º Idem, a Saint-Denis, cem mil francos.

7º Idem, a Novarre (Noverraz), cem mil francos.

8º Idem, a Piéron, cem mil francos.

9º Idem, a Archambault, cinquenta mil francos.

10º Idem, a Coursot, vinte e cinco mil francos.

11º Idem, a Chandelier, vinte e cinco mil francos.

12º Idem, ao abade Vignali, cem mil francos. Desejo que construa sua casa perto de Ponte Nuevo de Rostino.

13º Idem, ao conde Las Cases, cem mil francos.
14º Idem, ao conde Lavalette, cem mil francos.
15º Idem, ao cirurgião-chefe Larrey, cem mil francos. Foi o homem mais virtuoso que conheci.
16º Idem, ao general Brayer, cem mil francos.
17º Idem, ao general Lefèvre-Desnouettes, cem mil francos.
18º Idem, ao general Drouot, cem mil francos.
19º Idem, ao general Cambronne, cem mil francos.
20º Idem, aos filhos do general Mouton-Duvernet, cem mil francos.
21º Idem, aos filhos do bravo Labédoyère, cem mil francos.
22º Idem, aos filhos do general Girard, morto em Ligny, cem mil francos.
23º Idem, aos filhos do general Chartrand, cem mil francos.
24º Idem, aos filhos do virtuoso general Travot, cem mil francos.
25º Idem, ao general Lallemand, o primogênito, cem mil francos.
26º Idem, ao conde Réal, cem mil francos.
27º Idem, a Costa, de Bastelica, na Córsega, cem mil francos.
28º Idem, ao general Clausel, cem mil francos.
29º Idem, ao barão Menneval, cem mil francos.
30º Idem, a Arnault, autor de *Marius*, cem mil francos.
31º Idem, ao coronel Marbot, cem mil francos. Que continue a escrever para a glória dos exércitos franceses e a confundir os caluniadores e apóstatas.
32º Idem, ao barão Bignon, cem mil francos. Oxalá escreva a história da diplomacia francesa de 1792 a 1815.
33º Idem, a Poggi di Talavo, cem mil francos.
34º Idem, ao cirurgião Emmery, cem mil francos.
35º Essas somas serão tomadas sobre os seis milhões que investi ao sair de Paris em 1815, com juros à razão de cinco por cento a partir de julho de 1815. As contas serão acertadas com o banqueiro pelos condes Montholon, Bertrand e Marchand.
36º Tudo o que esse investimento produzir além da soma de cinco milhões e seiscentos mil francos, como acima disposto, será distribuído como gratificação aos feridos de Waterloo e aos oficiais e soldados do batalhão da ilha de Elba, de acordo com a lista determinada por Montholon, Bertrand, Drouot, Cambronne e o cirurgião Larrey.
37º Esses legados, em caso de morte, serão pagos às viúvas e aos filhos e, na ausência destes, retornarão ao cabedal.

1º Meu domínio privado sendo minha propriedade, da qual nenhuma autoridade francesa me privou, ao que eu saiba, o total deverá ser solicitado ao barão de la Bouillerie, que é seu tesoureiro. Ele deve montar a mais de duzentos milhões de francos, a saber: 1º A carteira contendo as economias que fiz, ao longo de quatorze anos, sobre minha lista civil,* as quais totalizaram mais de doze milhões por ano, se não me falha a memória; 2º O produto dessa carteira; 3º Os móveis de meus palácios, tais como eram em 1814, incluindo os palácios de Roma, Florença e Turim; todos esses móveis foram adquiridos a partir dos juros dos proventos da lista civil; 4º A liquidação de minhas casas do reino da Itália, prata, prataria, joias, móveis, cavalariças; as contas serão fornecidas pelo príncipe Eugênio e o intendente da Coroa, Campagnoni.

NAPOLEÃO

Segunda folha

2º Lego metade de meu domínio privado aos oficiais e soldados que restaram do exército francês e que combateram entre 1792 e 1815 pela glória e a independência da Nação. A partilha será feita em *pro rata* aos registros de atividades; e metade às cidades e aldeias da Alsácia, da Lorena, do Franche-Comté, da Bourgogne, de Île-de-France, da Champagne, de Forez, do Dauphiné que tenham sofrido por uma ou outra invasão. Dessa soma será retirado um milhão para a cidade de Brienne e um milhão para a de Méry.

Instituo os condes Montholon, Bertrand e Marchand meus testamenteiros.

Este presente testamento, inteiramente escrito de punho próprio, é assinado e lacrado com minhas armas.

NAPOLEÃO
sinete

* Lista civil: conjunto de bens em dinheiro, ativos ou passivos que a lei ou a constituição atribui ao soberano. (N.T.)

Lista A, Anexa ao Meu Testamento

Longwood, ilha de Santa Helena,
neste 15 de abril de 1821

I

1º Os vasos sagrados que serviram em minha capela em Longwood.
2º Encarrego o abade Vignali de guardá-los e entregá-los ao meu filho quando este completar dezesseis anos.

II

1º Minhas armas, a saber: uma espada, a que usei em Austerlitz, o sabre de Sobieski, meu punhal, meu gládio, meu facão de caça, meus dois pares de pistolas de Versalhes.
2º Meu *nécessaire* de ouro, que usei nas manhãs de Ulm, de Austerlitz, de Iena, de Eylau, de Friedland, da ilha de Lobau, do Moscova e de Montmirail; levando isso em conta, desejo que seja precioso para o meu filho. O conde Bertrand é seu depositário desde 1814.
3º Encarrego o conde Bertrand de cuidar desses objetos, conservá-los e entregá-los ao meu filho quando este completar dezesseis anos.

III

1º Três pequenas caixas em acaju, contendo: a primeira, trinta e três tabaqueiras ou bomboniéres; a segunda, doze caixas com as armas imperiais, duas pequenas lunetas e quatro caixas encontradas na mesa de Luís XVIII, nas Tulherias, em 20 de março de 1815; a terceira, três tabaqueiras ornadas com medalhas de prata, para uso do imperador, e diferentes itens de toalete, conforme as listas numeradas I, II, III.
2º Meus leitos de campanha, de que me servi em todos os combates.
3º Minha luneta de guerra.
4º Meu *nécessaire* de toalete, um de cada de meus uniformes, uma dúzia de camisas e um conjunto completo de cada um de meus trajes e, genericamente, de tudo que utilizava em minha toalete.
5º Meu lavabo.

6º Um pequeno pêndulo que se encontra em meu quarto em Longwood.
7º Meus dois relógios e a corrente de fios de cabelo da imperatriz.
8º Encarrego Marchand, meu primeiro valete de câmara, de guardar esses objetos e entregá-los ao meu filho quando este completar dezesseis anos.

IV

1º Meu medalheiro.
2º Minha prataria e minha porcelana de Sèvres, que usei em Santa Helena (listas B e C).
3º Encarrego o conde Montholon de guardar esses objetos e entregá-los ao meu filho quando este completar dezesseis anos.

V

1º Minhas três selas e arreios, minhas esporas que utilizei em Santa Helena.
2º Meus fuzis de caça, em número de cinco.
3º Encarrego meu caçador Noverraz de guardar esses objetos e entregá-los ao meu filho quando este completar dezesseis anos.

VI

1º Quatrocentos volumes, escolhidos em minha biblioteca, dentre os de que mais fiz uso.
2º Encarrego Saint-Denis de guardá-los e entregá-los ao meu filho quando este completar dezesseis anos.

NAPOLEÃO

LISTA A

1º Não será vendido nenhum dos pertences que me serviram; o excedente será dividido entre os meus testamenteiros e meus irmãos.
2º Marchand conservará meus cabelos e com seus fios fará um bracelete com um pequeno cadeado em ouro para ser enviado à imperatriz Maria Luísa, à minha mãe e a cada um de meus irmãos,

irmãs, sobrinhos, sobrinhas, ao cardeal, e um de maior peso para o meu filho.

3º Marchand enviará um de meus pares de fivelas de sapatos, de ouro, ao príncipe José.

4º Um pequeno par de fivelas para jarreteiras, de ouro, ao príncipe Luciano.

5º Um fecho de colarinho, de ouro, ao príncipe Jerônimo.

Lista A

Inventário de meus pertences, que Marchand guardará para entregar ao meu filho

1º Meu *nécessaire* de prata, o que está sobre minha mesa, guarnecido de todos os seus utensílios, barbeadores etc.

2º Meu despertador: é o despertador de Frederico II, que conquistei em Potsdam (na caixa nº III).

3º Meus dois relógios, com a corrente de fios de cabelo da imperatriz e uma corrente com cabelos meus para o outro relógio. Marchand mandará fazer isso em Paris.

4º Meus dois sinetes (um da França, na caixa nº III).

5º O pequeno pêndulo dourado que se encontra atualmente em meu quarto.

6º Meu lavabo, com a bacia e o pé.

7º Minhas mesinhas de cabeceira, as que me serviam na França, e meu bidê esmaltado.

8º Minhas duas camas de ferro, meus colchões e cobertas, caso sejam conservados.

9º Meus três frascos de prata, onde colocavam a aguardente transportada por meus caçadores em campanha.

10º Minha luneta da França.

11º Minhas esporas (dois pares).

12º Três caixas em acaju, nºs I, II e III, que contêm minhas tabaqueiras e outros objetos.

13º Um defumador esmaltado.

Roupa de toalete

6 camisas, 6 lenços, 6 gravatas, 6 guardanapos, 6 pares de meias de seda, 6 colarinhos pretos, 6 pares de meias, 2 pares de batista, 2 fronhas, 2 pijamas, 1 par de suspensórios, 2 culotes-pijama de casimira branca, 6 peças de morim, 6 coletes de flanela, 4 cuecas, 6 roupas de baixo, 1 caixinha cheia do meu rapé, 1 fecho de colarinho de ouro, 1 par de fivelas de jarreteiras de ouro, 1 par de fivelas de sapato de ouro. Tudo na caixa nº III.

Vestuário

1 uniforme de caçador, 1 uniforme de granadeiro, 1 uniforme de guarda nacional, 2 chapéus, 1 capote cinzento e verde, 1 casaco azul (o que usei em Marengo), 1 zibelina em peliça verde, 2 pares de sapatos, 2 pares de botas, 1 par de pantufas, 6 cinturões.

NAPOLEÃO

LISTA B

Inventário dos pertences que deixei na casa do sr. conde de Turenne

1 sabre de Sobieski, 1 grande cordão da Legião de Honra, 1 espada de prata dourada, 1 gládio de cônsul, 1 espada de ferro, 1 cinturão de veludo, 1 cordão do Tosão de Ouro, 1 pequeno *nécessaire* de aço, 1 lamparina de prata, 1 punho de sabre antigo, 1 chapéu estilo Henrique IV e uma touca, os tecidos de renda do imperador, 1 pequeno medalheiro, 2 tapetes turcos, 2 casacos em veludo carmesim bordados, com calças e culotes.

1º Lego ao meu filho o sabre de Sobieski, o cordão da Legião de Honra, a espada de prata, o gládio de cônsul, a espada de ferro, o cordão do Tosão de Ouro, o chapéu Henrique IV, a touca e o *nécessaire* de ouro para os dentes, que ficou no dentista.

2º À imperatriz Maria Luísa, meus tecidos de renda; à Madame, a lamparina de prata; ao cardeal, o pequeno *nécessaire* de aço; ao príncipe Eugênio, o castiçal de prata; à princesa Paulina, o pequeno medalheiro; à rainha de Nápoles, um pequeno tapete turco; à rainha Hortênsia, um pequeno tapete turco; ao príncipe Jerônimo, um punho de sabre antigo; ao príncipe José, um casaco bordado, calças e culotes; ao príncipe Luciano, um casaco bordado, calças e culotes.

Napoleão
Neste 24 de abril de 1821, Longwood

Este é meu codicilo, ou ato de minha última vontade

Sobre os fundos entregues em ouro à imperatriz Maria Luísa, minha queridíssima e bem-amada esposa, em Orléans, ela continua a me dever dois milhões, de que disponho no presente codicilo a fim de recompensar meus mais fiéis servidores, que recomendo, de resto, à proteção de minha querida Maria Luísa.

1º Recomendo à imperatriz que restitua ao conde Bertrand os trinta mil francos de renda que ele possui no ducado de Parma e no Montepio Napoleão em Milão, bem como os atrasados.
2º Faço-lhe a mesma recomendação em relação ao duque d'Istrie, à filha de Duroc e a outros de meus servidores que permaneceram fiéis a mim e que me continuam caros; ela os conhece.
3º Lego, sobre os dois milhões acima mencionados, trezentos mil francos ao conde Bertrand, dos quais ele depositará cem mil na caixa do tesoureiro para serem empregados, segundo minhas disposições, a legados de consciência.
4º Lego duzentos mil francos ao conde Montholon, dos quais ele depositará cem mil na caixa do tesoureiro para o mesmo fim acima.
5º Idem, duzentos mil francos ao conde Las Cases, dos quais ele depositará cem mil na caixa do tesoureiro para o mesmo fim acima.
6º Idem, a Marchand, cem mil francos, dos quais ele depositará cinquenta mil na caixa do tesoureiro para o mesmo fim acima.
7º Ao prefeito de Ajaccio no início da Revolução, Jean-Jerôme Lévi ou à sua viúva, filhos ou netos, cem mil francos.
8º À filha de Duroc, cem mil francos.
9º Ao filho de Bessières, duque d'Istrie, cem mil francos.
10º Ao general Drouot, cem mil francos.
11º Ao conde Lavalette, cem mil francos.
12º Idem, cem mil francos, a saber: vinte e cinco mil francos a Piéron, meu *maître*; vinte e cinco mil francos a Noverraz, meu caçador;

vinte e cinco mil francos a Saint-Denis, meu guarda-livros; vinte e cinco mil francos a Santini, antigo porteiro do meu quarto.

13º Idem, cem mil francos, a saber: quarenta mil francos a Hébert, ultimamente empregado em Rambouillet, e que era do meu serviço de quarto no Egito; vinte mil francos a Lavigné, ultimamente empregado em uma de minhas cavalariças e que era meu picador no Egito.

14º Duzentos mil francos serão distribuídos em esmolas aos habitantes de Brienne-le-Château que mais sofreram.

Os trezentos mil francos restantes serão distribuídos aos oficiais e soldados do batalhão de minha guarda da ilha de Elba, ainda vivos, ou às suas esposas ou filhos, em *pro rata* a seus proventos e de acordo com a lista determinada por meus testamenteiros; os amputados ou feridos gravemente ganharão o dobro. A lista será estabelecida por Larrey e Emmery.

Este codicilo foi escrito de punho próprio, assinado e lacrado com minhas armas.

NAPOLEÃO

sinete

Neste 24 de abril de 1821, Longwood

Este é meu codicilo, ou ato de minha última vontade

Da liquidação de minha lista civil da Itália, prata, joias, prataria, roupa de toalete, móveis, cavalariças, de que o vice-rei é depositário e que me pertencem, disponho de dois milhões, que lego a meus mais fiéis servidores. Espero que, voluntariamente, meu filho Eugênio Napoleão* se responsabilize por isso; ele não deve esquecer os quarenta milhões de francos que lhe dei, seja na Itália, seja pela partilha da herança de sua mãe.

1º Desses dois milhões, lego ao conde Bertrand trezentos mil francos, dos quais ele depositará cem mil francos na caixa do tesoureiro para serem empregados, segundo minhas disposições, ao dever de legados de consciência.

2º Ao conde Montholon, duzentos mil francos, dos quais ele depositará cem mil francos na caixa para o mesmo fim acima.

* Nascido Eugène Beauharnais, filho de Josefina. (N.T.)

3º Ao conde Las Cases, duzentos mil francos, dos quais ele depositará cem mil francos na caixa para o mesmo fim acima.

4º A Marchand, cem mil francos, dos quais ele depositará cinquenta mil francos na caixa para o mesmo fim acima.

5º Ao conde Lavalette, cem mil francos.

6º Ao general Hogendorf, holandês, meu ajudante de campo refugiado no Brasil, cem mil francos.

7º Ao meu ajudante de campo Corbineau, cinquenta mil francos.

8º Ao meu ajudante de campo Caffarelli, cinquenta mil francos.

9º Ao meu ajudante de campo Dejean, cinquenta mil francos.

10º A Perey, cirurgião-chefe em Waterloo, cinquenta mil francos.

11º Cinquenta mil francos, a saber: dez mil francos a Piéron, meu *maître*; dez mil francos a Saint-Denis, meu primeiro caçador; dez mil francos a Noverraz; dez mil francos a Cursot, meu intendente doméstico; dez mil francos a Archambault, meu picador.

12º Ao barão Menneval, cinquenta mil francos.

13º Ao duque d'Istrie, filho de Bessières, cinquenta mil francos.

14º À filha de Duroc, cinquenta mil francos.

15º Aos filhos de Labédoyère, cinquenta mil francos.

16º Aos filhos de Mouton-Duvernet, cinquenta mil francos.

17º Aos filhos do bravo e virtuoso general Travot, cinquenta mil francos.

18º Aos filhos de Chartrand, cinquenta mil francos.

19º Ao general Cambronne, cinquenta mil francos.

20º Ao general Lefèvre-Desnouettes, cinquenta mil francos.

21º Para serem divididos entre os proscritos que erram por países estrangeiros, franceses, italianos, belgas, holandeses, espanhóis ou dos departamentos do Reno, sob responsabilidade de meus testamenteiros, cem mil francos.

22º Para serem divididos entre os amputados ou feridos gravemente em Ligny e Waterloo, ainda vivos, de acordo com listas elaboradas por meus testamenteiros, aos quais serão acrescentados Cambronne, Larrey, Percy e Emmery; será dado o dobro à minha guarda, o quádruplo àqueles da ilha de Elba, duzentos mil francos.

Esse codicilo foi inteiramente escrito de punho próprio, assinado e lacrado com minhas armas.

NAPOLEÃO

sinete

Neste 24 de abril de 1821, Longwood

Este é um terceiro codicilo ao meu testamento de 15 de abril

1º Entre os diamantes da coroa que foram restituídos em 1814, havia alguns de quinhentos a seiscentos mil francos que não se encontravam lá; eles deverão ser devolvidos para saldar meu legado.

2º Eu tinha no banqueiro Torlonia, de Roma, duzentos a trezentos mil francos em letras de câmbio, produtos de minhas rendas da ilha de Elba, em 1815; o senhor de Perruse, embora não fosse mais meu tesoureiro, e ele não tem caráter, roubou esta soma; deverá restituí-la.

3º Lego ao duque d'Istrie trezentos mil francos, dos quais apenas cem mil reversíveis à viúva caso ele esteja morto por ocasião da execução do testamento. Desejo, se isso não apresentar inconvenientes, que o duque se case com a filha de Duroc.

4º Lego à duquesa de Friuli, filha de Duroc, duzentos mil francos; caso esteja morta antes da execução do testamento, nada será dado à mãe.

5º Lego ao general Rigaud, o que foi proscrito, cem mil francos.

6º Lego a Boisnod, administrador-chefe, cem mil francos.

7º Lego aos filhos do general Letort, morto na campanha de 1815, cem mil francos.

8º Estes oitocentos mil francos de legado serão como apostos ao artigo 36 de meu testamento, o que elevaria a seis milhões e quatrocentos mil francos a soma do legado de que disponho por meu testamento, sem compreender as doações feitas por meu segundo codicilo.

Isto foi escrito de punho próprio, assinado e lacrado com minhas armas.

Napoleão
sinete

No verso

Este é o terceiro codicilo ao meu testamento, escrito integralmente de punho próprio, assinado e lacrado com minhas armas.

Será aberto no mesmo dia e imediatamente após a abertura de meu testamento.

Napoleão
sinete
Neste 24 de abril de 1821, Longwood

Pelas disposições que tomamos precedentemente, não cumprimos todas as obrigações, o que nos decidiu a fazer um quarto codicilo.

1º Legamos ao filho, ou neto, do barão Du Teil, tenente-general de artilharia, antigo senhor de Saint-André, que comandou a Escola de Auxonne antes da Revolução, a soma de cem mil francos como lembrança de gratidão pelos cuidados que esse bravo general nos dispensou quando estávamos, como tenente e capitão, sob suas ordens.

2º Idem, ao filho, ou ao neto, do general Dugommier, que comandou em chefe o exército de Toulon, a soma de cem mil francos. Sob suas ordens, dirigimos esse cerco e comandamos a artilharia; é um testemunho de gratidão pelas marcas de estima, afeição e amizade que nos dispensou esse bravo e intrépido general.

3º Idem. Legamos cem mil francos ao filho ou ao neto de Gasparin, deputado da Convenção, representante do povo no exército de Toulon, por ter protegido e sancionado com sua autoridade o plano que lhe apresentamos, que valeu a tomada dessa cidade, e que era contrário ao enviado pelo Comitê de Salvação Pública. Gasparin nos colocou, com sua proteção, ao abrigo das perseguições da ignorância dos estados-maiores que comandavam o exército antes da chegada do meu amigo Dugommier.

4º Idem. Legamos cem mil francos à viúva, filho ou neto de nosso ajudante de campo Muiron, morto ao nosso lado em Arcole, cobrindo-nos com seu corpo.

5º Idem. Dez mil francos ao suboficial Cantillon, que sofreu um processo acusado de ter pretendido assassinar lorde Wellington, do que se declarou inocente. Cantillon tinha tanto direito de assassinar esse oligarca quanto este de me enviar para morrer no rochedo de Santa Helena. Wellington, que propôs esse atentado, buscava justificá-lo pelo interesse da Grã-Bretanha. Cantillon, se de fato tivesse assassinado o lorde, ver-se-ia protegido e justificado pelos mesmos motivos, o interesse da França, desfazendo-se de um general que, por sinal, violou a capitulação de Paris, tornando-se assim responsável pelo sangue dos mártires Ney, Labédoyère etc., e pelo crime de ter pilhado os museus, infringindo o texto dos tratados.

6º Esses quatrocentos mil serão acrescentados aos seis milhões e quatrocentos mil francos de que dispomos, elevando nosso legado a seis milhões e oitocentos e dez mil francos. Esses cento e dez mil francos devem ser considerados como parte de nosso testamento, artigo 35, e ter o mesmo destino que os outros legados.

7º As nove mil libras esterlinas que entregamos ao conde e à condessa Montholon devem, caso tenham sido saldadas, serem deduzidas e levadas em conta sobre o legado que lhes fazemos por nossos testamentos. Se não tiverem sido quitadas, nossos recibos serão anulados.

8º Mediante o legado feito por nosso testamento ao conde Montholon, fica anulada a pensão de vinte mil francos concedida à sua mulher. O conde Montholon está encarregado de pagá-la.

9º Pelo fato de a administração desta sucessão, até sua inteira liquidação, envolver custos burocráticos, aquisições, missões, consultas e recursos, entendemos que nossos testamenteiros deverão reter três por cento sobre todo o legado, seja sobre os seis milhões e oitocentos mil francos, seja sobre as somas listadas nos codicilos, seja sobre os dois milhões de francos do domínio privado.

10º As somas provenientes dessas retenções serão depositadas nas mãos de um tesoureiro e utilizadas por mandato de nossos testamenteiros.

11º Se as somas provenientes das ditas retenções não forem suficientes para prover os gastos, eles ficarão a cargo dos três testamenteiros e do tesoureiro, cada um na proporção do legado que lhes fizemos por nosso testamento e codicilos.

12º Se as somas provenientes das ditas retenções ficarem aquém das necessidades, a dívida restante será quitada por nossos três testamenteiros e o tesoureiro, na proporção de seus respectivos legados.

13º Nomeamos tesoureiro o conde Las Cases e, na ausência deste, seu filho, e, na ausência deste, o general Drouot.

Este presente codicilo foi inteiramente redigido de punho próprio, assinado e lacrado com nossas armas.

NAPOLEÃO

sinete

Primeira Carta– Ao sr. Laffitte

Longwood, ilha de Santa Helena,
25 de abril

Senhor Laffitte, entreguei-lhe em 1815, no momento de minha partida de Paris, uma soma de aproximadamente seis milhões referente à qual o senhor me deu um duplo recibo. Anulei um deles, e encarrego o conde Montholon de lhe apresentar o outro a fim de que o senhor lhe entregue, depois de minha morte, a dita soma, com juros à razão de cinco por cento a datar de 1º de julho de 1815, descontando-se os pagamentos de que foi encarregado por ordens minhas.

Desejo que a liquidação dessa conta seja realizada em acordo entre o senhor, o conde Montholon, o conde Bertrand e o senhor Marchand, e, acertada essa liquidação, dou-lhe, pela presente, quitação integral e absoluta da dita soma.

Entreguei-lhe também uma caixa contendo meu medalheiro. Peço que a ponha nas mãos do conde Montholon.

Esta carta não tendo outro fim, rogo a Deus, senhor Laffitte, que o tenha sob sua santa e digna proteção.

Napoleão

Segunda Carta – Ao sr. barão Labouillerie

Longwood, 25 de abril de 1821

Senhor barão Labouillerie, tesoureiro do meu domínio privado, peço-lhe que entregue o recibo e o montante após minha morte ao conde Montholon, que encarreguei da execução de meu testamento.

Esta carta não tendo outro fim, rogo a Deus, senhor barão Labouillerie, que o tenha sob sua santa e digna proteção.

Napoleão

Notas históricas

Estas notas versam sobre fatos e personagens citados de passagem pelo autor, mas que tiveram importância capital no desenrolar dos acontecimentos narrados. A página mencionada após a entrada da nota corresponde à sua primeira ocorrência no texto. Os VERSALETES *remetem a notas afins.*

ARÉNA, JOSEPH *(Córsega, c.1770-Paris, 1801), p.70*
Oficial e político francês, deputado no Conselho dos Quinhentos, protestou contra o 18 BRUMÁRIO e fez parte de um grupo de descontentes e conspiradores. Detido na Ópera em 12 de outubro de 1800, foi acusado, junto com Topino-Lebrun, Ceracchi, Demerville e Diana, de tentar envenenar o primeiro-cônsul. Todos foram executados.

AUGEREAU, PIERRE *(duque de Castiglione, 1757-1816), p.40*
Depois de participar da repressão à revolta da Vendeia em 1793, foi promovido a general. Em 1796 lutou na campanha da Itália. Ao se opor ao 18 BRUMÁRIO, passou à inatividade até ser promovido a marechal em 1804. Lutou em Iena, onde liderou a ala esquerda francesa, e comandou divisões na Espanha e na Alemanha, antes de se aquartelar na Prússia durante a campanha de 1812 contra a Rússia. Ao defender a França pela última vez no ano seguinte, perdeu a cidade de Lyon e aderiu à causa realista. Permaneceu leal ao rei durante a volta de Napoleão, mas foi repelido pelos Bourbon depois de se recusar a depor contra o marechal NEY.

BERNADOTTE, JEAN-BAPTISTE *(rei da Suécia, príncipe de Ponte Corvo, 1763-1844), p.33*
Um dos mais controvertidos marechais de Napoleão, sua carreira pode ser dividida em três fases. A primeira corresponde à sua ascensão no exército entre 1780 e 1794, quando já era general de divisão. Nesse período, casou-se com Desirée Clary, ex-caso amoroso de Napoleão. Na segunda

fase, teve participação brilhante em Austerlitz e recebeu seu principado. Em 1807 foi exonerado por seus erros na batalha de Iena. Venceu as batalhas de Mohrungen, Spanden e Linz, mas cometeu novos erros em Wagram, sendo novamente afastado pelo imperador. Aceito pelo rei da Suécia, Carlos XIII, que não tinha filhos, adotou ardorosamente seu novo país, rompendo com Napoleão quando este ocupou a Pomerânia sueca em 1812. Em 1814 incorporou a Noruega à Suécia. Em 1818, tornou-se o rei Carlos XIV da Suécia e, visto como um traidor pelos franceses, deu origem a uma dinastia real ainda existente nos dias de hoje.

BERTHIER, LOUIS-ALEXANDRE *(príncipe de Neuchâtel e Wagram, 1753-1815), p.40*
Conhecido por sua habilidade em transmitir as inúmeras ordens do imperador em uma linguagem acessível a seus subordinados, Berthier começou sua carreira militar em 1766. Seu primeiro posto importante foi nos Estados Unidos, em 1781. Durante a Revolução Francesa, protegeu a família real da fúria extremista, sendo exonerado em 1792. Três anos mais tarde voltou à ativa e, depois da campanha da Itália, foi promovido a general de divisão. Participou das campanhas do Egito e da Rússia. Ferido em Brienne, passou para o lado realista, defendendo o retorno dos Bourbon. Recusou-se a reconhecer Bonaparte em seu regresso da ilha de Elba. Morreu misteriosamente ao cair de uma janela em Bamberg, não se sabe se por vontade própria ou empurrado.

CABANIS, PIERRE-JEAN-GEORGES *(Cosnac, 1757-Rueil, 1808), p.130*
Médico e filósofo francês, da escola sensualista e colaborador de MIRABEAU, publicou após sua morte *Diário da doença e da morte de Mirabeau* (1791). Depois da morte de Condorcet – de quem foi amigo e a quem forneceu o veneno que o matou –, casou-se com a cunhada deste. Deputado no Conselho dos Quinhentos, apoiou o DIRETÓRIO, tornando-se logo um dos amigos mais próximos de SIEYÈS. Bonaparte nomeou-o senador. Suas ideias exerceram influência considerável no início do século XIX.

CALENDÁRIO REPUBLICANO, *passim*
Adotado pela CONVENÇÃO NACIONAL em 24 de novembro de 1793, o calendário estipulava que o ano começava no equinócio de outono (22

set), e o ano I da era republicana partia de 22 de setembro de 1792, data da proclamação da República. O ano era dividido em doze meses de trinta dias, mais cinco dias complementares, dedicados à celebração de festas republicanas. Esses meses receberam os seguintes nomes: para o outono, vendemiário (mês das vindimas), brumário (das brumas), frimário (das geadas, *frimas*); para o inverno, nivósio (da neve), pluvósio (das chuvas), ventósio (dos ventos); para a primavera, germinal (da germinação), floreal (das flores), prairial (dos prados); para o verão, messidor (das colheitas), termidor (do calor, dos banhos), frutidor (das frutas). O calendário ficou em uso por treze anos, sendo substituído pelo gregoriano em 1º de janeiro de 1806. *Ver também* 9 TERMIDOR e 18 BRUMÁRIO.

CAMBISES, *p.34*
Rei da Pérsia (529-522 a.C.), filho e sucessor de Ciro, o Grande. Príncipe cruel e desequilibrado, mandou assassinar seu irmão caçula, atacou o Egito (525) e fundou a vigésima sétima dinastia. Suicidou-se.

CAMPO DE MAIO, *p.157*
Assembleia realizada por Napoleão em 1º de junho de 1815 no CAMPO DE MARTE, em Paris, a fim de proclamar o resultado do plebiscito que ratificava o Ato Adicional às Constituições do Império. Napoleão presidiu a cerimônia, jurou sobre o Evangelho fidelidade às Constituições e pronunciou um discurso relativo à situação externa. Em seguida, o chanceler Cambacères anunciou o resultado da consulta: 1.300.000 sim, 4.206 não. O número de abstenções foi maior que o de votantes.

CAMPO DE MARTE, *p.157*
Situado na antiga planície de Grenelle, em Paris, e originalmente destinado a exercícios militares (como seu homólogo em Roma), tinha cerca de um quilômetro por quinhentos metros. Ali foram realizados diversos eventos durante o período da Revolução Francesa (Festa da Federação, Abolição da Escravatura etc.), bem como a proclamação do Ato Adicional à Constituição imperial (*ver* CAMPO DE MAIO).

CINCINATO *(Lucius Quinctius Cincinnatus), p.32*
Segundo a tradição, romano que viveu no séc.v a.C. Chamado para salvar o exército romano no monte Álgido, foi proclamado *dictator*, derrotou o inimigo e voltou em seguida às suas terras. São frequentes as alusões a ele como um tipo representativo da antiga simplicidade e frugalidade romanas.

∴ **Cipião Africano Maior** *(Publius Cornelius Scipio Africanus Major) (236/5-c.183 a.C.), p.169*
Filho de Públio Cornélio Cipião, cônsul no primeiro ano das Guerras Púnicas, salvou a vida de seu pai na batalha de Ticino (218). Em 210, com apenas 25 anos de idade, foi designado para comandar o exército romano na Espanha e expulsou os cartagineses daquele território. Eleito cônsul, em 204 atravessou com seu exército para a África, pondo fim à guerra com sua vitória em Zama. Acusado em 190 de suborno e desvio de dinheiro público, Cipião, em seu julgamento, limitou-se a lembrar ao povo que aquele dia era o aniversário da batalha de Zama e pedir-lhe para segui-lo até o Capitólio, a fim de darem graças aos deuses. A opinião pública voltou a ser-lhe favorável, e o assunto foi encerrado. Em seguida, Cipião retirou-se para sua propriedade em Literno, na Campânia, onde morreu.

∴ **Confederação do Reno**, *p.17*
Logo depois do tratado de Pressburg, que Francisco de Habsburgo assinou como imperador da Alemanha e da Áustria, Napoleão procedeu à reorganização da Alemanha, acabando com o Sacro Império Romano-Germânico. Em 12 de julho de 1806, fez com que dezesseis príncipes alemães, entre os quais os reis da Baviera e de Wurttemberg, assinassem um pacto agrupando-os em uma confederação que reconhecia como protetor o imperador dos franceses – firmando com ele uma aliança militar perpétua exclusiva. A Confederação era governada por meio de uma dieta, formada por plenipotenciários designados pelos soberanos, com sede em Frankfurt, e encarregada de tomar decisões sobre os assuntos comuns. Foi rompida por Bismarck, que provocou a expulsão da Áustria com a guerra de 1866.

∴ **Congresso de Viena**, *p.137*
Reunião dos países europeus realizada em Viena em 1814-15 a fim de organizar politicamente o continente depois da queda de Napoleão Bonaparte.

∴ **Convenção de Sintra**, *p.92*
Convenção assinada entre os franceses, por intermédio de Junot, e os anglo-lusitanos, determinando a evacuação de Portugal pelas tropas francesas.

∴ **Convenção Nacional**, *p.22*
Assembleia política francesa que sucedeu a Assembleia Legislativa e governou a França de 1792 a 1795. Sua existência não passou de uma

longa luta: internamente, entre os partidos; externamente, contra a Europa. A Convenção criou instituições científicas que lhe sobreviveriam: sistema métrico, Instituto, Museu, escolas Normal, Politécnica e do Val-de-Grâce. Elaborou a Constituição republicana conhecida como "do ano III". O regime que a aplicou, quando a Convenção se dissolveu (26 out 1795), é conhecido como DIRETÓRIO.

18 BRUMÁRIO *(9 de novembro de 1799), p.153*
Golpe de Estado executado por Napoleão, com a ajuda de seu irmão Luciano, que derrubou o DIRETÓRIO e criou o regime do Consulado. Três cônsules foram nomeados: Bonaparte, Ducos e SIEYÈS.

DIRETÓRIO, *p.35*
Sistema de governo que sucedeu a CONVENÇÃO NACIONAL e regeu a França de 5 brumário do ano IV (27 out 1795) ao 18 BRUMÁRIO do ano VIII (9 nov 1799). Foi organizado pela Constituição do ano III, que entregava o poder legislativo a duas assembleias (Conselho dos Antigos e Conselho dos Quinhentos), e o poder executivo a cinco diretores por elas eleitos.

DORIA, *p.41*
Ilustre família de Gênova, conhecida desde Gilberto Doria, vencedor da batalha naval de Meloria, que destruiu a frota pisana (1284), até Antonio Doria, um dos mais ousados almirantes do século XVI.

DUMAS, GENERAL *(Thomas-Alexandre Dumas Davy de la Pailleterie) (São Domingos, 1762-Villers-Cotterets, 1806), p.34*
Filho de um militar francês, autointitulado "marquês" de Davy de la Pailleterie, que foi tentar fortuna em São Domingos, e de uma escrava negra nativa, Cosette Dumas. Nada prova que o matrimônio tenha se oficializado, mas o pai reconheceu a criança. Em 1772 a mãe morreu, e em 1780 o "marquês" voltou a Paris (o costume então ditava que se levassem para a França os filhos de sangue africano e deixassem as meninas nas ilhas). O jovem tinha então dezoito anos. Sua tez lhe dava um aspecto exótico, e sua força era espantosa: certa noite, na Ópera, um mosqueteiro, depois de entrar em seu camarote e o insultar, foi atirado por cima da balaustrada sobre os espectadores da plateia – o que resultou num duelo, em que ele trespassou o adversário. Impedido pelo pai de se alistar no exército com o seu verdadeiro sobrenome, adotou o de Dumas, entrando para os

dragões da rainha. Por ter assumido um nome plebeu, apenas em 1792 conseguiu ser designado oficial-brigadeiro. Multiplicando suas ações de impacto, como, por exemplo, capturar sozinho treze soldados inimigos, foi promovido a tenente-coronel. Casou-se em 28 de novembro de 1792 com Marie Labouret. Em 30 de julho de 1793, foi promovido a general, e em 3 de setembro do mesmo ano o "homem de cor" tornou-se general de divisão. Em 1794 foi nomeado comandante da Escola de Marte, no quartel des Sablons (Neuilly-sur-Seine). Com a dissolução da escola pela CONVENÇÃO, o general, depois de circular por vários destacamentos, foi transferido para o exército dos Alpes e colocado sob as ordens de Napoleão Bonaparte. Embora quase inacreditáveis, suas proezas militares são atestadas por cartas do próprio Bonaparte: o general Dumas teria tomado sozinho seis bandeiras de uma tropa mais forte que a sua; desvendado, ao interrogar habilmente um espião, os planos dos austríacos (episódio narrado por seu filho neste volume); contido o exército de Wurmser, em Mântua, depois de ter dois de seus cavalos mortos. Apelidado de "Diabo Negro" pelos austríacos, foi caluniado junto ao imperador e esquecido. Reconsiderando, Bonaparte mandou chamar de volta o general, que, recebido efusivamente, foi nomeado governador da província de Trévisan, onde realizou excelente administração. Acompanhou em seguida Bonaparte na campanha do Egito, em que se mostrou tão bravo como de costume. Acusado de participar de um levante militar, recebeu permissão para embarcar de volta à França. Vítima de uma tempestade ao tentar ser acolhido em Nápoles foi preso sendo trocado em 5 de abril de 1801 pelo famoso general austríaco Mack. Durante seu cativeiro, Bonaparte tinha derrotado a Itália na batalha de Marengo e encarregado Murat de libertar Roma e Nápoles. Protegido por este em Florença, conseguiu retornar ao lar, onde reencontrou a esposa e a filha de oito anos. Em 24 de julho de 1802, Marie-Louise Dumas deu à luz um filho, registrado com o nome de Alexandre Dumas. Mais tarde, em 1831, uma retificação de estado civil acrescentou: Davy de la Pailleterie. Relegado ao esquecimento, escrevendo em vão carta após carta ao já primeiro-cônsul, o general Dumas faleceu em casa, em Villers-Cotterets. A vida desse personagem fascinante é contada por André Maurois em *Les trois Dumas* (Paris, Hachette).

ÉMIGRÉS, p.41

Termo pelo qual eram conhecidos os que se viram obrigados a deixar a França depois da Revolução. Sinônimo portanto de "realista", "antipatriota".

∴ **Enghien, Louis-Antoine-Henri de Bourbon-Condé** *(duque d')* *(Chantilly, 1772-Paris, 1804), p.72*
Exilado com sua família, encontrava-se em Ettenheim, quando as conspirações realistas contra Bonaparte levaram o primeiro-cônsul a se livrar do príncipe da casa de Bourbon que estivesse mais à mão. Sequestrado, o duque d'Enghien foi levado para a prisão de Vincennes, acusado sem defesa como conspirador diante de um conselho de guerra e fuzilado, a despeito das súplicas de Josefina. Esta condenação arbitrária contribuiu bastante para a queda de prestígio do imperador.

∴ **Eróstrato,** *p.114*
Nascido em Éfeso, para imortalizar seu nome incendiou um templo da cidade na noite do nascimento de Alexandre, o Grande (356 a.C.). Foi condenado ao suplício e proibido de pronunciar o seu próprio nome, conservado, não obstante, pelos historiadores.

∴ **Fábio, o Contemporizador,** *p.157*
Em virtude de sua política de seguir e molestar as forças de Aníbal ao mesmo tempo em que se recusava a travar uma batalha decisiva, foi cognominado *Cuntactor*, "contemporizador". Como cônsul pela quinta vez em 209, recapturou Tarento dos cartagineses. Teve sua vida relatada por Plutarco.

∴ **Farsala,** *p.176*
Batalha ganha por César sobre Pompeu (48 a.C.), vitória que colocou um ponto final nas disputas entre ambos e determinou por vários séculos o futuro do mundo. Pompeu tinha a seu lado a mais brilhante juventude de Roma; César, suas velhas legiões das Gálias: "Acertem na cara", disse César a seus soldados. A tática deu certo. Os jovens patrícios, a despeito de sua bravura, não conseguiram suportar as feridas que os desfiguravam. No final debandaram, e Pompeu retirou-se para sua tenda. Depois, ao ouvir os gritos do rival, exclamou: "O quê! Até no meu acampamento!". Fugiu então para o Egito.

∴ **Fouché, Joseph** *(duque d'Otrante) (Pellerin, 1759-Trieste, 1820), p.152*
Personagem essencial nas tramas da história francesa do final do século XVIII e início do XIX, "traidor nato", "intrigante miserável", "réptil escorregadio", "desertor profissional", "alma tacanha de policial" e "amoralista deplorável" foram algumas expressões empregadas para qualificar

Fouché. Para Balzac, porém, foi "um daqueles personagens com tanta profundidade sob a superfície que no momento em que agem permanecem impenetráveis, só sendo compreendidos mais tarde". Tomou o partido da Revolução, filiou-se aos clubes políticos e acabou eleito para a CONVENÇÃO NACIONAL, onde se sentava junto à "Montanha", que representava os radicais. Enviado em missão aos departamentos, impôs o Terror ao lado de Colot d'Herbois, sobretudo em Lyon, onde foi apelidado de "Carniceiro". Denunciado por Robespierre, colaborou para o 9 TERMIDOR. Perseguido por seus excessos, anistiado no 4 brumário do ano IV, foi designado ministro da Polícia graças a escusas maquinações. No 18 BRUMÁRIO apoiou Bonaparte, que o manteve como ministro, demitiu-o uma primeira vez em 1802, chamou-o de novo em 1804, tornou-o senador, conde e depois duque d'Otrante. Porém, em 1810, suas conspirações o levaram ao ostracismo. Encarregado do governo de Roma, que ele não exerceu, depois das Províncias Ilírias, de onde foi praticamente expulso, retornou a Paris e foi encarregado de uma missão em Nápoles junto a Murat. Durante a primeira Restauração ficou do lado dos Bourbon. O retorno de Napoleão da ilha de Elba pegou-o de surpresa. Aceitou novamente o cargo de ministro da Polícia, no qual, após Waterloo, manteve o controle da situação. Esperou, por um instante, um meio-termo entre Napoleão e os Bourbon, depois soube se tornar indispensável junto a estes últimos. Ministro da Polícia de Luís XVIII, foi obrigado a abandonar o cargo, sendo acusado como regicida pela lei de 1816.

GODOY Y ALVARES DE FARIA, MANUEL *(Badajoz, 1767-Paris, 1851), p.91*
Político espanhol. Favorito da rainha Maria Luísa de Parma, mulher de Carlos IV, cujo patrocínio o levou ao Ministério. Negociou com a CONVENÇÃO para salvar Luís XVI e tentou evitar a guerra com a França. Destituído pelo DIRETÓRIO em 1798, recuperou o cargo (1800) e dirigiu, em 1801, uma guerra curta contra Portugal. Com a ruptura da paz de Amiens, Godoy tendeu para a neutralidade, só cedendo diante das ameaças de Napoleão. Porém, a marinha espanhola sucumbiu em Trafalgar, diante de NELSON. Em 1806, julgando Napoleão vencido, fez menção de se aliar à Inglaterra. Foi quando o imperador, de volta de Tilsit, deu início à invasão da Espanha (1807). Godoy, ao tentar pressionar o rei a se retirar para Sevilha, foi surpreendido pela revolta de Aranjuez, ficando à mercê de seu rival, Fernando, príncipe das Astúrias. Salvo por Napoleão, seguiu Carlos IV no exílio, morrendo em Paris sem ter revisto a Espanha.

∴ **Gros, Antoine-Jean** *(barão) (Paris, 1771-Meudon, 1835), p.50*
Pintor de cenas históricas e retratista, destacam-se em sua obra as telas *A batalha de Abuquir*, *A batalha de Eylau* e *As batalhas das Pirâmides*, bem como diversos retratos, entre eles o de Napoleão e o de Josefina.

∴ **Guerra de *partisans*,** *p.30*
Guerra travada por membros de tropas irregulares, "guerra de guerrilha".

∴ **Hohenlinden, batalha de,** *p.70*
Travada nos arredores da aldeia alemã de mesmo nome, em 3 de dezembro de 1800, entre o exército francês – comandado por Murat, Ney e Grouchy – e as tropas austro-bávaras, tendo à frente o arquiduque João. A vitória francesa abriu o caminho de Viena para Murat.

∴ **Hotel dos Inválidos [Les Invalides],** *p.63*
Henrique IV mandou projetar em Paris um abrigo para oficiais e soldados feridos e mutilados. Luís XIII deu seguimento ao projeto e construiu prédios importantes anexados ao castelo de Bicêtre. Luís XIV destinou Bicêtre para os doentes comuns provenientes do Hospital Geral e ordenou, a criação, na extremidade do faubourg Saint-Germain, de um hospital real para o alojamento e tratamento dos soldados inválidos. O monumento foi iniciado em 30 de novembro de 1670. Atrás da fachada, sucedem-se cinco pátios cercados de prédios de três andares. No centro fica o pátio de honra que dá acesso à igreja dos Soldados. O arquiteto Jules Hardouin-Mansard acrescentou-lhe uma segunda igreja, em cruz grega, com cinquenta e seis metros de largura, um pórtico monumental e um domo, cuja flecha se ergue a cento e dez metros de altura. Esse novo monumento foi escolhido em 1840 para receber as cinzas de Napoleão, até então em Santa Helena.

∴ **Jean-Baptiste Kléber** *(1753-1800), p.45*
Ingressou na guarda nacional na época da Revolução e, três anos depois, em virtude de feitos heróicos em Mainz, foi promovido a general de brigada. Participou da campanha do Egito e brilhou militarmente em Alexandria, El Arich, Jafa e Acre. Deixado no comando geral das tropas francesas que permaneceram no Egito depois da partida de Napoleão, Kléber resistiu com seus soldados a uma crescente revolta dos nativos contra a ocupação. Venceu uma batalha em Heliópolis. Porém, ao retornar ao Cairo, foi apunhalado.

⁂ **Kellermann, François** *(duque de Valmy, 1735-1820), p.22*
General de divisão em 1892, depois de ter vencido a batalha de Valmy, foi considerado suspeito durante o Terror e detido em 1793, só voltando à ativa dois anos depois. Na reserva em 1797, passou a supervisionar as unidades de reserva do exército e da guarda nacional.

⁂ **Lannes, Jean** *(duque de Montebello, 1769-1809), p.48*
Um dos marechais mais próximos a Napoleão, Lannes ingressou voluntariamente no exército francês em 1792, servindo contra a Espanha antes de ser transferido para o exército da Itália. Juntou-se a Bonaparte nas batalhas de Ceva, Millesimo e Diego. Em 1798 atuou como general de brigada no Egito, onde participou dos cercos de Alexandria e Rosetta, abafou a revolta do Cairo e lutou em El·Arich, Jafa e Acre, quando foi ferido no pescoço. Novamente ferido na batalha de Abuquir, voltou com Bonaparte para a França. Apoiou o 18 Brumário e, em 1800, foi promovido a general de divisão, tendo depois participação fundamental na batalha de Marengo. Nomeado marechal em 1804, lutou em Ulm, Austerlitz e Friedland. Em 1808, foi transferido para a Espanha, onde venceu a batalha de Tudela e pôs fim ao terrível cerco de Saragoça. Em Essling, Lannes conseguiu deter os austríacos durante dois dias, mas teve as pernas esmagadas pelos obuses. Obrigado a amputá-las, pouco depois morreu de febre.

⁂ **Marmont, Auguste** *(duque de Ragusa, 1774-1852), p.40*
Juntou-se a Napoleão na campanha da Itália de 1796. Dois anos mais tarde acompanhou-o ao Egito, sendo promovido a general de brigada por sua coragem em Malta. Retornou com Napoleão e, pela participação de sua artilharia em Marengo, alcançou a patente de general de divisão. Ao desalojar as tropas russas de Ragusa, foi premiado com o título de duque. Em 1811, assumiu o comando do exército de Portugal e levou Wellington ao desespero ao bloqueá-lo no norte da Espanha. Gravemente ferido na batalha de Salamanca, só voltou à ativa em 1813, quando lutou as batalhas de Lutzen, Bautzen, Dresde, Leipzig e Hanau. Em 1814, manteve negociações secretas com as forças aliadas e se rendeu com suas tropas. Marmont permaneceu leal a Luís XVIII durante a campanha dos Cem Dias e, depois de Waterloo, votou pela execução do marechal Ney. Exilado depois da revolução de 1830, não conseguiu mais retornar à pátria traída.

∴ **Masséna, André** *(príncipe de Essling, duque de Rivoli, 1758-1817), p.40*
Exonerado do exército em 1789, Masséna voltou à ativa dois anos depois como coronel da guarda nacional. Em 1793, venceu sua primeira batalha como general de divisão em Lonato. Foi elemento-chave na campanha da Itália de 1796, em Lodi, Castiglione, Bassano, Caldiero, Arcole e Rivoli. Em 1799, assumiu o exército da Suíça e venceu Suvarov, marechal de campo russo, na batalha de Zurique. Esquecidos os fracassos na defesa de Gênova e no comando do exército da Itália, foi promovido a marechal em 1804. Acusado de pilhagem na campanha contra Nápoles, foi obrigado a devolver o butim ao imperador. Sua coragem em Essling lhe valeu o título de príncipe. Da Áustria, Masséna foi transferido para a Espanha, sempre acompanhado por sua amante, que se trajava com o uniforme dos dragões (!). Derrotado duas vezes por Wellington, em Bussaco e Fuentes d'Onoro, voltou à França e abandonou o exército.

∴ ***Memórias para servir à história da França sob Napoleão****, p.135*
Conjunto de recordações publicadas em épocas distintas pelos diversos generais e serviçais que acompanharam o imperador no exílio, entre eles Gourgaud, Montholon, Marchand e Bertrand. Grande parte delas foi ditada por Napoleão, sobretudo as passagens referentes às estratégias e campanhas militares. É um trecho destas últimas que Alexandre Dumas cita no presente volume. Já o *Memorial de Santa Helena* (publ.1823) consiste numa compilação feita por Las Cases, secretário de Napoleão em Santa Helena, das notas que tomou diariamente durante os dezoito meses que passou na ilha junto ao imperador. Trata-se da reprodução de conversas familiares e recordações de Napoleão dos seus dias de glória.

∴ **Mirabeau, Honoré-Gabriel-Victor Riquet** *(Bignon, 1749-Paris, 1791), p.19*
"Temperamento vulcânico da nobreza provençal, aureolado pela feiura, o escândalo e o talento", nas palavras de François Furet, Mirabeau foi o orador mais eloquente da Revolução Francesa. Suas dívidas fizeram com que seu pai o mandasse prender, primeiro em Manosque (1773), depois no castelo de If, finalmente no forte de Joux. Foi ali que, já casado, conheceu a jovem esposa do velho marquês de Monier, Sophie, com quem fugiu para Amsterdã, onde viveu como escritor. Descoberto, foi capturado e aprisionado durante três anos em Vincennes. Brigado com toda a família, forçado a viver de expedientes, passou uma curta temporada em Londres

(1784), publicou uma série de brochuras políticas e acabou obtendo do governo uma missão secreta na Prússia. Manteve com Talleyrand uma correspondência cifrada, publicada sob o título *História secreta da corte de Berlim*. De volta à França, presenciou os primórdios do movimento revolucionário, integrando-se a ele como deputado eleito pelo terceiro estado e fundando o *Journal des États Généraux*. Ficou famosa sua resposta, em 23 de junho de 1789, ao marquês de Dreux-Brézé, encarregado de dissolver a Assembleia: "Diga ao rei que estamos aqui pela vontade do povo e que só nos dispersaremos sob a força das baionetas." A partir desse momento, Mirabeau passou a exercer influência inconteste na Assembleia Nacional. Partidário de uma monarquia constitucional, aproximou-se do rei e tentou defender seus privilégios no debate da Constituição. Logo suas necessidades financeiras, sua rivalidade com La Fayette e os progressos da Revolução o determinaram a ir mais longe: depois de uma entrevista secreta com Maria Antonieta em 3 de julho de 1790, passou a receber dinheiro de Luís XVI, dando-lhe em troca cinquenta recomendações de como se comportar para se consolidar no trono. Porém, como a Assembleia e o povo ainda o viam como sustentáculo da Revolução, teve participação destacada na redação da Constituição civil para o clero. O cansaço e a vida dissoluta o deterioraram: após um longo discurso, em 27 de março de 1791, deitou-se na cama para não mais se levantar, morrendo em 2 de abril. Seus restos mortais foram levados para o Panthéon, de onde a Convenção os retirou depois de descobertas suas relações com a corte.

Murat, Joachim *(rei de Nápoles, grão-duque de Berg, 1767-1815), p.48*
Murat esteve pela primeira vez sob as ordens de Napoleão em 1796, na Itália. Durante a campanha do Egito foi promovido a general de brigada e, pela participação de sua cavalaria na batalha de Marengo, tornou-se um herói. Por sua coragem, e seu casamento com Carolina Bonaparte, irmã do imperador, foi nomeado marechal em 1804. Voltou a servir à França durante a campanha de 1812 na Rússia, tendo lutado em todas as grandes batalhas. Comandou as derradeiras tropas durante a penosa retirada. Na campanha de 1813 na Alemanha, esteve presente em Dresde, Wachau e Leipzig, mas não deixou de negociar com os inimigos do imperador a manutenção de seu trono em Nápoles. Em 1815 tentou apoiar Napoleão fomentando uma revolta no norte da Itália, mas a tentativa falhou. A derrota de Waterloo obrigou-o a retornar ao seu reino, onde foi preso e fuzilado.

⸪ **"Não há mais Pireneus"**, *p.95*

Frase atribuída a Luís XIV no momento em que seu neto ia tomar posse da coroa espanhola (1770). O embaixador da Espanha disse simplesmente: "Os Pireneus foram derrubados."

⸪ **Nelson, Horace** *(Brunham-Thorpe, 1758-Trafalgar, 1805), p.48*

Almirante inglês. Como tenente, obteve o comando de uma embarcação de guerra e fez diversas viagens pelas costas da Dinamarca, Canadá e São Domingos. Serviu na esquadra do Mediterrâneo sob o comando do general Hood, participou dos cercos de Bastia e Calvi, onde perdeu um olho (1794), e do bloqueio de Gênova (1796). Sobressaiu-se na batalha do cabo São Vicente (1797), quando abordou e conquistou dois veleiros espanhóis. Dirigiu, já como contra-almirante, um ataque contra Tenerife, perdendo o braço direito no assalto de Santa Cruz. Foi então encarregado de deter a frota francesa de Brueys, que transportava Bonaparte para o Egito. Deixou-a escapar, mas reparou esse fracasso algumas semanas depois, surpreendendo-a entre dois fogos e destruindo-a em Abuquir (1799). Morto no calor do combate durante a batalha de Trafalgar (1805), Nelson foi sepultado em Westminster.

⸪ **Ney, Michel** *(príncipe do Moscova, duque d'Elchingen, 1769-1815), p.73*

Conhecido como "o bravo dos bravos", Ney alistou-se no regimento dos hussardos em 1787, e, por sua coragem e personalidade, foi rapidamente promovido. Lutou em Neerwinden, Mainz, Mannheim, Winterthur, Hohenlinden, Elchingen, Iena, Eylau, Friedland, Bussaco, Smolensk, Borodin, Beresina, Weissenfels, Lutzen, Bautzen, Dennewitz, Leipzig e Quatre-Bras (onde seu atraso fatal, como narrado por Dumas, influenciou diretamente no desfecho da batalha de Waterloo). Embora tenha pedido a abdicação de Napoleão e servido aos Bourbon, aderiu ao imperador em sua volta da ilha de Elba, o que lhe valeu ser julgado e fuzilado depois pelos Bourbon.

⸪ **9 Termidor** *(27 de julho de 1794), p.28*

Dia que representou o fim do domínio de Robespierre sobre a Convenção Nacional. A partir de junho de 1794, a influência de Robespierre começara a declinar, obrigando-o a renunciar ao Comitê de Salvação Pública. A maioria da Convenção estava contra ele. No 8 termidor, tentou recuperar sua autoridade pleiteando um processo contra os deputados que lhe eram hostis. No dia seguinte, 9, seus adversários recusaram-se a dar a palavra a seus amigos Couthon, Saint-Just e a ele próprio, reivindicando que fossem postos fora da lei. Os dois Robespierre, Maximilien e Augustin (o segundo, personagem deste livro), foram presos. Libertados por alguns partidários e levados para o Hôtel de Ville (Prefeitura), foram pressionados a tentar uma insurreição. Porém, a guarda nacional apoiou a Convenção e invadiu o recinto. Um *gendarme* atirou sobre Maximilien, arrebentando seu maxilar, e o "Incorruptível" foi carregado moribundo para a guilhotina. Os outros prisioneiros foram executados no dia seguinte. O 9 termidor marcou o fim do regime do Terror.

"O Kremlin ia pelos ares", *p.114*
Exagero do autor: o Kremlin saiu incólume do incêndio de Moscou.

"O papa Pio VII viera ... de Roma para colocar a coroa na cabeça do novo imperador", *p.73*
Na verdade, Napoleão não permitiu esse gesto, coroando-se a si próprio.

Paoli, Pasquali *(Stretta de Morosaglia,1725-Londres, 1807), p.11*
General e legislador corso, foi aluno da Escola Militar de Nápoles, depois tenente do grupo de refugiados corsos comandado por seu pai e, finalmente, general. Entrou imediatamente em luta contra Gênova, que recorreu por duas vezes (em 1756 e 1765) à França, acabando por lhe ceder a Córsega em 1769. Depois de um ano de hostilidades, vencido em Ponte Nuovo, Paoli abandonou a ilha, para onde retornou durante a Revolução. Reconheceu então a soberania francesa, mas logo voltou a assumir a luta pela independência. Era tarde demais. Ao mesmo tempo que não contava com o apoio da maioria de seus conterrâneos, suas conspirações com a Inglaterra foram denunciadas por Luciano Bonaparte e Aréna ao Comitê de Salvação Pública. Levado ao tribunal da Convenção (2 abr 1793), revoltou-se abertamente e apelou aos ingleses. Estes se apoderaram de Bastia, Calvi e Saint-Florent (1794). Porém, esquecido por seus compatriotas, suspeito aos olhos dos ingleses, Paoli não tardou a retornar a Londres, aonde veio a morrer.

∴ **Pitt, William** *(Hayes, 1759-Putney, 1806), p.54*
Político inglês. Apoiado pelo rei Jorge III, foi durante dezessete anos chefe de governo. No início da Revolução Francesa, manteve a neutralidade, mas a invasão da Bélgica o fez entrar na guerra. Tomou como pretexto a execução de Luís XVI para expulsar o embaixador francês, provocando assim a declaração de guerra da França (1793). Foi o grande organizador das coalizões contra a França. Em 1800, ao votar pela união da Inglaterra com a Irlanda, não conseguiu fazer com que o rei aceitasse a emancipação dos católicos, a qual prometera aos irlandeses, e renunciou (1801). Addington, seu sucessor, firmou a paz de Amiens. Com a volta da guerra, Pitt aceitou novamente o poder, mas as vitórias de Napoleão em Ulm e Austerlitz (1805) levaram-no ao desespero.

∴ **Poniatóvski, Josef** *(príncipe polonês, 1763-1813), p.105*
Sobrinho do rei da Polônia Estanislau II, Poniatóvski viu no imperador Napoleão a chance de conquistar a independência de seu país. À frente de seus conterrâneos, liderou a expulsão da Áustria dos territórios poloneses. Na Rússia, em 1812, comandou a ala direita francesa em Borodin, onde suas tropas tiveram participação heroica. Embora decepcionado com a demora do imperador em conceder a independência polonesa, continuou a apoiar a França durante a campanha de 1813, sendo promovido a marechal poucos dias antes de morrer afogado na travessia do rio Elster.

∴ **Rei de Roma**, *p.105*
Título criado por Napoleão para seu filho, herdeiro da coroa imperial.

∴ ***Sans-culottes***, *p.20*
Nome pelo qual os aristocratas designavam os revolucionários. Por volta de 1793, os "patriotas", para se distinguirem dos realistas, substituíram os culotes por uma calça de burel. Aceitaram orgulhosamente o apelido degradante, e *sans-culotte* tornou-se sinônimo de herói, patriota e republicano. Camille Desmoulins respondeu ao tribunal revolucionário: "Tenho a idade do *sans-culotte* Jesus, trinta e três anos quando morreu."

∴ **Sieyès, Emmanuel-Joseph** *(Fréjus, 1748-Paris, 1836), p.53*
Abade e político francês, escreveu diversos livros, entre eles o famoso *O que é o terceiro estado?*. Eleito pelo terceiro estado, redigiu o juramento

do Jeu de Paume e estimulou os colegas, em 1789, a deliberarem a despeito da ausência das duas outras ordens. Foi um dos fundadores do Clube dos Jacobinos. Eleito para a CONVENÇÃO, votou pela morte do rei. Manteve-se afastado durante o Terror. Vitorioso com o golpe de Estado de 18 BRUMÁRIO, esperava finalmente colocar em prática suas teorias constitucionais. Mas a Constituição do ano VIII acabou sendo inteiramente elaborada por Bonaparte. Sieyès foi um dos três cônsules, depois se tornou senador, conde do Império, Grande Cruz da Legião de Honra. Proscrito como regicida pela Restauração, só voltou à França depois da revolução de Julho.

SMITH, SYDNEY *(Westminster, 1764-Paris, 1840), p.49*
Almirante inglês. Ingressando na Marinha em 1777, tomou parte na Guerra dos Estados Unidos. No início da guerra contra a França (1793), juntou-se a lorde Hood em Toulon e incendiou a frota francesa. Entre 1794 e 1796, comandou uma flotilha que impediu qualquer cabotagem na costa noroeste da França. Teve a audácia de penetrar no Sena em 18 de abril de 1796 para capturar um corsário. Foi feito prisioneiro, levado para Paris, encarcerado na prisão do Templo, mas conseguiu fugir, sendo recebido entusiasticamente em Londres. Logo voltou aos mares, sob as ordens de NELSON. Dirigiu-se então para São João d'Acre, onde sustentou um cerco contra Bonaparte que iria torná-lo famoso. Firmou por conta própria o tratado de El Arich (24 jan 1800), que o Parlamento inglês recusou-se a ratificar. Assistiu à batalha de Waterloo e entrou com os aliados em Paris, onde passou seus últimos anos.

SOULT, NICOLAS *(duque da Dalmácia, 1769-1851), p.73*
No exército desde os dezesseis anos de idade, Soult foi um dos mais valorosos soldados de Napoleão. General de divisão em 1799, participou do cerco de Zurique. Em 1804, já marechal, tomou as colinas de Pratzen em Austerlitz e lutou bravamente em Iena, Eylau e Heilsberg, recebendo por isso o ducado da Dalmácia. Na Espanha, em 1808, acuou Moore em La Coruña, onde, mesmo depois de derrotá-lo, ergueu-lhe um monumento. Surpreendido por Wellington na cidade do Porto, nem por isso deixou de vencer os espanhóis em Ocana. Participou da campanha de 1813 lutando em Bautzen, mas foi convocado com urgência de volta à Espanha para contornar a situação depois do desastre na batalha de Vitória. Ao apoiar

Napoleão durante os Cem Dias, tornou-se chefe do estado-maior do imperador. Mais de vinte anos depois das guerras napoleônicas, o marechal Nicolas Soult representou a França na coroação da rainha Vitória, sendo saudado em nome do exército por ninguém menos que o duque de Wellington, que lhe teria dito: "Peguei o senhor por último."

⇝ **Staps, Friedrich** *(Naumburg, 1792-Viena, 1809), p.95*
Realista alemão e inimigo feroz de Napoleão, resolveu assassiná-lo. Com esse objetivo dirigiu-se para Viena e dali para o palácio de Schönbrunn, onde Napoleão fazia uma inspeção. Detido pelo general Rapp, confessou seu plano, recusou-se a pedir perdão e foi fuzilado em 16 de outubro.

⇝ **Talleyrand-Périgord, Charles Maurice** *(príncipe de Bénévent) (Paris, 1754-1838), p.17*
Diplomata francês, foi destinado à carreira eclesiástica por ser manco do pé direito, consequência de um acidente na infância. Fez seus estudos em Paris, entrou no seminário de Saint-Sulpice, depois na Sorbonne, sem exibir a mínima vocação sacerdotal. A proteção de seu tio, coadjutor do arcebispo de Reims, lhe valeu a abadia de Saint-Denis, naquela diocese. Depois de ter recebido o posto quase à revelia (1779), passou a residir em Paris, onde levava uma vida libertina. No entanto, a pedido de seu pai moribundo, foi nomeado bispo de Autun (jan 1789). Aproveitou a breve passagem por essa cidade para se fazer eleger deputado pelo clero na Convenção. Membro da Assembleia Constituinte, celebrou em 14 de julho de 1790 a missa no Campo de Marte, na festa da Federação. Interessado principalmente pelos assuntos financeiros, contribuiu para colocar os bens do clero à disposição da nação, dando origem assim a um cisma constitucional ao qual aderiu plenamente, sagrando os novos bispos e renunciando ao bispado de Autun. Depois da morte de Mirabeau (2 abr 1791), fez a leitura na Assembleia do último discurso do grande orador. Foi encarregado de três missões na Inglaterra com vistas a obter, se não sua aliança, pelo menos sua neutralidade – missões fracassadas. Em 10 de agosto Danton o enviou novamente a Londres, onde foi desacreditado e considerado um *émigré*. Obrigado a deixar a Inglaterra pelo ministério Pitt (fev 1794), foi para os Estados Unidos, onde morou mais de dois anos, sobretudo na Filadélfia. Tendo seu nome riscado da lista de *émigrés* por um decreto da Convenção, foi nomeado membro do Instituto de França e retornou à Europa por Hamburgo, só chegando a Paris em

setembro de 1796. Sua desenvoltura e os pleitos de Madame de Staël junto a Barras fizeram com que fosse nomeado ministro das Relações Exteriores (jul 1797). Apresentou oficialmente Bonaparte ao Diretório por ocasião do retorno do general a Paris. Embora mais tarde tenha negado, participou ativamente da preparação da expedição do Egito. Obrigado a pedir demissão do Ministério, tomou o partido de Bonaparte contra o Diretório e, no dia seguinte ao 18 Brumário, recuperou o Ministério das Relações Exteriores.

Suas relações com o primeiro-cônsul e depois com o imperador foram inicialmente marcadas por uma simpatia genuína de sua parte. Afinal, tinha apenas que assinar tratados (Lunéville, Amiens, Pressburg) elaborados pelo próprio Napoleão. Na época do estabelecimento do Império, tornou-se um dos grandes dignitários do novo regime como camarista-mor (1804). Em 1806, Napoleão concedeu-lhe o principado de Bénévent. Durante a campanha de 1806-7, Talleyrand passou uma longa temporada em Varsóvia e tomou parte nas negociações de Tilsit. Foi o fim – provisório – de sua carreira como ministro. Napoleão nomeou-o então vice-grão-eleitor. Aprovou o projeto de invasão da Espanha, cujos infantes foi encarregado de acolher em suas terras de Valençay. Tendo acompanhado Napoleão a Erfurt, manteve relações traiçoeiras com o czar Alexandre. Em consequência de suas tramas com Fouché, o imperador (28 jan 1809) passou-lhe uma descompostura e retirou-lhe o cargo de camarista. O que não impediu Talleyrand de aconselhar seu casamento com a arquiduquesa Maria Luísa, da Áustria. Membro do Conselho da Regência em 1814, teve a habilidade de permanecer em Paris quando este se transferiu para Blois. Em 31 se março de 1814, foi anfitrião do czar Alexandre em seu palacete da rua Saint-Florentin e, em nome da "legitimidade", reconheceu a realeza de Luís XVIII. Chefe do governo provisório, recebeu Monsieur (futuro Carlos X) em Paris, e sob suas instâncias assinou a Convenção de 23 de abril de 1814. Ao retornar à França, Luís XVIII nomeou-o ministro das Relações Exteriores (13 mai 1814), depois príncipe de Talleyrand. Após o tratado de Paris (23 mai), representou a França no Congresso de Viena. Embora tenha conseguido formar uma aliança secreta com a Inglaterra e a Áustria, não foi capaz de impedir, perto do final do Congresso (9 jun), a expansão da Prússia até as margens do Reno. Depois de Waterloo, encontrou Luís XVIII em Mons, regressou com ele a Paris e se tornou presidente do Conselho (9 jul 1815). Permaneceu no cargo dois meses e meio. Novamente nomeado camarista, teve papel bem apagado sob os reinados de Luís XVIII e de Carlos X. Membro da Câmara dos Pares, defendeu a liberdade de imprensa. Suas relações com Luís Filipe contribuíram para o advento da casa de Orléans em 1830. Embaixador em Londres durante quatro anos (1830-34), obteve a neutralidade da Bélgica e a formação da Quádrupla Aliança. Passou o final de sua vida em Valençay e na rua Saint-Florentin.

Tratado de Fontainebleau, *p.137*
Tratado que definiu a situação do imperador e de sua família depois de sua abdicação em 1814. Renitente a princípio, Napoleão acabou aceitando as condições impostas pelas potências estrangeiras. Graças à generosidade do czar Alexandre, e a despeito da resistência de Metternich, foi-lhe reservada a soberania da ilha de Elba e proventos anuais de dois milhões de francos. Couberam à imperatriz os ducados de Parma e Piacenza, e aos outros membros da família imperial uma soma de dois milhões e meio de francos em propriedades e rendas.

Varrão, *p.115*
Cônsul romano do terceiro século a.C., que, contrariando a opinião de seus colegas, travou uma batalha perto de Cannes em que sofreu pesada derrota.

"Xerxes atravessando o Helesponto", *p.115*
Rei da Pérsia (485-465 a.C.), filho de Dario I, que, depois de subjugar o Egito, dirigiu-se para a Grécia com o objetivo de vingar a derrota de seu pai em Maratona. Reza a história que, depois de ver destruída pelas águas revoltas a ponte de barcos que estendera a fim de atravessar o Helesponto (estreito de Dardanelos), castigou o mar como se este fosse um escravo, dando-lhe trezentas chicotadas. Após dominar grande parte da Grécia, Xerxes foi derrotado pela frota ateniense na batalha de Salamina. Foi assassinado em Susa em 465 a.C.

Zaïre, *p.193*
Tragédia em cinco atos, em versos, de Voltaire, representada em 13 de agosto de 1732 no Théâtre-Français, em Paris. Considerada a obra-prima dramática do autor, vários de seus versos foram assimilados como máximas pelo povo francês.

Zama, *p.163*. *Ver* Cipião.

Fontes

As principais fontes para a elaboração destas notas e da cronologia de Alexandre Dumas foram:

ALEXANDRE DUMAS, *Mes mémoires*, Paris, Gallimard, 2 vols., 1954, 1957; ANDRÉ CASTELLOT, *Napoléon Bonaparte*, Paris, Perrin, 1996; ANDRÉ MAUROIS, *História da França*, São Paulo, Companhia Editora Nacional, 1950; — *Les trois Dumas*, Paris, Hachette, 1957; FRANÇOIS FURET e DENIS RICHET, *La Révolution Française*, Paris, Marabout, 1973; *LAROUSSE DU XXE SIÈCLE*, sob a direção de Paul Augé, Paris, Larousse, 1928, 6 vols; PAUL HARVEY, *Dicionário Oxford de literatura clássica*, Rio de Janeiro, Zahar, 1987; SIMON SCHAMA, *Cidadãos*, São Paulo, Companhia das Letras, 1989; STEFAN ZWEIG, *Joseph Fouché: retrato de um homem político*, Rio de Janeiro, Record, 1999. Para as notas sobre os marechais de Napoleão, recorreu-se ao site www.napoleonguide.com

Cronologia da vida e da obra de Alexandre Dumas

1802 24 JUL: nascimento em Villers-Cotterêts, a cerca de duzentos quilômetros de Paris, de Alexandre Dumas, filho do general de divisão Alexandre Dumas-Davy de la Pailleterie e de Marie-Louise Elisabeth Labouret.

1806 Morte do general Dumas. Marie Labouret passa por dificuldades financeiras e permanece junto a seus pais em Villers-Cotterêts.

1815 Durante os Cem Dias de Napoleão, Alexandre Dumas avista o imperador no albergue de sua cidade natal (episódio evocado nesta biografia).

1816 A sra. Dumas obtém a concessão de uma tabacaria. Dumas conclui sua formação numa escola privada católica e é admitido como contínuo num cartório da cidade.

1818 Torna-se amante de Adèle Tellier. Paixão pelo teatro. Conhece Leuven, futuro autor dramático e diretor da Opéra-Comique. Escrevem juntos dois vaudevilles e um drama.

1823 Vai para Paris e, por intermédio de ex-colegas do general Dumas (para maiores informações sobre este personagem, ver a nota DUMAS, GENERAL), é nomeado secretário do duque de Orléans. Sua amante na época é a vizinha Marie-Catherine-Laure Labay, que logo engravida.

1823 27 JUL: nascimento de seu filho Alexandre Dumas, futuro autor de *A dama das camélias*, reconhecido por ele em 17 de março de 1831. Lê Walter Scott, Byron, Fenimore Cooper. Sua mãe vai se instalar em Paris, onde passam a residir juntos.

1825 Escreve, em colaboração com Leuven e Pierre-Joseph Rousseau, um vaudeville, que assina como "Davy", encenado sem maiores repercussões no teatro do Ambigu.

1826 Publica *Novelas contemporâneas*, que consiste em três relatos e alguns poemas.

1826 Assiste entusiasmado à turnê parisiense de uma companhia inglesa que representa Shakespeare (muito pouco conhecido na França até então). Torna-se amante de Mélanie Waldor, jovem que sonha ser escritora.

1828 Escreve *Christine em Fontainebleau*, tragédia recusada pela Comédie-Française, e o drama histórico *Henrique III e sua corte*, que é aceito. Conhece o célebre escritor Charles Nodier, em cuja casa é apresentado a Hugo, Lamartine, Vigny, Musset e ao pintor Louis Boulanger.

1829 Triunfo de *Henrique III e sua corte*. Dumas aloja sua mãe doente na rua Madame, instala Catherine Labay e seu filho em Passy e aluga para si um apartamento na rua de l'Université. É nomeado bibliotecário-adjunto do duque de Orléans.

1830 Estreia de *Christine* no Odéon. A atriz Belle Krelsamer torna-se sua amante. Participa da revolução, da qual faz um amplo relato em suas *Memórias e correspondência* (declarou a Mélanie Waldor, com a habitual imodéstia: "Tive a felicidade de desempenhar um papel digno de ser notado por La Fayette e pelo duque de Orléans ... tendo me apoderado de um paiol de pólvora. Provavelmente o duque vai ser o rei ...").

1831 Pede demissão do cargo de bibliotecário. 5 MAR: Belle Krelsamer dá à luz uma filha, Marie-Alexandrine, que Dumas reconhece em 7 de março. Consegue na Justiça a guarda do filho, que, depois de uma briga com Belle Krelsamer, será colocado em diversos pensionatos. 3 MAI: estreia de *Antony*, no teatro da Porte Saint-Martin, sucesso extraordinário. 20 OUT: estreia, no Odéon, de *Carlos VII*, sucesso popular. 10 DEZ: estreia, na Porte Saint-Martin, de *Richard Darlington*.

1832 Grande sucesso de *Teresa*. A atriz Ida Ferrier torna-se sua amante. 29 MAI: triunfo de *A torre de Nesle*, escrita por Frédéric Gaillardet e retrabalhada por Dumas. 5-6 JUN: depois de se envolver nos levantes republicanos, viaja para a Suíça.

1834 Publica os tomos I e II de suas *Impressões de viagem à Suíça*. Viaja com os pintores Godefroy Jadin e Amaury Duval para o sul da França.

1835 Viaja à Itália com Ida Ferrier e o pintor Jadin. Publica novelas e poemas.

1836 Publica compilações das *Crônicas* de Froissart e uma tradução em versos do *Inferno*, de Dante. Estreia na Porte Saint-Martin de *Don Juan de Marana* e, no Variétés, de *Kean* (que recebeu uma montagem no Brasil não muitos anos atrás), grande sucesso.

1837 É nomeado cavaleiro da Legião de Honra. Estreia, na Opéra-Comique, de *Piquillo*, ópera-cômica escrita em colaboração com Gérard de Nerval. Estreia, na Comédie-Française, de *Calígula*, um fracasso.

1838 Publica dois romances: *O capitão Paul* e *O mestre de armas*. 1º AGO: morte da mãe. Viagem com Nerval à Alemanha. Escrevem *Léo Burckart*, que Nerval reescreveu mais tarde e foi encenada em abril de 1839. DEZ: Por intermédio do próprio Nerval, conhece aquele que será o seu maior colaborador literário, Auguste Maquet, então com vinte e cinco anos.

1839 Publica *Novas impressões de viagem: quinze dias no Sinai* (nunca estivera lá, escrevendo a obra de acordo com as recordações e desenhos de Adrien Dauzats). Publica *Acteu*, romance histórico sobre o reinado de Nero. Estreia na Comédie-Française de *Mademoiselle de Belle-Isle*, encenada mais de quatrocentas vezes entre 1880 e 1884. Instala-se na rua de Rivoli.

1840 Publica cinco romances. Casa-se com Ida Ferrier em fevereiro, partindo para Florença, onde o casal ficará até setembro.

1841 Publica *Novas impressões de viagem: o Speronare*. JUN: em companhia do príncipe Napoleão (filho de Jerônimo Bonaparte), visita a ilha de Elba, a Córsega e, durante uma expedição de barco, vislumbra a ilha de Monte-Cristo, um rochedo perdido no mar. Breve passagem pela França, onde assiste ao enterro do duque de Orléans.

1843 Publica quatro romances e *Impressões de viagem: o Corricolo*. Passa a morar num palacete da rua de Richelieu. Aluga, em Saint-Germain, a *villa* Médicis, onde residirá até 1846.

1844 *Os três mosqueteiros* e início de *O conde de Monte-Cristo*, que será publicado em 1844-45. Separa-se amigavelmente de Ida Ferrier.

Compra em Marly um terreno aonde irá construir o castelo de Monte-Cristo.

1845 Publica *A rainha Margot* e *Vinte anos depois*. Estreia no Ambigu do drama *Os três mosqueteiros*, baseado no romance.

1846 Publica quatro romances: *O cavaleiro da Casa Vermelha*, *A dama de Monsoreau*, *Os dois Diane*, *O bastardo de Mauléon*. Início da publicação de *José Bálsamo* (que comporá a série *Memórias de um médico*). Funda o Théâtre Historique, que ergue num terreno por ele adquirido no bulevar du Temple. Parte para a Argélia em missão de relações públicas em nome do governo francês, em companhia do filho, Maquet e Boulanger, viagem que foi alvo de intensas críticas por parte da oposição.

1847 Retorna a Paris. Inauguração do Théâtre Historique. Ligação com a atriz Béatrix Parson. Estreia de *A rainha Margot*. Encontra Dickens em Paris. Instala-se no castelo de Monte-Cristo. Publica a continuação de *José Bálsamo* e o final dos *Dois Diane*.

1848 Publica o final de *José Bálsamo* e *Os quarenta e cinco*; início da publicação de *O visconde de Bragelonne* e *Impressões de viagem: De Paris ao Tânger*. Ligação com a atriz Celeste Scrivaneck. Toma parte em diversas manifestações republicanas. Estreia, no Théâtre-Historique, de *Monte-Cristo*. Venda do castelo de Monte-Cristo. Publicação do primeiro número de *Mois*, revista dedicada à história e à política inteiramente redigida por Dumas. Fracasso de sua candidatura nas eleições para a Assembleia Constituinte. Graves dificuldades financeiras, com o Théâtre-Historique cheio de dívidas. Estreia de *Catilina*.

1849 Continuação do *Visconde de Bragelonne*, relatos de viagem e *O colar da rainha*. No teatro, montagens de *A juventude dos mosqueteiros*, *O cavaleiro de Harmental*, *A guerra das mulheres*, *O testamento de César*, *O conde Hermann*, entre outras.

1850 Publica *A tulipa negra*, *A boca do inferno*, o final do *Visconde de Bragelonne* e do *Colar da rainha*. No teatro: *Urbain Grandier*, *O vinte e quatro de fevereiro*, *Paulina*. OUT: falência do Théâtre-Historique. Caso com a sra. Anna Bauër, com quem tem um filho não reconhecido.

1851 Montagens de *O conde de Morcerf* e *Villefort*, derivadas de *O conde de Monte-Cristo*. Parte em dezembro para Bruxelas, em consequência do golpe de Estado de Luís Napoleão. Embora as razões sejam políticas, Dumas também pretendia escapar de seus credores (153 listados). Início da publicação de suas *Memórias* (até outubro de 1853) pelo jornal *La Presse*.

1852 Publica *Olympe de Clèves* e *Os dramas do mar*. Estreia de *Benvenuto Cellini*. É assediado pelos credores e vai com Victor Hugo para Antuérpia.

1853 Publicação de *Ângelo Pitou*, *A condessa de Charny*, *Isaac Laquedem*. Instala-se definitivamente em Paris. Cria *O Mosqueteiro*, jornal diário que será publicado até 1857.

1854 Publica *Os moicanos de Paris*. Estreia de *Rômulo*, *A juventude de Luís XIV*, *A consciência*.

1855 Termina a publicação de *Os moicanos de Paris*.

1856 Estreia de *Oréstia*, *A torre Saint-Jacques*, *O ferrolho da rainha*. Faz uma viagem a Varennes para se informar sobre a fuga de Luís XVI.

1857 Auguste Maquet move processo contra Dumas por acertos atrasados e para "recuperar sua propriedade" sobre livros em colaboração. Faz uma curta viagem à Inglaterra com seu filho para assistir às corridas em Epsom. Criação do *Monte-Cristo*, "jornal semanal de romances, história, viagem e poesia", redigido por Alexandre Dumas; último número em 1962.

1858 Publica *O capitão Richard*. Processo Dumas-Maquet: o tribunal concede a Maquet 25% dos direitos autorais, mas não reconhece seu direito de propriedade sobre as obras escritas em colaboração com Dumas. JUN: partida para a Rússia, convidado por amigos.

1859 MAR: retorna à França. Publica suas *Impressões de viagem* no *Monte-Cristo* e no *Constitutionnel*. Morre em Gênova Ida Ferrier. Breve visita a Victor Hugo, então exilado na ilha de Jersey. Ligação com a jovem atriz Emélie Cordier.

1860 Publica *A casa de gelo*, *A estrada de Varennes* e *Conversas*. Estreia de diversas peças. Faz uma viagem à Itália com Emélie Cordier, com quem tem uma filha, não reconhecida por ele. SET: embarca na pequena escuna que mandara construir em Marselha e participa da expedição à Sicília ao lado de Garibaldi, que o nomeia curador dos Museus de Nápoles.

1861 Estreia de *O prisioneiro da Bastilha*.

1862 Fracasso de uma segunda peça sobre *Monte-Cristo*.

1864 Retorna a Paris, acompanhado de sua amante, a cantora italiana Fanny Gordosa. Estreia de *Os moicanos de Paris*. Viagem ao Sul.

1865 Publicação da edição definitiva das *Impressões da viagem à Rússia*. Encena *Os forasteiros* em Lyon, onde assume a direção do Grande Teatro Parisiense.

1866 Aluga no bulevar Malesherbes o apartamento que será sua última residência em Paris. **JUN:** temporada em Nápoles e Florença. **JUL:** viaja à Alemanha e Áustria para preparar um romance. Relança *O Mosqueteiro*, que será publicado até abril de 1867.

1867 Publica *Os brancos e os azuis*, *O terror prussiano*, *Os homens de ferro*. Ligação com a atriz norte-americana Adah Menken.

1868 Publica *História de meus animais*, *Recordações dramáticas*. FEV: primeiro número de *D'Artagnan*, "jornal de Alexandre Dumas". Estreia de *Madame de Chamblay*. Morte de Catherine Labay, mãe de Dumas filho.

1869 Trabalha num *Dicionário de culinária*, que permanecerá inacabado.

1870 Parte para o Sul. 5 **DEZ:** morte de Alexandre Dumas. Sepultamento provisório no cemitério de Neuville-les-Pollet, perto da casa do filho, onde se encontrava.

1872 Sepultamento oficial em Villers-Cotterêts.

1883 Inauguração na praça Malesherbes, em Paris, da estátua de Alexandre Dumas, tendo a seus pés D'Artagnan e uma constelação de leitores, de autoria de Gustave Doré.

2002 30 NOV: no ano do bicentenário de seu nascimento, seus restos mortais são trasladados para o Panthéon, em Paris.